111 GRÜNDE, GOLF ZU LIEBEN

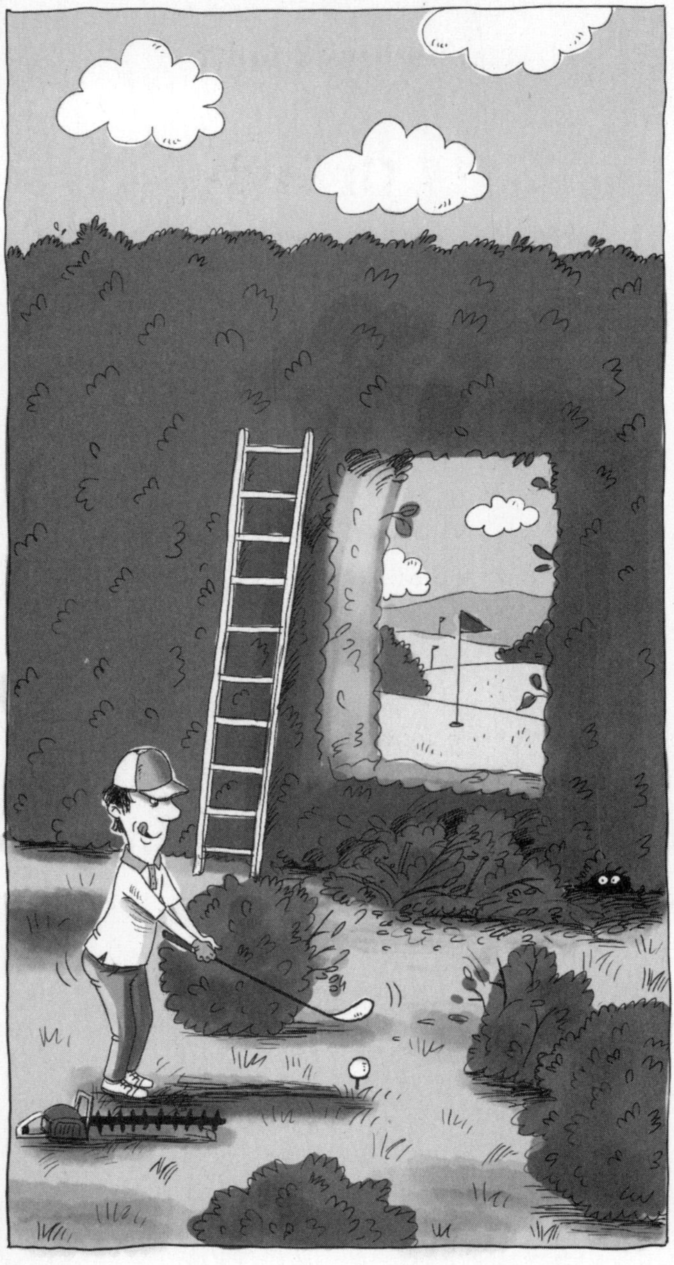

Hein-Dirk Stünitz

111 Gründe, GOLF zu lieben

EINE LIEBESERKLÄRUNG AN DEN SCHÖNSTEN SPORT DER WELT

Erweiterte Neuausgabe mit elf Bonusgründen und einem Farbteil

Mit Illustrationen von Jana Moskito

SCHWARZKOPF & SCHWARZKOPF

INHALT

Fast 111 Gründe, warum dieses Buch geschrieben werden musste

Die Faszination des Golfsports einem Nicht-Golfer nahezubringen, ist ein schwieriges Unterfangen. Überzeugte Golfverweigerer umstimmen zu wollen, gleicht einer »Mission impossible«. *111 Gründe, Golf zu lieben* soll aber nicht nur Zweifler überzeugen, sondern auch für die leidenschaftlichen Golfer eine unterhaltsame Lektüre sein.

Ich selbst betreibe seit vielen Jahren diesen Sport mit Begeisterung und möchte aus meiner Sicht beschreiben, warum eigentlich jeder Golf spielen sollte. Das Angebot auf dem deutschen Büchermarkt, das sich um den Golfsport dreht, ist übersichtlich. Entweder beschäftigen sich die Autoren mit der Technik und geben Trainingshinweise oder sie schreiben über die humoristischen Seiten des Spiels.

In diesem Buch jedoch sind 111 kleine Geschichten, die von alltäglichen Erlebnissen auf dem Golfplatz und von den ganz Großen auf dem Grün erzählen, gleichzeitig *111 Gründe, Golf zu lieben.*

Eine der ältesten Sportarten der Welt hatte schon viele Protagonisten, denen es gelang, von der nicht golfenden Bevölkerung wahrgenommen zu werden. Doch keiner hat es so wie Tiger Woods geschafft, die Aufmerksamkeit auf sich und seinen Sport zu lenken. Fast zwangsläufig wurde er der erste Sport-Milliardär.

Und 2016 wird Golf nach 112 Jahren beim größten Sportereignis der Welt wieder olympisch. Damit verbinden sich in deutschen Landen große Hoffnungen. Immerhin gibt es 630.000 registrierte Golfer. Doch der große Durchbruch ist diesem Sport noch nicht gelungen. Dabei gibt es zwei Millionen Golfer, die ab und zu zum Schläger greifen, und die Zahl derjenigen, die nicht abgeneigt sind, einmal den Driver zur Probe zu schwingen, soll sogar bei vier Millionen liegen. Der Deutsche Golf Verband und die Spielvereinigung clubfreier Golfer arbeiten intensiv daran, das Image vom elitären, teuren Sport, der vermeintlich von Arroganzlingen betrieben wird, aufzubrechen.

Die Zahl der öffentlichen Golfplätze müsste ebenso kräftig steigen wie der Anteil jugendlicher Golfer. Wenn dann noch neben Martin Kaymer und Bernhard Langer eine Reihe von deutschen Spielern vor den nächsten Olympischen Spielen auf sich aufmerksam macht, würde auch die Medienpräsenz steigen. Die »Lifestyle-Sportart« hätte es wirklich verdient.

Weil ich selbst viel zu spät zu diesem wundervollen Sport gefunden habe, möchte ich mit diesen 111 Gründen die Zweifelnden motivieren, den Einstieg zu wagen. Wenn diese Leser auf Fachbegriffe stoßen, die ihnen fremd sind, sollten sie die entsprechenden Kapitel als Golflexikon nutzen.

Spieler, die schon seit Jahren leidenschaftlich Golf spielen, werden sich in vielen geschilderten Situationen wiederfinden.

Mein Dank gilt meinem Sohn Lasse, der mit seinem Durchsetzungsvermögen dafür gesorgt hat, dass sein Vater das Projekt mit der nötigen Dynamik umgesetzt hat.

Meine Freunde Ute und Diedel waren als »Lektoren« eine große Hilfe.

Hein-Dirk Stünitz

Vorbemerkung zur erweiterten Ausgabe

Die Olympischen Spiele in Rio de Janeiro sind Geschichte. Golf hat sich dort erfolgreich etabliert.

Der erfolgreichste Schlägerschwinger aller Zeiten, Tiger Woods, kämpft nicht mit alten Problemen, sondern mit seiner Gesundheit. Sehnsüchtig wird seine Rückkehr in die Turniere der PGA erwartet.

Und ich? Meine Begeisterung für den schönsten Sport der Welt hat nicht nachgelassen. Auch wenn dem fortschreitenden Alter Tribut gezollt werden muss. Von Abschlägen über 200 Meter kann nur noch geträumt werden. Aber die Sucht ist geblieben. Genauso wie der missionarische Eifer, andere zu überzeugen, den Schläger in die Hand zu nehmen. Deswegen habe ich die Erstausgabe nicht nur um 11 schlagkräftige Argumente erweitert, sondern auch mit wunderschönen Aufnahmen meines Heimatplatzes. Mein Dank gilt dem Golfclub Sülfeld, der mir die Veröffentlichung gestattet hat.

Hein-Dirk Stünitz

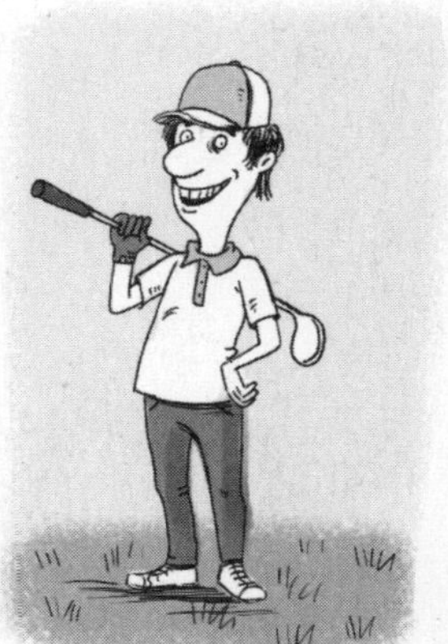

KAPITEL EINS

Die Ausrüstung

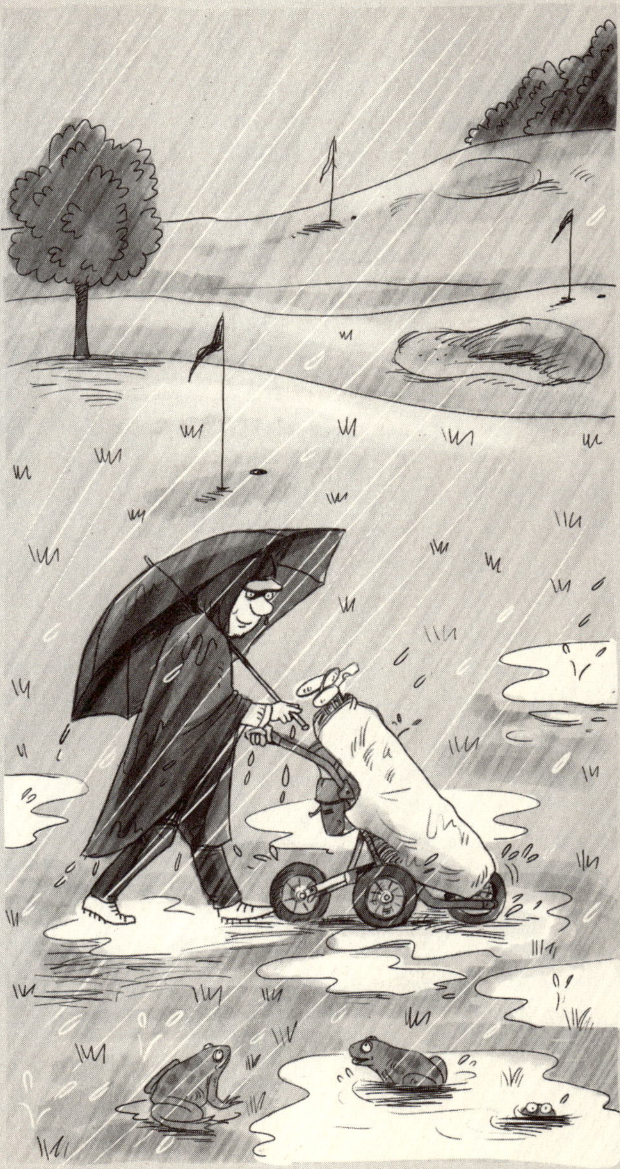

1. GRUND

Weil man so schöne Hosen tragen darf

Ganz gleich, welche Sportart man betreibt, man benötigt die entsprechende Bekleidung. Die unterliegt in ihren Ansprüchen nicht nur der Funktionalität, sondern auch den eigenen modischen Vorstellungen und manchmal auch nicht immer nachvollziehbaren Vorschriften. Wenn man Bilder von Geräteturnerinnen betrachtet, die zu Beginn des 20. Jahrhunderts aufgenommen wurden, kann man nur staunend schmunzeln. Bedenkt man aber, dass es noch gar nicht so lange her ist, dass Tennisspieler nur in Weiß antreten durften, kommt man ein wenig ins Grübeln. Vor 40 Jahren war es eine modische Revolution, wenn Spieler aus Übersee Farbe ins Spiel brachten. Aus heute nicht mehr einleuchtenden Gründen durften zu der Zeit auf dem Golfplatz nur karierte Hosen getragen werden.

Wenn ein bekannter Golfartikelversender die Golfhose als eines der wichtigsten Bekleidungsstücke beim grünen Sport bezeichnet, kann man das nicht ganz ernst nehmen. Das soll wohl eher erklären, warum der Anbieter so viele verschiedene Modelle im Angebot hat.

Eine vernünftige Golfhose muss in erster Linie bequem und funktionell sein. Sie muss je nach Wetterlage bei Kälte wärmen oder bei Hitze atmungsaktiv sein. Eine gute Golfhose bietet nicht nur genügend Bewegungsfreiheit, sondern ihre Taschen sind auch groß genug, um die **Pitchgabel**, ein paar **Tees** und einen Ball aufnehmen zu können. Eine zu enge Hose, die kneift, lenkt nur vom Spiel ab. Nicht nur, dass sie beim Schwung nicht genügend Bewegungsfreiheit bietet, sondern ständig erinnert sie den Träger schmerzlich daran, dass sein Body-Mass-Index die 25 überschritten hat.

Der modebewusste Golfer achtet zwar auf Funktionalität, aber ihm ist auch wichtig, seinem Geschmack Ausdruck zu verleihen.

Da kann er sich bei der Auswahl seiner Golfhosen wunderbar austoben.

Manchmal trägt er ein dezentes Blau. Das sieht einfach elegant aus und nicht jede Verschmutzung ist sofort zu sehen. An anderen Tagen hat er Lust, in Reminiszenz an vergangene Tage, Pepitahosen zu tragen. Wenn er sich ganz mutig fühlt, wählt er ein Beinkleid aus der Kollektion von John Daly. Dieser schrillste aller Golfer sorgt mit seinem Lebensstil und seinem Verhalten auf dem Golfplatz trotz nicht herausragender Leistungen immer wieder für Schlagzeilen. Aber auch wenn sein Gebaren nicht auffällig wäre, würden seine Golfhosen immer für ein Gesprächsthema gut sein. Die sind ein Knaller. Ihn hat wohl der Wunsch umgetrieben, in einer Mischung aus Picasso und Kandinsky Golfhosen zu gestalten, die alle Blicke auf sich ziehen.

Die normale Golfhose ist lang. Es gibt aber auch Shorts, die für den grünen Sport angeboten werden. Ein heikles Thema. Natürlich ist es nur zu verständlich, dass der Golfer geneigt ist, sich bei Temperaturen jenseits der 30 Grad mit kurzen Hosen zu bekleiden. Wenn er dann zu Hause vor den Spiegel tritt, um sich vor der Partie selbstkritisch zu begutachten, braucht er viel Mut. Mindestens so viel Mut, wie man benötigt, um ein John-Daly-Modell zu tragen. Wie werden die Mitspieler und die Damenwelt auf den Anblick seiner »Kalkstelzen« reagieren? Und mit knackigen, kräftigen Waden hat das, was er anzubieten hat, nichts gemein. Er entscheidet sich, mutig zu sein. Zumal die Shorts lang genug sind, um seine »Knubbelknie« zu bedecken.

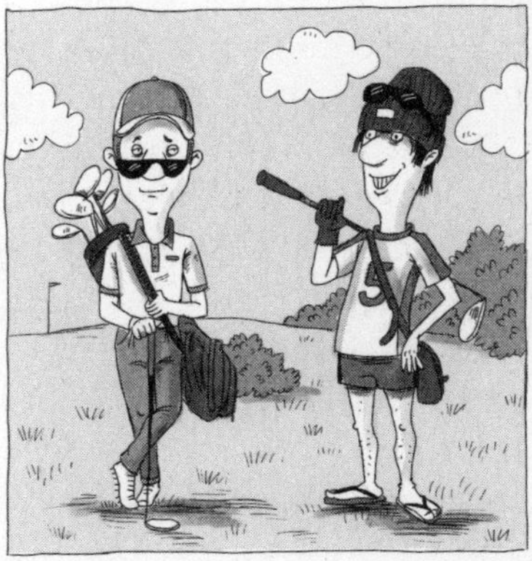

Der ganz und gar uneitle, auf die Mitmenschen keine Rücksicht nehmende Golfer macht sich über all das keine Gedanken. Der zieht gnadenlos zu den sehr kurzen Hosen seine Sandalen und schwarze Kniestrümpfe an.

PITCHGABEL: Wenn ein Ball auf dem Grün landet, entsteht manchmal eine Delle. Diese muss ausgebessert werden, weil das Grün sonst wie eine Kraterlandschaft aussehen würde. Für die Ausbesserung benutzt der Golfer eine circa fünf Zentimeter lange Gabel: die Pitchgabel.

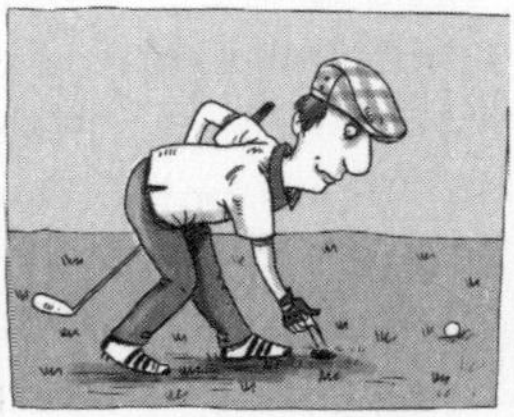

TEE: Beim ersten Abschlag an einer Spielbahn darf der Golfer zur Erleichterung ein Tee benutzen. Das ist ein zwei bis zehn Zentimeter langer »Nagel«, der aus Holz oder Kunststoff besteht. Am Kopf hat der »Nagel« ein Tellerchen, auf dem der Ball abgelegt wird.

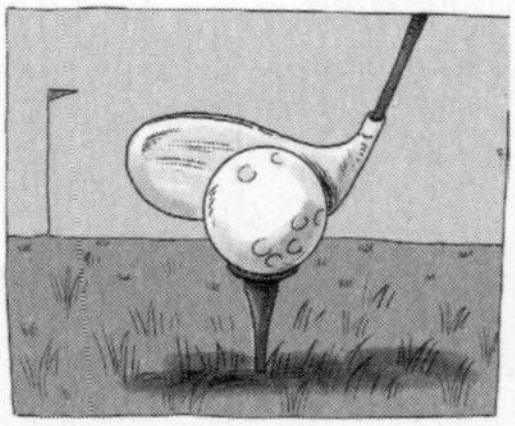

2. GRUND

Weil es den Driver gibt

Die Bezeichnung »Driver« ist, wie erstaunlich, dem Englischen entlehnt. Verständlich wird die Wortherkunft, wenn man weiß, dass »to drive« nicht nur »fahren« bedeutet, sondern unter anderem auch »treiben«. Schlägt man mit dem Driver, führt man also einen Treibschlag aus. Der Ball soll so weit wie möglich fliegen. Eine andere Bezeichnung für den Driver ist »Holz 1« in Anlehnung an die anderen üblichen Hölzer, die mit 2, 3, 4, 5 usw. gekennzeichnet sind.

Der Name »Holz« wurzelt in dem Material, in dem Driver früher hergestellt wurden, nämlich aus verleimten Holzschichten. In der heutigen Zeit übertreffen sich die verschiedenen Hersteller in der Kunstfertigkeit, die Schlägerköpfe aus den verschiedensten Metalllegierungen und Kunststoffen herzustellen. Die Firmen preisen die jedes Jahr neu entwickelten Produkte mit noch mehr Länge und noch mehr Fehlerverzeihbarkeit an. Wer den Versprechungen Glauben schenkt, muss sich alle zwölf Monate zumindest einen neuen Driver kaufen.

Woher rührt die Faszination, die dieser Schlägertyp auf jeden Golfer ausübt? Die Antwort kann eigentlich nur sein, dass alle Spieler, zumindest am Anfang ihrer Karriere, längengeil sind. Hat ihnen denn kein Trainer gesagt, dass fünf 200-Meter-Schläge auf einer Bahn, die ins Aus gehen, einem guten **Score** nicht zuträglich sind? Gerade am Anfang gilt es doch nur, sicher auf dem **Fairway** zu bleiben! Wenn sich der gemeine Anfänger doch nur nicht durch den riesengroßen Schlägerkopf verführen ließe, der das Gefühl vermittelt, keinen Ball zu verfehlen. Wenn er einen erfahrenen Golfer als Freund hat, wird der ihn über das riskante Spiel mit einem Driver aufklären. Er braucht ja nur mal das Holz 1 neben ein Eisen 9 zu halten, um festzustellen, wie viel länger der Schaft eines Drivers ist. Das ist doch wohl einleuchtend, dass, je länger der Schaft ist, der

Ball umso schwieriger zu treffen ist. Und wenn er ihn trifft, heißt das noch lange nicht, dass er ihn richtig trifft. Jeder Schlägerkopf hat eine bestimmte Fläche, den sogenannten Sweet Spot, den man treffen sollte, um die optimale Schlagwirkung zu erzielen. Außerdem braucht ein Schläger, je länger er ist, eine höhere Kopfgeschwindigkeit. Sonst ist er »tot« und die entsprechende Energie wird nicht auf den Ball übertragen. Ein Anfänger ist aufgrund seiner mangelnden Technik fast nie in der Lage, die erforderliche Kopfgeschwindigkeit zu erzielen.

Wenn der noch nicht so erfahrene Golfer bei einem **»Tiger & Rabbit«-Turnier** gut beobachtet, wird er feststellen, dass sein Tiger am Abschlag beileibe nicht immer den Driver nimmt. Der wird ihm auf Nachfrage auch mitteilen, warum er kürzere Schläger bevorzugt. Erstens findet der Tiger das Spiel mit dem Holz 1 viel riskanter und zweitens schlägt er den Ball lieber auf eine Entfernung zum Grün, die er sicher beherrscht.

Irgendwann einmal wird der Anfänger begreifen, dass es kein Statussymbol ist, einen Driver im Bag zu haben. Und wenn er dann, Jahre später, ein richtig guter Golfer geworden ist, wird er das Holz 1 spielen. Dann beherrscht er ihn auch ohne Tee vom Fairway. Er wird ihn wie Tiger Woods in misslicher Lage flach unter den vor ihm stehenden Bäumen mit einem fulminanten Schlag auf das Grün driven.

Träumen kann ja jeder mal.

SCORE: Die Anzahl der Schläge, die ein Golfer auf einer Spielbahn benötigt, wird als »Score« bezeichnet. Sie wird auf der Scorekarte notiert, um am Ende der Golfrunde das Gesamtergebnis berechnen zu können.

FAIRWAY: Den kurz gemähten Bereich zwischen Abschlag und Grün nennt man »Fairway«. Diese Flächen machen ungefähr 20 Prozent eines Golfplatzes aus. Golfer liegen mit ihrem Ball am liebsten auf dem Fairway, weil sie den Ball auf dem nur wenige Millimeter hohen Gras besonders gut treffen können.

»TIGER & RABBIT«-TURNIER: Wenn Golfer unterschiedlicher Erfahrung und differenzierten Spielvermögens zusammenspielen, nennt man den guten Golfer »Tiger« und den nicht so erfahrenen »Rabbit«.

3. GRUND

Weil der Pitcher kürzer ist als der Driver

Beim Pitchen sollte der Ball möglichst hoch fliegen und auf dem Green nicht weit rollen. Wenn ein Golfball aus einer gewissen Höhe das Grün trifft, hinterlässt er ein Loch, die sogenannte Pitchmarke. Die sollte der verursachende Golfer tunlichst mit der Pitchgabel entfernen. Das gehört sich einfach, denn die nachfolgenden Golfer sollen nicht gezwungen werden, durch ein Kraterfeld zu **putten**.

Zur Annäherung auf das Grün werden je nach Entfernung und Lage unterschiedliche Wedges benutzt, die einen **Loft** von 42 bis 60 Grad haben. Je höher die Gradzahl ist, umso höher ist die Flugkurve und umso niedriger ist die Schlaglänge

Weil der Schlag mit diesen Eisen meist die besagte Pitchmarke auf dem Grün hinterlässt, nennt man sie auch »Pitcher«.

Die Pitcher sind neben dem Putter im Bag eines Golfers die spielentscheidenden Schläger. Es ist eine altbekannte Golferregel, dass ein guter Score vornehmlich mit einem guten »kurzen Spiel« erzielt wird. Nicht umsonst gibt es eine geflügelte Redensart unter den Profigolfern: »Drive for show, putt for dough.« Wenn der Schlag mit dem Pitcher gelingt, hat man gute Chancen, nur einen Putt zu benötigen.

Mancher Amateurgolfer wäre einstellig in seinem Handicap, wenn er wie die Besten der Welt nur 25 Putts auf der Runde benötigen würde. Nur ein Naivling würde glauben, dass solche Putt-Erfolge ausschließlich am unglaublichen Geschick der Profis auf dem Grün liegen. Das ist nur ein Teil der Wahrheit. Das wirklich Entscheidende sind die grandiosen Annäherungen, die die Besten der Besten aus allen möglichen und unmöglichen Lagen spielen. Dafür benötigen sie ihre Pitcher.

Der gemeine Golfer sollte seinen Pitcher lieben und so oft wie möglich mit ihm trainieren. Selbst wenn er außer dem **Sand Wedge** nur ein Wedge mit 48 Grad im Bag hat, kann er diesen Pitcher vielfältig einsetzen.

Aus dem tiefen **Rough** kann er den Ball herauspunchen, damit er sich nicht im Gras verfängt. Wenn keine Hindernisse zwischen Ball und Grün vorhanden sind, kann er den Kopf etwas steiler stellen, um dem Ball mehr Roll zu ermöglichen. Ist ein Hindernis zu überwinden, kann man bei etwas geöffnetem Stand und mit dem geöffneten Schlägerblatt dem Ball eine ausreichend hohe Flugkurve ermöglichen.

Der Golfer sollte lernen, seinen Pitcher richtig lieb zu haben, weil er dann diese Zuneigung vielleicht zurückgibt. Außerdem ist er viel leichter zu spielen als der Driver, denn er ist etliche Zentimeter kürzer.

PUTTER: Der Putter ist ein besonderer Golfschläger. Mit ihm wird der Ball auf dem Grün geschlagen. In der Bauform ähnelt er häufig einem Schläger, wie er beim Minigolf benutzt wird. Den Schlag mit dem Putter nennt man »putten«.

LOFT: Den Neigungswinkel der Schlagfläche nennt man »Loft«. Er wird in Grad angegeben.

SAND WEDGE: Das Sand Wedge ist ein Schläger, den man in erster Linie benutzt, wenn der Ball in einem Sandhindernis (Bunker) liegt.

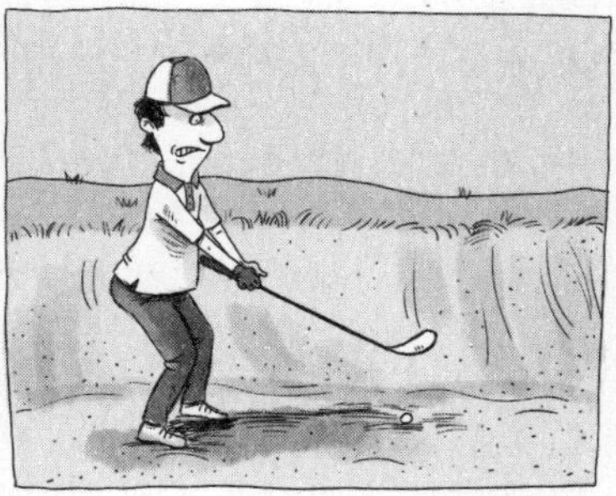

ROUGH: Während das Fairway kurz gemäht wird, bleibt das Rough naturbelassen. Das Gras ist hoch und der Ball kann nur schwer herausgespielt werden.

4. GRUND

Weil es auf dem Platz (k)ein Handyverbot gibt

Der genervte Severiano Ballesteros soll bei einem großen Turnier einmal zu einem Zuschauer gesagt haben: »Stört es Sie, wenn ich spiele, während Sie reden?« Das war zu einer Zeit, als an Handys auf dem Golfplatz noch gar nicht zu denken war. Dass der Durchbruch des Handys einem Gerücht zufolge jahrelang künstlich verhindert wurde, hat auch mit dem Golfsport zu tun. Amerikanische Ärzte sollen über Lobbyismus die Verbreitung verhindert haben, um an ihrem »heiligen« Mittwochnachmittag nicht vom Platz zu Notfällen gerufen werden zu können.

Zu Beginn der Mobilfunkentwicklung in Deutschland erledigte sich das Problem von alleine. Die ersten Geräte mussten wegen ihres Gewichtes mit einem Schultergurt getragen werden.

Heute sind der Handynutzung höchstens andere Grenzen gesetzt. Die Geräte sind so klein geworden, dass man mit Wurstfingern und Weitsichtigkeit bei der Bedienung seine Schwierigkeiten hat. Auf den Golfplätzen hielt das Handy einen schleichenden Einzug. Die damit einhergehenden Probleme auch.

Michael steht am Abschlag. Mitten im Rückschwung klingelt das Handy von Toto. Ich habe noch nie einen Spieler gesehen, der in der Lage ist, einen begonnenen Schlag abzubrechen. Michael auch nicht. Ein laues »Mach noch mal« von Toto kann Michael nach dem vergrützten Schlag auch nicht besänftigen. Süffisant gibt er dem Angerufenen den Tipp: »Lass dir doch lange Koteletten wachsen, dann hält dein Handy mit Klettverschluss.« Der große Vorteil eines Handys, dass man immer erreichbar ist, verkehrt sich auf dem Golfplatz ins Gegenteil. Man ist *immer* erreichbar. Wer denkt schon daran, dass man das Ding auch ausschalten kann? Oder wie wär's mit gar nicht erst mitnehmen?

Eine andere Spezies wartet nicht auf einen Anruf, sondern die ruft selbst an. Mit einer kurzen Entschuldigung an ihren **Flight**, man müsse noch einen ganz dringenden Anruf tätigen, greift man zum Handy. Er hätte sich bei allen Spielern auf dem Platz entschuldigen müssen. Sein Organ ist so laut, dass sich alle Golfer auf den benachbarten Bahnen fragen, warum er für das Gespräch überhaupt ein Handy benötigt. Trotz der erwiesenen Nachteile einer Handynutzung auf dem Golfplatz schaffte der Deutsche Golf Verband das strikte Handyverbot ab. Jetzt kann jeder Club für sich entscheiden, wie er mit dem Problem umgehen will. Die einzige Ausnahme bilden die Turniere. Dort gilt ein striktes Handyverbot.

Das hätte der Spieler wissen müssen, der sich während der vorgabewirksamen Monatsrunde über den Vorflight wegen des langsamen Spieltempos fürchterlich aufregt. Er hält es nicht mehr aus.

Er greift zum Handy und ruft die Spielführung an. Die müsse unbedingt eingreifen. Sie verspricht, tätig zu werden. Als unser Spieler nach der Runde die Scorekarte abgeben will, die Runde war richtig gut, teilt man ihm mit, dass er disqualifiziert wurde. Absolutes Handyverbot! Das hätte er doch wissen müssen!

Alle älteren Golfer, die unbedingt auf der Runde eine SMS senden müssen, können beruhigt werden. Auch wenn sie nicht so virtuos mit beiden Daumen über die Tastatur huschen können wie die jungen Wilden, sie sollten sich keine Gedanken machen. Selbst das schlimmste Kauderwelsch ist lesbar. Hier der Beweis für Ungläubige:

Enie Lbeimadsee, die enein Gfleor als gsat hat, fgart irhe Klleoign: »Sag mal, wßiet du was ein Maillugn ist?«

Aber längst geht es ja nicht mehr nur um das Telefonieren auf dem Platz. Die schlichten Handys sind längst von den Smartphones abgelöst worden. Wenn man die entsprechenden Apps geladen hat, kann man die Entfernung zum Grün messen, die Scorekarte führen … Wenn der Mitspieler ständig an seiner Wunderwelt der Technik herumfummelt, möchte man ihm am liebsten zurufen: »Komm, lass uns einfach nur Golf spielen!«

FLIGHT: Natürlich kann man auf einem Golfplatz auch alleine spielen. Geht man aber zu zweit, dritt oder viert über die Bahnen, nennt man diese Gruppe einen »Flight«.

5. GRUND

Weil es Golfcarts gibt

Zu Anfang seiner Karriere als Golfer schafft sich der Spieler ein Bag an, das er mit den zwei Schultergurten locker über den Platz tragen kann. Er ist damit sehr flexibel, denn egal, welchen Schläger er benötigt, das Bag steht immer neben ihm. Außerdem ist die Tasche locker im Kofferraum seines Cabrios zu verstauen. Aber irgendwann fängt er an, die Golfer zu beneiden, die mit einem größeren Bag über den Platz gehen. In dem kann man alles Notwendige – vom Regenanzug bis zur wärmenden Kleidung – unterbringen. Damit es nicht zu anstrengend wird, transportiert man die Ausrüstung auf einem Trolley, den man bequem vor sich her schieben oder ziehen kann. In seinem Kofferraum wird es mit Trolley und Bag schon etwas enger.

Der Golfer kommt in die Jahre. Das Golfspielen bringt immer noch Spaß, aber irgendwie fiel das Ziehen oder Schieben des Trolleys früher leichter. Weil er zu der Erkenntnis kommt, dass sich die Topologie des Platzes nicht so dramatisch verändert haben kann, muss es wohl an seiner Fitness liegen, dass ihm die zu erklimmenden Hügel jetzt höher vorkommen. Da muss er wohl nachrüsten. Zumal sein Flightpartner Rainer schon lange mit einem batteriebetriebenen Trolley ganz tiefenentspannt über den Platz spaziert. Dann muss eben mal wieder etwas investiert werden. Ein Nobelprodukt, das so viel wie ein guter Gebrauchtwagen kostet, muss es nicht sein. 700 Euro reichen auch. Was für ein herrliches Gefühl, ohne jeglichen Kraftaufwand über den Platz zu kurven. Das Spiel ist schon anstrengend genug.

Ein schlechtes Gefühl hat er auch nicht, denn er hat noch nie einen Profi gesehen, der sein Bag selbst transportieren muss. Außerdem treibt ihn auch die Hoffnung um, dass ihm diese Entlastung zu einem besseren Spiel verhilft. In den Kofferraum passt der Trolley jetzt nicht mehr. Das Cabrio muss einem geräumigen SUV weichen. Da kann man sich auch besser unter die geöffnete Heckklappe setzen, um die Golfschuhe zu schnüren. Nur das Gedächtnis spielt ihm manchmal einen Streich, sodass er die Batterie vergisst. Dann schiebt sich der Trolley verdammt schwer.

Der Spieler wird 80 und spielt immer noch leidenschaftlich gerne Golf. Nur die Hügel werden immer steiler und der Platz immer länger. Er erinnert sich an seinen letzten Golfurlaub. Da hat er sich, nur mal zum Ausprobieren, ein Golfcart geliehen. Das hat richtig Spaß gemacht, wenn es auch gewöhnungsbedürftig war, das Cart mit den Schlägern manchmal weit weg von der Ballposition parken zu müssen. Aber daran könnte man sich gewöhnen. Nachdem er sich in seinem Heimatclub ein paar Mal ein Cart ausgeliehen hat, steht der Entschluss fest. Ein Golfcart wird angeschafft. Gott sei Dank kann er sich die Anschaffung eines für sein SUV sparen, denn er bekommt einen Stellplatz neben dem Clubhaus. Direkt neben den Ladebuchsen für die Batterie. Die etwas hämischen Blicke der anderen Clubmitglieder kann er inzwischen gut ertragen. Besonders, wenn es regnet.

6. GRUND

Weil es Pitchgabeln gibt

Jeder Golfer weiß, dass er die Pitchmarke, die sein Ball auf dem Grün hinterlassen hat, entfernen soll. Falls den Spieler mal sein Gedächtnis verlassen sollte, erinnern ihn Hinweisschilder: »Bitte Pitchmarken ausbessern!« Da alle Golfer denken, dass sich jeder danach richtet, wundert er sich an jedem Grün, wie viele von Bällen verursachte Dellen er findet. Ist doch zu ärgerlich für den Spieler, dessen Ball beim Putten von solch einer Pitchmarke abgelenkt wird.

Pitchmarken werden am besten mit dem entsprechenden Werkzeug ausgebessert. Dazu ist die Pitchgabel erfunden worden. Die circa acht Zentimeter lange zweizinkige »Forke« wird am Rand der Delle ins Grün gestochen und dann zur Mitte der Pitchmarke gedrückt. »Bitte, bitte«, sagt der **Greenkeeper** immer wieder, »nicht die Gabel nach außen drücken«, denn das hinterlässt Schäden.

Materialien und Formen der Pitchgabeln sind vielfältig. Besonders beliebt sind Gabeln, die mit einem Magneten auch den

Ballmarker halten. Sie sind nicht nur praktisch, sondern ein Sammlerobjekt, weil die Marker häufig mit dem Logo des Golfclubs verziert sind. Golffreund Benno, der beruflich für die Herstellung von künstlichen Hüft- und Kniegelenken verantwortlich ist, überraschte seine Flightpartner mit einer selbst gefrästen Pitchgabel, die mit dem Namen des Besitzers versehen war. Besonders nützlich für Golfer, die es sich angewöhnt haben, ihre Pitchgabel in regelmäßigen Abständen zu verlieren.

Wenn der Spieler in den Golfshop geht, um sich eine neue Pitchgabel zu kaufen, wird er durch die geschickte Darbietung verführt, sich von der Sinnhaftigkeit anderer Utensilien zu überzeugen.

Ein Ballaufheber, der am Puttergriff montiert wird, könnte ganz nützlich sein. So leicht fällt einem das Bücken auch nicht mehr.

Der »Score Counter« würde einem die ganze Rechnerei ersparen. Zumal man die Schläge für einen Viererflight eingeben kann.

Auch eine Bürste, mit der man alles Mögliche unterwegs auf der Runde reinigen kann, macht keinen schlechten Eindruck, da sie zusammen mit einem **Spikeschlüssel** montiert ist.

Das Ballregal aus Acryl reizt ihn auch. Darin könnte er seine Sammlung mit den Bällen, die ein Logo der von ihm gespielten Plätze haben, so richtig gut zur Geltung bringen. Er fragt sich nur, wo in der Wohnung er mit Erlaubnis seiner Gattin das Regal aufhängen darf. Nach einigem Nachdenken fällt ihm nur der Keller ein. Er nimmt Abstand von einem Kauf.

Als er den Golfshop verlässt, ist er richtig stolz auf sich. Die Pitchgabel für 6,95 Euro hat er mitgenommen. Ansonsten hat sein Verstand gewonnen.

GREENKEEPER: Ein Golfplatz bedarf intensiver Pflege. Für diese sind die Greenkeeper zuständig.

BALLMARKER: Wenn ein Golfball auf dem Grün liegt, kann er aufgenommen werden, um ihn zu reinigen. Oder er muss aufgenommen werden, weil er in der Puttlinie eines Mitspielers liegt. Bevor er aufgenommen wird, muss seine Lage markiert werden. Dies geschieht mit dem Ballmarker. Das kann eine Münze oder Ähnliches sein.

SPIKESCHLÜSSEL: In der Leichtathletik haben die Schuhe von Sprintern »Nägel«, sogenannte Spikes, unter den Schuhen. Diese haben sich auch im Golfsport durchgesetzt, um einen besseren Stand zu ermöglichen. Heutzutage sind das keine »Nägel« mehr, sondern kleine Kunststoffkrallen mit Schraubgewinde, die mit einem Spikeschlüssel befestigt werden.

7. GRUND

Weil man eigene Bälle verliert und andere wiederfindet

Ein Spieler, der ein Turnier mit nur einem Ball im Bag beginnt, ist entweder ein Superoptimist, oder er hat schlichtweg vergessen, ausreichend weiße Kugeln mitzunehmen. Natürlich kommt es vor, dass der Golfer die Runde mit dem Ball beendet, mit dem er den ersten Abschlag gemacht hat. Aber die Realität sieht anders aus. Da kann man froh sein, wenn man nur einen Ersatzball benötigt, denn nicht immer zeigt sich der Golfgott gnädig.

Weil der gemeine Golfer aus langjähriger Erfahrung rational denkt, füllt er sein Bag vor einem Turnier mit einem entsprechenden Vorrat. Macht ja nichts, wenn am Ende der Runde ein paar Bälle auf ihren Verlust in einem der kommenden Spiele warten dürfen. Auf jeden Fall läuft er nicht Gefahr, nach dem zwölften Loch ohne Bälle dazustehen, denn dann wäre das Turnier für ihn beendet. Schade nur, dass er anlässlich des vorgabenwirksamen Spiels neue, teure Bälle benutzt hat.

Auf der Privatrunde scheut sich der Golfer, seine teuer erkauften Bälle zu spielen. Das wäre zwar sinnvoll, weil sich jeder Ball anders spielt, aber es täte ihm zu weh, zu viele seiner fünf Euro teuren Kugeln dabei zu beobachten, wie sie im Teich verschwinden. Deshalb stattet er sich mit »Fundware« aus, die er kostenlos »erworben« hat.

Die Zahl und Vielfältigkeit der runden weißen Kugeln, die man im Rough, im Gebüsch oder unter dem Laub bei der Suche nach dem eigenen Ball oder dem eines Mitspielers entdecken kann, ist erstaunlich. Da findet man neben den billigsten, steinharten Produkten auch High-Class-Objekte, die leider manchmal mit schrecklichen Ornamenten verziert sind. Egal, das Bag wird gefüllt, denn ein gefundener Ball, der verloren geht, macht den Score nicht besser, aber er führt zu keinen finanziellen Verlusten.

Wenn der Golfer so über die Jahre seine Ballstatistik betrachtet, ist die im positiven Bereich. Die Anzahl der gefundenen Bälle übertrifft bei Weitem die der gekauften. Damit lässt sich auch leichter verkraften, dass sich sein **Handicap** nicht so positiv entwickelt hat wie sein Ballvorrat.

HANDICAP: Das Handicap ist eine Zahl, die die vermutliche Spielstärke eines Golfers kennzeichnet. Sie gibt an, wie viele Schläge er mehr als der Platzstandard pro Spiel machen kann. Zu Beginn hat der Golfer ein Handicap von -54. Erreicht er ein Handicap von unter -10, hat er ein einstelliges Handicap (siehe Grund 41: *Weil man vor der Runde nie weiß, ob man sein Handicap spielt*). Golfer, die regelmäßig ihre Golfrunde mit unter 70 Schlägen beenden, haben ein »+« vor ihrem Handicap. Die besten Amateure erreichen auch mal eine »+5«. Die dürfen sich dann überlegen, Profi zu werden.

Weil Golfbälle manchmal gar nichts kosten

Der Golfer kann froh sein, dass der Golfball nicht in Einzelfertigung hergestellt wird, denn sonst wäre er richtig teuer. Dann könnte er es sich beim Verlust eines Balles erst wieder nach Wochen leisten zu spielen. Froh sein kann er auch darüber, dass die Industrie immer weiter tüftelt, damit die kleinen Kunststoffwunderwerke noch besser fliegen.

Des Golfers Dankbarkeit hält sich dann in Grenzen, wenn sein Ballvorrat zur Neige geht und er investieren muss. Da steht er dann in der Golfabteilung eines großen Kaufhauses vor der Qual der Wahl. Der zur Hilfe gerufene Verkäufer ist zwar nett, glänzt aber mehr mit seiner schwammigen Halbbildung. Nimmt man nun einen Two-Piece-Ball oder einen Multi-Layer? Ist der mit den großen **Dimples** besser als der mit den 500 kleinen? Greift man lieber zu einem weichen oder zu einem harten Ball?

Dem Golfer schwirrt der Kopf. Das hindert ihn zu seinem Glück aber nicht daran, an den Preis zu denken. Der einzelne Ball kostet zwischen 80 Cent und sechs Euro. Da wird der Anfänger wohl eher zum Billigprodukt greifen, denn er kann ja seinen Ballverbrauch nüchtern einschätzen.

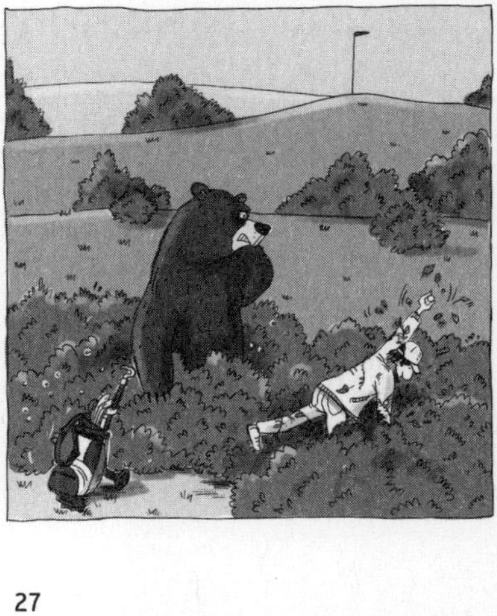

Am schönsten aber ist es natürlich, wenn Golfbälle gar nichts kosten. Drei Möglichkeiten tun sich auf: Man wartet auf das nächste Golfturnier, denn bei der Siegerehrung gibt es für jeden, der auf dem Treppchen steht, Golfbälle als Zusatzpreis. Diese Möglichkeit setzt eine gehörige Portion Optimismus voraus. Oder man freundet sich mit einem Golfer an, von dem man weiß, dass er ein mittelständisches Unternehmen sein Eigen nennt. Der braucht dann nur noch davon überzeugt zu werden, wie toll sich Golfbälle als Werbeträger eignen. Es müsste doch mit dem Teufel zugehen, wenn sich der neu gewonnene Golffreund nicht großzügig zeigt.

Der dritten Möglichkeit kann sich kein Golfer entziehen. Er findet Bälle auf dem Platz. Zu Beginn seiner Golferlaufbahn war er noch so mit dem eigenen Spiel beschäftigt, dass ihm die Mitspieler beim Finden seiner Bälle helfen mussten. Jetzt, wo er wesentlich entspannter das Spiel genießen kann, kommt er gar nicht umhin, manchmal im Rough über einen gefundenen Ball zu stolpern. Ab dann entscheidet sich, in welche Richtung seine Karriere geht: Verbesserung des Handicaps oder erfolgreicher Ballsucher.

Entweder entscheidet er sich dafür, Zufallsballfinder zu bleiben, oder er mutiert zum Jäger und Sammler. Wählt er den zweiten Weg, droht sein Spiel zweitrangig zu werden. Nicht mehr der gute Schlag ist wichtig, sondern die Ballausbeute. Während die anderen am Schlag sind, hält er sich im Rough auf und durchschweift dasselbe mit Adlerblick nach den Objekten seiner Begierde.

Selbst vor dichtem Dornengestrüpp macht er nicht halt. Sieht er etwas kleines Weißes blitzen, bricht er sich ohne Rücksicht auf Verluste seine Bahn. Was ist schon ein Riss in der teuren Golfjacke gegen einen gefundenen Golfball. Manchmal sind die zum Verdruss des Finders vom Mäher des Greenkeepers zerschreddert worden. Die Ballangel gehört zur selbstverständlichen Ausrüstung dieser Golfer. Fehlt eigentlich nur noch, dass er seine Taucherausrüstung mitbringt, um klammheimlich abends die verschiedenen Teiche abzugründeln.

Nach einem Jahr des Suchens haben die Jäger und Sammler ihren Bedarf für die Ewigkeit gedeckt. Dann werden die Bälle gesäubert, sortiert und in Kisten im Keller verstaut. Die könnten ja noch zu Geld gemacht werden.

DIMPLES: Die Oberfläche eines Golfballs ist mit 300 bis 400 kleinen Dellen versehen, um die Flugbahn zu optimieren. Diese Dellen werden als »Dimples« bezeichnet.

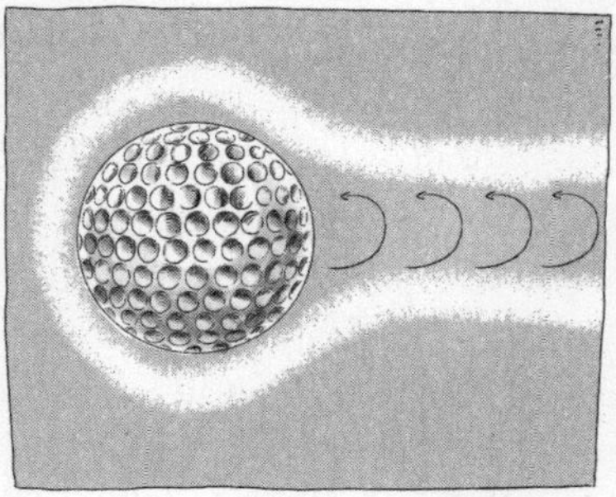

9. GRUND

Weil es Golfprospekte gibt

Regelmäßig schicken die großen Golfversender umfangreiche Prospekte an ihre potenziellen Kunden. Die Versuchung, diese sofort in den Restmüllbehälter für Papier zu werfen, ist groß, aber man widersteht ihr regelmäßig. Es könnte ja doch ein besonderes Schnäppchen im Angebot sein.

Die Titelseite ist gepflastert mit den Lockangeboten. Da werden schon mal Artikel unter der Hälfte der unverbindlichen Preisempfehlung angeboten. Wer sich die im vergangenen Jahr gekauft hat, kann sich doch nur schwarzärgern! Da kommt man sich nachträglich richtig blöd vor. Die Gewinnspanne muss ja gewaltig sein, denn verschenken wird der Anbieter auch bei seinem Dumpingpreis nichts.

Auf den nächsten Seiten des Katalogs finden sich die Angebote für so viele verschiedene Driver, die zwar auch alle im Preis reduziert sind, aber in ihrer Vielfalt den gemeinen Golfer überfordern. Berücksichtigt man die unterschiedlichen Lofts und Flex-Grade, Damen- oder Herrenschläger und Schläger für Rechts- oder Linkshänder, kommt man locker auf über 1.000 Varianten. Das Lager beim Versandhändler muss riesengroß sein. Die Beschreibung der einzelnen Schlägerfabrikationen überfordern ihn auch:

»Aus der Verbindung von drei patentierten Technologieplattformen, Hochgeschwindigkeits-Cavity-Back, FlexLoft-Justierbarkeit und NexCOR-Schlägerblatt gewinnt dieser Driver …« Hä?

Dann folgen die Fairwayhölzer, Hybriden, Wedges, Putter und ganze Schlägersätze. Es versteht sich von alleine, dass auch die alle unter dem empfohlenen Verkaufpreis angeboten werden.

Das Material muss auf dem Platz transportiert werden. Daher kann ein großes Angebot an Bags und Trolleys nicht verwundern.

Irgendetwas muss mit den zum Verkauf angepriesenen Drivern ja auch geschlagen werden. Da bietet es sich an, viele verschiedene Ballmarken im Angebot zu haben. Neben den renommierten Marken, die viel Länge, ein weiches Gefühl und exzellente Kontrolle versprechen, gibt es auch sogenannte »Lakeballs«. Das sind nicht nur in Teichen, sondern irgendwo gefundene Bälle, die aufbereitet und für wenig Geld verkauft werden.

Es mag ja sein, dass es irgendwo auf der Welt Golfplätze gibt, auf denen sich FKK-Sportler tummeln, aber üblich ist es, die Runde der Etikette entsprechend zu bestreiten. Im weitesten Sinne heißt das: bekleidet. Das weiß auch der Golfversender. Somit widmen sich mehrere Seiten dem Angebot an Golfschuhen, Hosen, Socken, Poloshirts, Pullovern und Windbreakern. Handschuhe und Caps dürfen natürlich auch nicht fehlen.

Die letzten Seiten sind mit dem gefüllt, was der Golfer bisher nie brauchte, aber irgendwie schon immer haben wollte. Ob es das »Übungsnetz de luxe«, der »**Slice Correction Trainer**« oder die »Übungsgelenkverstärkung« ist, all diese Utensilien scheinen ihre Käufer zu finden. Sie wären ja sonst die Werbung nicht wert.

Wenn man einen Freund hat, den man zum Golfen überreden will, sollte man solch einen Prospekt tunlichst verstecken. Sonst käme der noch auf die Idee, dass man erst wahnsinnig viel investieren muss, um einen Start in diesen wunderbaren Sport zu finden. Aber eine unterhaltsame Lektüre sind diese Prospekte der Golfversender schon. Und zugegeben, manchmal hat der Golfer sich auch schon verführen lassen. Nicht umsonst hat er sich die Bestell-Hotline notiert.

»SLICE CORRECTION TRAINER«: Ein Slice ist ein Schlagfehler. Der Ball wird so getroffen, dass er ungewollt nach rechts abbiegt. Der »Slice Correction Trainer« misst über einen Sensor, ob der Schlägerkopf von außen oder von innen an den Ball kommt. Kommt er von innen, wird der Slice verhindert.

10. GRUND

Weil es Golf-Messen gibt

Der gläubige Golfer würde in seiner Kirche gerne einmal eine Golf-Messe besuchen. Dann könnte er vor einem wichtigen Turnier den Herrn ganz zielgerichtet um seinen Beistand bitten. Oder einfach mal in sein Gebet einflechten, dass er gerne in diesem Jahr einstellig werden möchte.

Weil es solche Gottesdienste aber nicht gibt und nicht alle Golfer einer Kirche angehören, bietet es sich an, eine Marketing-Veranstaltung zu besuchen, die den gleichen Namen führt. Hat ja auch mit Glauben zu tun, denn die dort vertretenen Hersteller und Verkäufer wünschen sich nichts mehr, als dass die Besucher ihren Versprechungen glauben. Immer wenn der Winter kommt, beginnt des Golfers trostlose Jahreszeit. Selbst Hartgesottene können ihre Runden nicht drehen, wenn der Platz gesperrt ist. Da bietet es sich doch an, aus lauter Frust und sozusagen als Ersatzbefriedigung eine Golf-Messe zu besuchen.

Die Halle der Aussteller ist nicht sehr groß, die würde von der Fläche her bei der CEBIT gerade mal so für einen Anbieter reichen, aber die bereits investierten zwölf Euro für den Eintritt sollen nutzbringend eingesetzt werden.

Als Erstes fällt der zentrale Stand eines bekannten Golfshops ins Auge. Schuhe, Bekleidung, Bälle und die neuesten Schlägermodelle werden angeboten. Modelle des letzten Jahres kann man mit einem Rabatt von 20 Prozent erwerben. Der internetkundige Golfer weiß, dass man die auch für die Hälfte bekommen kann. Da schaut er lieber mal zu der Station, an der ein Golfroboter aufgebaut ist. Der kann nicht nur Bälle mit absoluter Präzision schlagen und die Unterschiedlichkeit der eingespannten Schläger belegen. In den Roboter kann man auch persönlich eingespannt werden, um den perfekten Schwung nachempfinden zu können. Die hübsche Golftrainerin, die das Gerät präsentiert, kann einen überreden, den Roboter auszuprobieren. Nachdem man sich dann aber einigermaßen begeistert gezeigt hat, hält einen doch der Preis von 20.000 Euro von einem Spontankauf ab. Die Maschine steht leider auch nicht auf den Golfplätzen seiner Region zur Verfügung.

Durch die Halle wandernd kommt man sich nicht vor wie auf einer Messe, sondern eher wie in einem großen Golfladen. Interessant scheint noch die Ecke mit den Ständen zu sein, die für Golfreisen werben. Bei den traumhaften Bildern von Golfplätzen auf der ganzen Welt wird einem richtig warm ums Herz. Einer der Anbieter wirbt für Tunesien. Herr Madanoglu macht Werbung für das Golfressort Hammamet. In seiner freundlichen, offenen Art macht er einem eine Reise dorthin schmackhaft. Anfang März sei es, nicht wie in Deutschland, schon richtig warm. Man könne in Shorts und Poloshirt auf drei verschiedenen Plätzen spielen. Und der Preis könne sich auch sehen lassen, denn mit Flug und der Unterbringung in einem tollen Hotel würde das Ganze für zwei

Wochen »all inclusive« nur 750 Euro kosten. Das hört sich doch gut an. Auf jeden Fall werden die Prospekte mitgenommen.

Mit diesen und einem Dutzend neuer Bälle – irgendetwas musste man ja kaufen – tritt er seinen Heimweg an. Damit hat er diesen golffreien Tag bewältigt. Vielleicht muss er nächstes Jahr nicht auf die Golf-Messe, wenn er stattdessen die tristen Tage in Tunesien mit seinem Lieblingssport verbringt.

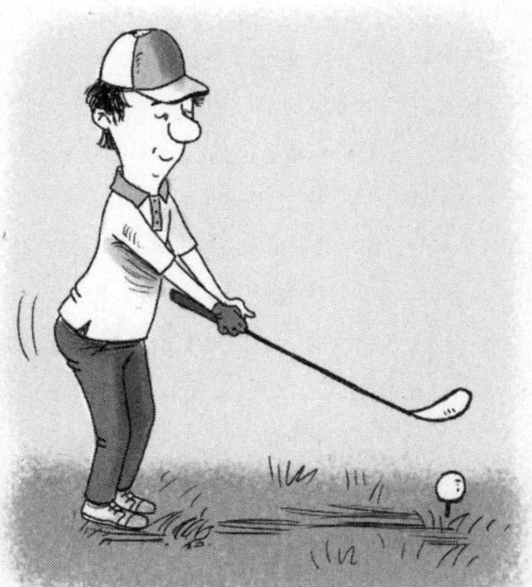

KAPITEL ZWEI

Der Golfclub

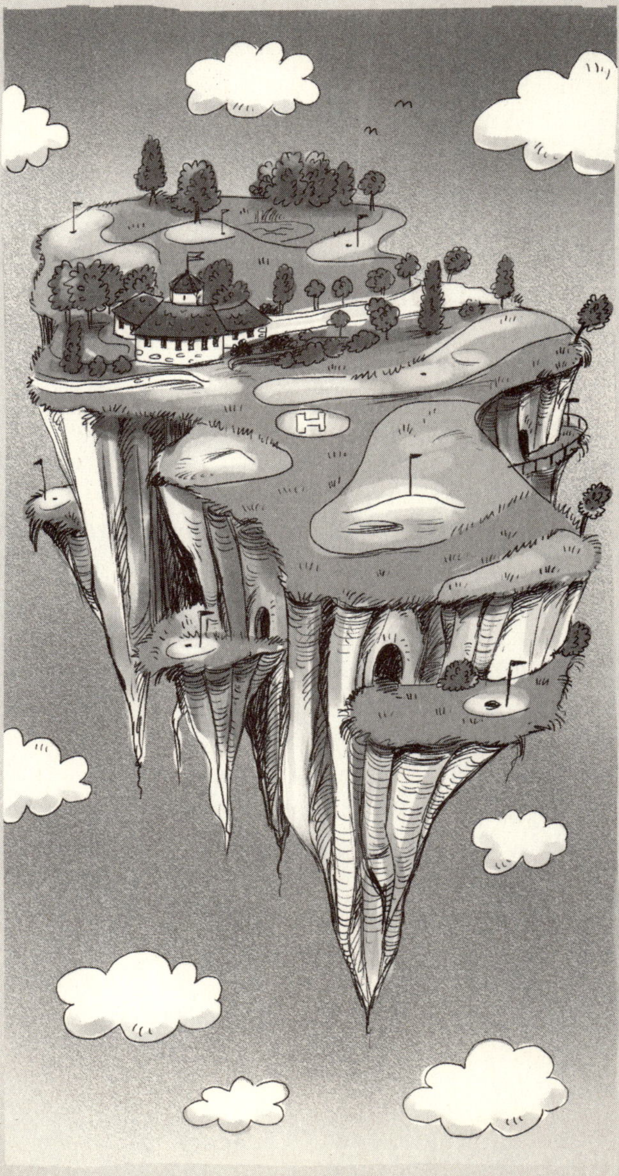

11. GRUND

Weil es das Clubhaus gibt

Das Clubhaus eines Golfplatzes hat ganz unterschiedliche Funktionen. Zentrale Stelle ist das Büro, in dem die Clubsekretärin herrscht. Dazu gesellen sich die Gastronomie, der Golfshop, die sanitären Anlagen und Räume, in denen in Ruhe getagt werden kann.

Clubsekretärinnen haben keinen einfachen Job. Auf der einen Seite sollen sie für einen freundlichen Empfang sorgen. Auf der anderen Seite haben sie es mit manchmal giftig vorgetragenen Beschwerden und den merkwürdigsten Anliegen zu tun. Man kann ihnen nur raten, möglichst alles mit Humor und Schlagfertigkeit zu nehmen, denn es gibt schon merkwürdige Käuze unter den Golfern, wie folgender Witz belegt:

Ein Golfer meldet sich am Telefon und fragt nach einer Startzeit. Die Sekretärin bittet um Verständnis, weil keine Startzeit mehr frei ist. Der Anrufer insistiert mit der Frage, was denn wäre, wenn Tiger Woods vorbeikäme. Der würde doch sicherlich eine Startzeit erhalten. Natürlich bejaht die Sekretärin diese Frage. Darauf der Golfer: »Eben. Und ich weiß ganz genau, dass er heute nicht kommen wird. Daher können Sie mir seine Startzeit geben.«

Zwar freut sich jeder Golfer über die Dienstleistungen des Büros, wenn Turniere organisiert und die Handicaplisten geführt werden. Aber nicht selten wird die arme Clubsekretärin als Abfalleimer benutzt. Sie muss sich alle Beschwerden über den Zustand des Platzes anhören, obwohl sie dafür nicht zuständig ist. Außerdem weiß sie aus leidvoller Erfahrung, dass an den Haaren herbeigezogene Vorwürfe von **Greenfeespielern** nur ein Versuch sind, weniger Geld für die Runde zu zahlen.

Um die Sekretärin aufzuheitern, erzählt der Golfer gerne mal wieder einen Witz, dem man einen aktuellen Bezug nicht absprechen kann: »Am Vormittag meldet sich am Telefon eine Dame, die für

12.00 Uhr eine Startzeit bucht. Pünktlich erscheint der Vierer-Flight im Büro. Eine Ossi-Dame, ein Behinderter, ein Vietnamese und ein Homosexueller möchten ihr Greenfee bezahlen. Die Sekretärin: ›Ihr seid aber ein zusammengewürfelter Flight.‹ Darauf antwortet die Ossi-Dame: ›Von wegen zusammengewürfelt. Wir sind das Bundeskabinett.‹«

Meist darf die Sekretärin nebenbei auch noch den Golfshop mit betreuen, denn in den Zeiten des Internets lohnen sich keine großen Verkaufsflächen mehr.

Die Gastronomie streitet sich mit dem Büro um die Gunst der Spieler. Als Anlaufpunkt nach der Runde, um in gut gelaunter Gesellschaft einen Drink zu sich zu nehmen, bietet sich die »Golfer-Schenke« an. Nach Turnieren ist sie der Ort für die Siegerehrung. Die Seniorenrunde, der Herrennachmittag und die Damen tagen dort in geselliger Runde. Wenn Letztere zusammensitzen und die eben gespielte Runde nachklingen lassen, bietet es sich für die anderen Spieler an, einen Platz auf der Terrasse zu suchen. Es sei denn, der Gastraum ist so gut gedämmt wie ein Tonstudio.

Betreiber eines Golf-Restaurants sind nicht zu beneiden. Die Preise sind immer zu hoch. Und keine andere Form der Gastronomie ist solchen Schwankungen in Bezug auf die Auslastung unterworfen.

Da gibt es die großen Turniere mit über 100 Teilnehmern. Besonders »beliebt« bei den Wirten sind die sogenannten Kanonenstarts, bei denen alle Flights über die Löcher verteilt gleichzeitig abschlagen. Das hat zwangsläufig zur Folge, dass alle Spieler fast gleichzeitig das Clubhaus stürmen. Dann herrscht wenig Verständnis dafür, dass nicht alle in der gleichen Sekunde ihr Bier bekommen.

Da gibt es aber auch die Tage, an denen witterungsbedingt auf dem Platz »Totentanz« herrscht. Dann steht sich der Betreiber der Gastronomie die Beine in den Bauch.

Der Golfer ist froh, dass es ein Clubhaus gibt. Und sei es nur, dass er nach einer besonders »heißen« Runde duschen kann.

Wenn er sich etwas wünschen dürfte, dann wäre es schön, wenn es für die kalten Tage eine Sauna gäbe. Und glücklich würde ihn auch machen, wenn der Betreiber des Platzes einen Riesenpool bauen würde. Dann könnte man im Sommer den ganzen Tag auf der Anlage verbringen und der Golfer wäre rundum zufrieden. Also, ist doch ganz leicht, so eine Golferseele glücklich zu machen.

GREENFEESPIELER: Entweder ist man Mitglied eines Golfclubs, zahlt einen Jahresbeitrag und darf dafür umsonst spielen. Oder man spielt auf einem »fremden« Platz und muss dafür ein entsprechendes Entgelt entrichten. Das wird als »Greenfee« bezeichnet. Diesen Golfer nennt man »Greenfeespieler«.

12. GRUND

Weil es tradierte Runden gibt

In allen Golfclubs gibt es die Tradition, sich regelmäßig einmal in der Woche auf dem Platz zu treffen. So finden sich die Damen, die Herren und die Senioren zu festgelegten Terminen zusammen, um mit Gleichgesinnten eine Runde zu spielen. Diese Veranstaltungen werden von den Captains organisiert.

Ob Ladies', Men's oder Senior's Captain, sie planen die Termine, legen die Spielform fest, sorgen für Einladungen an andere Clubs, organisieren gemeinsame Ausflüge und arbeiten eng mit dem Vorstand des Clubs zusammen. Die Teilnehmer an den Runden sind froh, wenn sich einer aus ihrer Mitte bereit erklärt, dieses zeitaufwendige Amt zu übernehmen. Ewige Nörgler unter den Teilnehmern gibt es zwar auch, aber deren Kritik sollte der Captain mit Augenmaß begegnen. Denn noch nie hat sich einer von den Besserwissern zur Wahl gestellt.

Wie beliebt die verschiedenen Runden sind, zeigt sich in der Teilnehmerzahl. Regelmäßig nehmen 60 oder mehr Spieler teil. Sie freuen sich jede Woche auf das Spiel in den immer neu zusammengestellten Flights. Man geht zwar bei anderen Gelegenheiten auch mal alleine über den Platz. Viel schöner ist es aber, das Spiel mit anderen zu erleben. Die unterschiedlichen Spielformen bieten eine zusätzliche Abwechslung und erhöhen die Chancen, auch mal Sieger eines Turniers zu werden. Auch wenn man nicht zu den Single-Handicapern gehört.

Das gemütliche Zusammensitzen nach der Runde wird genossen. Besonders dann, wenn nicht nur das Golfspiel thematisiert wird. Ist man sich sympathisch, hat man eine gute Gelegenheit, sich für eine private Runde zu verabreden.

Die gemeinsamen Ausflüge sind die Höhepunkte. Damen, Herren und Senioren besuchen Golfplätze, die man noch nicht kennt oder die besonders spektakulär sind. Schön, dass der Captain für Abwechslung sorgt.

Tradierte Runden sind das Herzstück eines jeden Golfclubs. Wer schon länger damit liebäugelt, an solch einer teilzunehmen, sich aber nicht traut, dem sei geraten, sich ein Herz zu nehmen. Damen-, Herren- oder Seniorenrunde sind keine Klüngel, sondern sie freuen sich über jeden neuen Teilnehmer.

13. GRUND

Weil man bei den Clubmeisterschaften mitspielen kann

Sobald der Golfer Handicap -35 hat, darf er an den Clubmeisterschaften teilnehmen. Aber er traut sich nicht. Es könnte ihm ja so gehen wie Georg.

Georg beschloss vor zwei Monaten, auf einem fremden Golfplatz zu spielen, wo man ihn nicht kennt. Er wollte wissen, ob es besser laufen könnte als auf seinem Heimatplatz. Da er auf dem Platz die Bahnen nicht kannte, nahm er sich einen Caddy. Nach einer furchtbaren Runde mit zahlreichen Luftschlägen, Slices und geschätzten 100 Putts sagte er zu seinem Caddy: »Ich bin wohl der schlechteste Golfer der Welt!« Der Caddy entgegnete ihm tröstend: »Das glaube ich nicht. Am anderen Ende der Stadt soll es einen Golfer geben, der Georg heißt, und alle sagen, er sei der schlechteste Golfer der Welt!«

Das macht dem »Handicap-35-Golfer« Sorgen. In seinem Club kennt ihn doch jeder.

Aber die Überredungskünste seiner Freunde zeigen Wirkung. Er ist weich geklopft und trägt sich in die Meldeliste für die Clubmeisterschaften ein.

Um nicht ganz chancenlos zu sein, meldet er sich für die Meisterschaften der Senioren. Schließlich hat er die Schallmauer von 55 Jahren schon einige Zeit hinter sich.

Nachdem er sich im Clubhaus sitzend eingetragen hat, schweift sein Blick zur Ehrentafel. Da sind alle Clubmeister für alle sichtbar

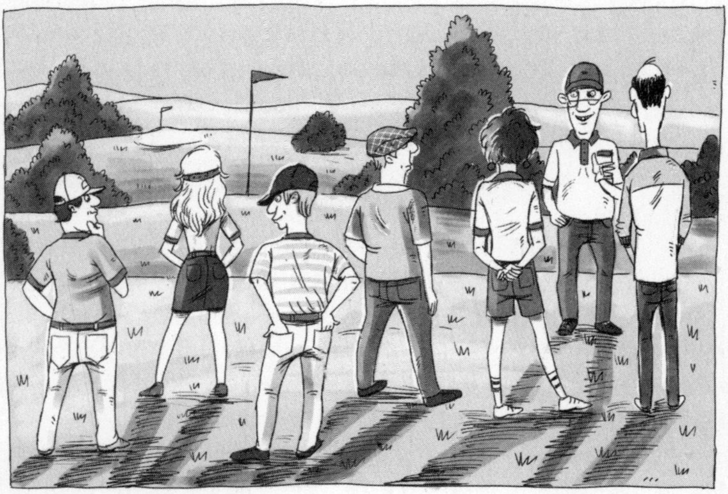

in goldenen Lettern aufgeführt. Das wäre schon was, wenn der eigene Name da einmal stünde.

Der Tag der Clubmeisterschaften ist gekommen. Gut geschlafen hat er nicht. Wegen seines hohen Handicaps muss er schon um 8.00 Uhr am ersten Abschlag sein. Er ist durchaus positiv gestimmt. Lief doch auf der Driving Range richtig gut.

Als er dann am ersten Tee steht, sind seine Hände vom Angstschweiß ganz feucht. Die sieben Zuschauer tragen auch nicht dazu bei, dass er sich wohler fühlt. Da kann er sich immer wieder daran erinnern, dass es nur ein Spiel ist, ein Spiel, in dem es nicht um Millionen Euro geht. Trotzdem.

Die erste Bahn kann man als **Dogleg** spielen oder mit ein wenig Mut den Ball **carry** über den zur rechten Hand liegenden Teich schlagen. Er entscheidet sich für die sichere Variante. Erst mal auf Sicherheit gehen und den Ball 150 Meter nach vorne transportieren. Gedacht, aber nicht getan. Der Ball slicet in den Teich. Nun beginnt das Gehirn richtig zu rappeln. Er wird sich doch nicht zum Georg machen!

Positive Gedanken müssen her. Deswegen denkt er lieber an Peter. Peter ist im Club nicht nur eine Legende, weil er mehrfach Clubmeister wurde, sondern weil er im letzten Jahr bei den Meisterschaften sensationelle mentale Stärke zeigte. Genau an dieser Bahn, wo er jetzt steht, spielte Peter an dem Auftakt-Par-4-Loch eine 17, um dann auf den restlichen 17 Löchern nur noch Pars und **Birdies** folgen zu lassen.

Dieses Gehirn-Doping hilft. Er trifft den zweiten Abschlag und schließt die Bahn mit sieben Schlägen ab. Über den Rest der Runde helfen ihm seine zunehmende Gelassenheit und seine Flightpartner. Zum Schluss darf er auf seiner Scorekarte eine 105 vermerken.

Weil es keinen Cut gibt, darf er auch am zweiten Tag antreten. Die Runde verläuft auch nicht besser, aber auch nicht schlechter.

Beim Weizenbier nach der Siegerehrung lässt er die gemachte Erfahrung Revue passieren. Hat doch irgendwie richtig Spaß gemacht. Auch wenn er laut herumgereichter Ergebnisliste Vorletzter geworden ist. Ein Golfer ist zur zweiten Runde nicht angetreten. Das mit der Ehrentafel kann ja immer noch was werden. Und den Riesenpokal, den der Gewinner erhalten hat, wo hätte er den schon hinstellen sollen?

DOGLEG: Wenn die Spielbahn die Form eines Hundebeines hat, bezeichnet man das im Golfen als »Dogleg«. Die Bahn macht einen scharfen Knick nach rechts oder links. Erst wenn der Golfer die Kehre erreicht hat, bekommt er Sicht auf das Grün.

CARRY: Die Länge eines Schlages, wobei nur die Entfernung vom Abschlag bis zum Aufprall des Balles zählt, nennt man »carry«.

BIRDIE: Golfbahnen haben unterschiedliche Längen. Wenn ein Loch von einem guten Golfer mit drei Schlägen zu bewältigen ist, wird es als Par-3-Loch eingeordnet. Schafft ein Golfer es, den Ball mit zwei Schlägen einzulochen, wird das als »Birdie« bezeichnet.

14. GRUND

Weil es den Greenkeeper gibt

Je nach Lage, Standard und Jahresbeitrag gibt es in den verschiedenen Golfanlagen ganz unterschiedlich viele Menschen, die sich um die Pflege des Platzes kümmern. Dieses Team wird von einem Headgreenkeeper geführt, der die Hauptverantwortung für den Zustand der Bahnen trägt.

Für den Spieler, von außen her betrachtet, haben die Greenkeeper doch einen tollen Job, denn sie sitzen den ganzen Tag auf ihrem großen Rasenmäher und brauchen sich ansonsten nicht weiter anzustrengen. Aber welcher Golfer hat schon Lust, für wenig Geld tagaus und tagein acht Stunden auf dem Trecker zu sitzen.

Der Golfer ahnt aber auch, wie vielfältig die Aufgaben eines Greenkeepers sind. Vom Wortstamm her braucht er ja »nur« die Grüns zu pflegen. Aber welch fundiertes Wissen versteckt sich dahinter? Die unterschiedlichsten Grassorten gilt es zu pflegen. Dazu gehört nicht nur das millimetergenaue Mähen, sondern auch das Stacheln der Grüns und das Stanzen, damit die entstandenen Löcher mit Sand verfüllt werden können. Der Rasen muss regelmäßig gedüngt und gewässert werden. Genauso selbstverständlich ist das tägliche Umsetzen der Fahnentöpfe. Wer das für »Pillepalle« hält, kann ja mal versuchen, im heimischen Garten ein nur 50 Quadratmeter großes Übungsgrün anzulegen. Jede Wette, dass er kläglich scheitert.

Nun besteht aber ein Golfplatz bekanntermaßen nicht nur aus den Grüns. Das Fairway und das Semi-Rough müssen gemäht werden und das Rough darf auch nicht in den Himmel wachsen. Außerdem muss der **Bunkersand** in gewissen Abständen erneuert und die Bunker müssen geharkt werden.

Um das alles nicht der Beliebigkeit zu überlassen, wird ein komplizierter Pflegeplan aufgestellt, der die Jahreszeit, den Spielbetrieb und die vorhandene Manpower berücksichtigt.

Darüber sollte der gemeine Golfer mal nachdenken, wenn er sich ärgert, weil er gerade abschlagen möchte und das Vorgrün gerade gemäht wird. Er sollte dankbar sein, dass die Greenkeeper ihren nicht einfachen Job machen. Da darf der Spieler gern auch mal loben. Wenn der Platz in einem guten Zustand ist, kann man das für eine Selbstverständlichkeit halten. Aber der Headgreenkeeper wird sich freuen, wenn man das ihm gegenüber auch zum Ausdruck bringt.

BUNKERSAND: Bunker sind Gruben, die mit Sand gefüllt sind.

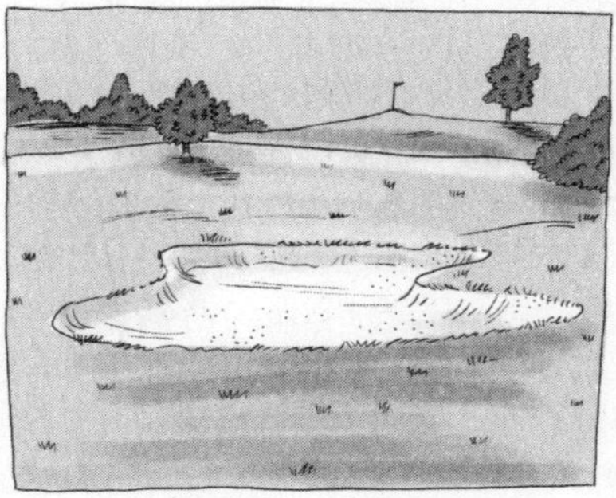

15. GRUND

Weil es die Driving Range gibt

Auf jedem Golfplatz gibt es in der Nähe des Clubhauses eine mehr oder weniger gepflegte Wiese. Auf der stehen keine Kühe, sondern Schilder mit großen Zahlen.

Diese Wiese wird Driving Range genannt. Am Rande der Wiese liegen Abschlagmatten, die der Golfer ebenso nutzen kann wie die Abschlagzonen vom Rasen. Etwas abseits steht der Ballautomat. In den darf der Übungswillige zwei Euro stecken, um 40 Range-Bälle in einen Korb kullern zu lassen. Klappt fast immer. Wenn der Automat streikt, ruft man das Büro zu Hilfe. Auch das Gegenteil kann manchmal passieren. Vor zwei Jahren stand ich vor dem Automaten, der in einer Hütte untergebracht war. Nachdem ich ihn mit meinen zwei Euro gefüttert hatte, fing er an, seine Bälle auszuspucken. Er fing nicht nur an, sondern hörte auch nicht mehr auf. Das heißt, er hörte irgendwann doch auf, aber da stand ich auch schon bis zu den Knöcheln in Hunderten von Bällen. Solch eine Gelegenheit sollte man nutzen. Als ich die Driving Range verließ, war ich nicht mehr in der Lage, auf die Runde zu gehen.

Auf der Runde darf der Spieler Tränen vergießen, auf der Driving-Range seinen Schweiß. Sieht man einmal von den Golfern ab, die ihre **Platzreife** machen wollen und somit ohnehin gezwungen sind, viel zu üben, gibt es vier Driving-Range-Nutzer-Typen:

Die Verweigerer. Es gibt Golfer, die könnten einem Fremden noch nicht mal den Weg zur Range weisen. Ganz konsequent betreten sie die Übungswiese nie. Ein paar Probeschwünge vor der Runde müssen reichen.

Die Freaks. Das sind die Golfer, die sich öfter auf der Range aufhalten als auf dem Platz. Die ballern die Bälle körbeweise raus. Man erkennt sie auch daran, dass sie nach dem Abschlag so lange in der Endstellung verharren, bis sie sicher sind, dass eventuelle Beobachter sie bewundern können. Dass sie in den Ballautomaten mehr Geld stecken, als der Jahresbeitrag sie kostet, scheint sie nicht zu stören.

Die Ambitionierten. Die wissen, dass es unsinnig ist, Trainerstunden zu nehmen, ohne alleine auf die Range zu gehen und das Gelernte zu festigen. Sie wissen auch, dass es ihrem Spiel nicht schadet, wenn sie vor der Runde ein paar Bälle schlagen.

Die Frevelhaften. Sie nutzen zwar nicht die Range, dafür umso lieber die Range-Bälle. Sie können sich augenscheinlich keine eigenen Bälle leisten. Und wenn doch, nehmen sie vor einem kritischen Hindernis lieber einen Range-Ball. Der kostet sie ja nur 5 Cent.

Man kann die Driving Range auch ganz anders nutzen. Wenn man ein großes Golf-Turnier besucht, kann man sich als Zuschauer neben das Fairway stellen oder einen Wunsch-Flight begleiten.

Viel interessanter kann es aber sein, wenn man den Koryphäen beim Trainieren zuschaut.

PLATZREIFE: Die Platzreife erreicht ein Golfer, indem er eine theoretische und eine praktische Prüfung ablegt. Hat er die bestanden, darf er auf seinem Heimatplatz spielen.

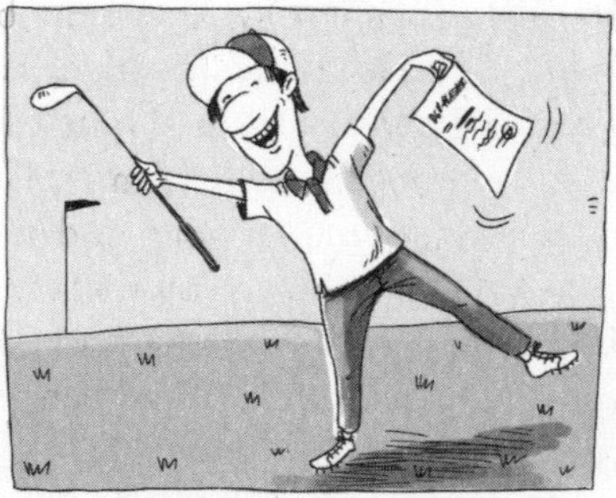

16. GRUND

Weil man nicht unbedingt einen Golfplatz braucht

Wenn die Witterungsverhältnisse es nicht anders erlauben oder man einfach Lust auf Abwechslung hat, kann man ja mal Eisgolfen ausprobieren. Bietet sich in der eigenen Region keine geeignete Eisfläche an, bucht man einen Kurzurlaub in Kärnten. Auf dem Weissensee kann man Mitte Februar sogar an einem internationalen Golfturnier teilnehmen. Wenn die Dicke des Eises mindestens 40 Zentimeter aufweist, wird die Fläche in einen Golfplatz verwandelt. Die neun Löcher von Par 3 bis Par 5 erfahren eine Spezialpräparierung. Die sonst üblichen Grüns werden in »Whites« verwandelt, und sollte auf den Fairways Schnee liegen, wird der Schnee so komprimiert, dass die Bälle einen wirklich guten Roll haben. Wenn gar kein Schnee liegt, kann der Abschlag schon mal richtig lang werden. Da kann man dann Weiten schlagen, die auf dem normalen Golfplatz nicht möglich sind.

Aber im Sommer nach Grönland zum Eisgolfen zu fliegen, wäre nun wirklich übertrieben. Mit weniger Aufwand kann man an der Nord- oder Ostseeküste seinem Lieblingsspiel beim Strandgolf nachgehen. Sollten solche Gelüste aufkommen, ist es dem Golfer angeraten, Vorsicht walten zu lassen. Es könnte schon ein bisschen merkwürdig wirken, wenn man mit seinem Trolley zwischen den Strandkörben daherwandert, um ab und zu den Schläger zu zücken und beim Schlag eine gewaltige Sandfontäne zu produzieren. Außerdem sei dieser Golfer auch darauf hingewiesen, dass die Haftpflichtversicherung des Deutschen Golf Verbandes außerhalb des Platzes nicht greift.

Da ist es schon besser, abgelegene Strände aufzusuchen oder an einem der Strandgolf-Turniere in Scharbeutz teilzunehmen.

Crossgolf ist eine Art Wiederentdeckung der Wurzeln des heutigen Golfspiels, denn vor 300 Jahren wurde einfach auf den Wiesen querfeldein gespielt, um irgendein von den Spielern festgelegtes Ziel zu erreichen.

Crossgolf kann an allen Orten gespielt werden, auch im Hamburger Hafen, wobei die Etikette keine Rolle spielt. Aber es gibt eine oberste Regel: Die Sicherheit steht an erster Stelle.

Da bietet es sich schon an, Bälle aus Gummi zu nehmen. Der große Reiz besteht darin, jeden Tag einen neuen »Golfplatz« mit extremen Herausforderungen zu haben. Wenn man einmal Crossgolf gespielt hat, kommt einem die Lage im Rough lachhaft vor.

Beim Swingolf benutzt man nicht die übliche Golfausrüstung, sondern es gibt nur einen Universalschläger und einen Hartschaumball. Gespielt wird auf Wiesen, die ein Landwirt so gemäht hat, dass etwas Ähnliches wie Fairways entstanden ist. Der Spaß und nicht der Wettkampf steht im Vordergrund. Oft gehen Familien zusammen auf den Course, um nach dem Spiel im gemütlichen Bauerncafé Kaffee und Kuchen genießen zu können.

Bliebe nur noch zu klären, wo die merkwürdige Bezeichnung »Swingolf« ihre Wurzeln hat. Der norddeutsche Golfer denkt, weil Swingolf auf den Koppeln von Bauern gespielt wird, dass der Begriff vom plattdeutschen Wort »Schwein« abgeleitet ist: »Swien«. Weit gefehlt. Die ersten Impulse kamen 1982 aus der Nähe einer Kleinstadt in Frankreich. Leider ist nicht überliefert, wie es zu dem Begriff »Swin« kam.

Vorläufer von Swin- und Crossgolf gibt es einige. Eine Variante des heutigen Golfspiels wurde mitten in der Stadt gespielt: Paille-Maille. Noch heute gibt es in Hamburg eine Straße, die danach benannt ist. Da gehen viele Hamburger Golfer über die Straße mit dem Namen Paille-Maille und wissen nicht, woher der Name kommt. Auch Zigaretten rauchende Golfer haben, was ihre Lieblingsmarke betrifft, garantiert eine Bildungslücke, denn auch Pall-Mall ist eine Abart des heutigen Golfspiels. Die Ursprünge lassen sich in London finden. Eine der bekanntesten Straßen der britischen Hauptstadt trägt den Namen »The Mall«.

Will man die wenigsten Umstände haben, wenn es darum geht, Golf zu spielen, bleibt man einfach zu Hause. Ein künstliches Putting-Grün lässt sich schnell im Flur ausrollen. Da kann man fabelhaft trainieren. Wer stolzer Besitzer eines Eigenheims ist, hat auch ein Grundstück. Auf dem kann man in vielfältiger Form zum Schläger greifen. Das Schlafzimmerfenster ist wie ein Spiegel, wenn man draußen steht. Da kann man wunderbar Schwungübungen machen, ohne dass man unter Beobachtung steht. Wenn der Golfer wirklich einen Ball schlagen möchte, kauft er sich ein Übungsutensil für den Garten. Der Ball ist per festem Gummistrang mit einem Pflock verbunden. So kann der eifrige Golfer den Ball so oft schlagen, wie er möchte. Der Ball kommt immer wieder zu ihm zurück.

Will der Heim-Golfer noch mehr Spaß haben, lädt er sich Freunde ein. Ein Loch im Rasen ist schnell gemacht. Die Schläger sind sowieso da. Jeder braucht nur noch einen Tischtennisball, um eine Runde rund um das Haus ausspielen zu können.

Der Golfer weiß eben, dass man nicht immer unbedingt einen Golfplatz braucht, um Golf spielen zu können. Er ist nun mal ein cleveres Kerlchen.

17. GRUND

Weil der Nachwuchs gefördert wird

Die deutschen Golfclubs kümmern sich intensiv um ihren Nachwuchs. Diese zeit- und kostenintensive Arbeit hat unterschiedliche Motive. Zum einen bemüht sich natürlich jeder Verein, nicht zu vergreisen. Das Clubleben ist altersgemischt einfach lebendiger, und jeder Vorstand hat das Bestreben, dass die Mitgliederzahl wächst oder zumindest nicht stagniert. Zum anderen aber wird die Nachwuchsarbeit auch so intensiv betrieben, weil leidenschaftliche Golfer missionarischen Eifer verspüren. Eigentlich möchten sie jede und jeden verführen, ihren herrlichen Sport auszuüben.

Deshalb bemühen sich die Clubs, die Schwelle zum Eintritt für Kinder und Jugendliche möglichst gering zu halten. Die Vereine locken mit Schnupperkursen, kostenlosem Training und niedrigen Mitgliedsbeiträgen. Eltern, die ihren Sprösslingen das Golfspiel ermöglichen wollen, sind immer wieder überrascht, wie günstig die Beiträge sind. Anfangsinvestitionen entfallen, denn die Ausrüstung wird gestellt und Sportschuhe reichen zu Beginn vollkommen aus. Das Training für die Kinder und Jugendlichen legt viel Wert auf Abwechslung. Da wird zum Austoben auch mal gerne Fußball gespielt.

Apropos Eltern. Die sind zwar gezwungen, ihre Kinder zum Platz zu fahren, aber sie können sich vielleicht auch mit dem Gedanken anfreunden, selber einmal den Schläger in die Hand zu nehmen. Das würde den Golfclub natürlich freuen.

Wenn man von Nachwuchsförderung spricht, darf die VCG nicht vergessen werden. Die »Vereinigung clubfreier Golfer im DGV«

bietet als einer der größten Vereine Deutschlands nicht nur Spielern eine Heimat, die sich noch nicht für einen Heimatclub entscheiden können, sondern sie unterstützt die Nachwuchsarbeit in ganz besonderem Maße.

Bereits im Jahr 1999 startete die VCG ihr Projekt »Abschlag Schule«. Wenn ein engagierter Grundschullehrer bereit ist, eine Golfarbeitsgemeinschaft einzurichten, übernimmt die VCG die Kosten für das Training und anfallende Transportkosten. Dieser große finanzielle Einsatz brachte den Clubs nicht nur neue Mitglieder, sondern sorgte für einen enormen Imagegewinn des Golfsports. Golf wurde in das Standardprogramm von »Jugend trainiert für Olympia« aufgenommen.

Wenn eine Sportart erfolgreich sein will, braucht sie Vorbilder. Besonders der jugendliche Sportler wird stärker motiviert, wenn er ein Idol hat, dem er nacheifern kann. Nicht umsonst wünschen sich Millionen von Fußball spielenden Kindern ein Trikot von Lionel Messi. Wenn Martin Kaymer oder Tiger Woods nicht infrage kommen, sollte man seinem Sprössling einen Artikel aus der Tageszeitung zum Lesen geben.

Das *Hamburger Abendblatt* berichtete:

Golf: Der erst zwölf Jahre alte Ye Wocheng aus China hat sich für die Volvo China Open qualifiziert und wird damit als jüngster Golfer der Geschichte ein Turnier der European Tour bestreiten.[1]

Die deutschen Golfclubs brauchen Nachwuchs und unternehmen mit großem Aufwand viel, um diesen zu fördern. Und das ist gut so.

18. GRUND

Weil man dem Golftrainer das Geld gönnt

Als Gutmensch gönnt man jedem das Geld, das er verdient. Wenn es aber darum geht, selbst in die Tasche zu greifen, scheiden sich die Geister. Zumal man in vielen Fällen die erbrachten Leistungen selbst nicht einschätzen kann.

Wenn der Maler in seinem Kostenvoranschlag mitteilt, dass er für die veranschlagten Arbeiten und die benötigten Materialien 800 Euro haben möchte, kann das der Auftraggeber noch nachvollziehen. Anders, völlig anders, verhält es sich, wenn der PC streikt. Da ist man froh, wenn überhaupt jemand kommt und das auch noch so schnell wie möglich. Man selbst hat ja von Tuten und Blasen keine Ahnung. Man kann nur hoffen, auf einen informationstechnologisch geschulten Fachmann zu treffen. Und ehrlich muss er auch noch sein. Es hilft alles nichts, man muss einfach Vertrauen haben, denn schließlich steht die versteckte Kamera des Verbraucherschutzes nicht überall. Die Abhängigkeit von Dienstleistern ist groß.

Ein ganz besonderer Dienstleister ist der Golftrainer, der auch kurz »Pro« genannt wird. Abhängig von seiner Qualifikation kostet ein Golflehrer in der Stunde zwischen 40 und mehreren Hundert Euro. Da gilt es sorgfältig abzuwägen zwischen dem, was man sich überhaupt leisten kann, und dem, was einem die Sache wert ist. Golftraining kostet, egal wie man sich entscheidet, richtig Geld.

Natürlich gönnt man seinem Trainer das Geld besonders gerne, wenn man sich wohlfühlt. Das wissen auch die Trainer. Nicht umsonst stehen sie in einem ständigen Spannungsfeld zwischen brutaler Ehrlichkeit und schleimiger Lobhudelei, um ihre Kunden bei der Stange zu halten.

Ob man sich bei einem Trainer wohlfühlt, hängt ganz davon ab, welcher Lerntyp man ist. Der eine braucht den Golflehrer, der viel erklärt. Der andere fühlt sich von zu viel Belehrungen nur genervt. Er will schlagen, schlagen und noch mal schlagen, um die knappen Anweisungen nachvollziehen zu können. Der eine kann vorsichtig geäußerte Kritik nicht ertragen, dann wird ihn ein guter Lehrer nur in dem bestärken, was er kann. Der andere Schüler will es gerne direkt und kann eigentlich alles ertragen. Er hält es sogar aus, wenn der Trainer nach einem halben Jahr zu unangemessenem Sarkasmus greift: »Warum, glaubst du eigentlich, gebe ich dir immer wieder den Hinweis, beim Schlag den Kopf unten zu lassen?« – »Na weil ich den Ball nicht aus den Augen verlieren soll.« – »Quatsch, du sollst den Kopf unten lassen, damit du nicht siehst, wie ich mir das Lachen verkneifen muss.«

Wenn man zur Sorte der Schüler gehört, die so etwas verkraften können, hat man schon gewonnen. Man kann sich auf das Wesentliche konzentrieren. Eigentliche Befindlichkeiten werden den Lernprozess nicht behindern.

Was einen guten Trainer ausmacht, kann nur jeder für sich selbst entscheiden. Wenn es nicht passt, der wechselt den Trainer. Da ist der Golfer gegenüber einem Fußballspieler klar im Vorteil. Wenn dem Fußballer der Trainer nicht passt, ist das ein Einzelschicksal. Dann muss er halt den Verein wechseln. Der Golfspieler als freischaffender Auftraggeber sucht sich einfach einen neuen Trainer, und wenn es auf einem anderen Golfplatz ist.

Hüten sollte sich der zahlungswillige Golfer allerdings vor der Hoffnung, dass eine Trainerstunde alles heile macht, was er sich mühsam in den letzten Jahren an verkorksten Schwüngen angewöhnt hat. Er muss schon bereit sein, längeren Atem zu besitzen und in einige Trainerstunden und etliche Stunden auf der Driving Range zu investieren. Erst dann kann er die Fähigkeiten seines Trainers beurteilen.

Wenn der Golfer einen Trainer beobachtet, überkommen ihn ganz ambivalente Gefühle. Ist das Wetter schön und der Golflehrer geht mit einem Schüler über den Platz, um auch taktische Finessen zu vermitteln, kommt leichter Neid auf. Was für ein toller Job. Sitzt der gemeine Golfer aber bei einem schönen Weizenbier auf der Terrasse und sieht, mit welchen Dumpfbacken der Pro sich abquälen muss, ist er so was von froh, einen anderen Job zu haben.

Er gönnt dem Golftrainer das Geld. Von ganzem Herzen.

KAPITEL DREI

Die Mitspieler

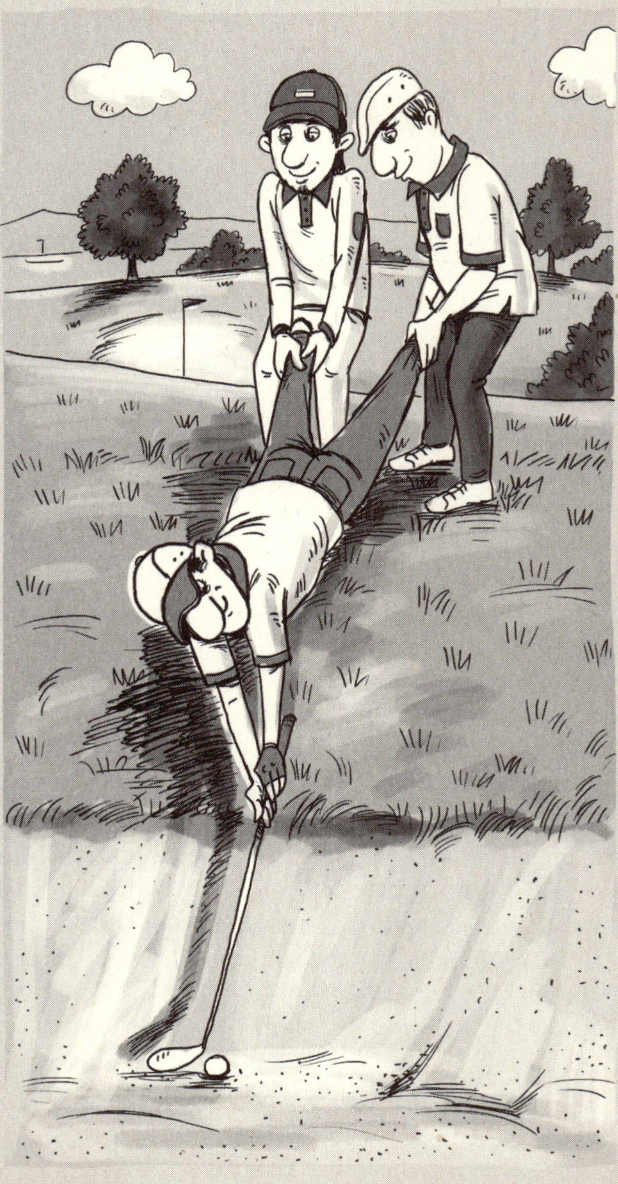

19. GRUND

Weil jeder einen Tipp für einen hat

Die Golf-Regeln sind da eindeutig, was Turniere anbelangt. Im Einzelspiel darf der Golfer niemandem Belehrung erteilen und von niemandem Belehrung erbitten. Auf dem Grün ist es nirgendwo erlaubt, ein Zeichen zum Angeben der Putt-Linie zu geben.

Klingt ganz einfach, ist aber für einen Altruisten während eines Turniers manchmal nur schwer auszuhalten. Darf man denn vor einem drohenden Regelverstoß wirklich nichts sagen, nur weil man beim **Matchplay** das Loch verloren hätte? Da ringt der Golfer schon mit seinem Gewissen. Dass er nichts sagt, kann ja auch daran liegen, dass er nur unbedingt gewinnen will.

Auf Privat-Runden ist das anders. Keine Bestrafung droht. Lassen wir mal die Situationen beiseite, in denen ein Golfer den anderen fragt: »Was mach ich denn heute nur verkehrt?«

Nur, wenn man wirklich oft zusammengespielt hat und miteinander vertraut ist, kann man schon mal einen Tipp geben. Wird man aber von einem Spieler mit Handicap -54 gefragt, ist man schnell geneigt, zu antworten: »Alles, nimm Stunden bei unserem Trainer.«

Nein, es sind die drei klassischen Golfertypen gemeint:

Der Schweiger. Nie, wirklich nie, wird ein Tipp über seine Lippen kommen. Er schweigt sich über das Spiel seiner Mitgolfer aus. Das geht sogar so weit, dass er offensichtliche Regelverstöße unkommentiert lässt.

Der Mitfühlende. Er kann es nicht ertragen, wenn ein Mitspieler offensichtlich einen Regelverstoß begehen will. Da hat einer auf dem Grün seinen Ball markiert und wird gebeten, ihn zu versetzen, weil er in der Puttlinie liegt. Als er putten soll, droht er zu vergessen, die Marke zurückzulegen. Der muss doch gewarnt werden, auch wenn man um ein Bier spielt.

Der Oberlehrer. Er hält es nur zwei Löcher lang aus. Dann muss es aus ihm heraus: »Dein Stand beim Abschlag muss viel breiter sein.« »Schlag mit dem Pitcher mehr von der Mitte der Füße.« »Nimm die Schulter weiter runter.« »Geh weiter in die Knie.« »Schwing ganz locker durch.« Dem so Belehrten schwirrt der Kopf. Normales Golfspielen geht gar nicht mehr. Ihm bleiben nur zwei Möglichkeiten. Entweder nickt er, sich in sein Schicksal findend, nach jeder Belehrung oder er sagt einfach mal: »Halt die Klappe.« Das macht die Golfrunde aber auch nicht fröhlicher.

Ach, die vierte Kategorie hätte ich beinahe vergessen. Da gibt es noch die Golfer, die jede Finesse der Golfregeln kennen. Als wenn sie die 7.526 Regeln auswendig gelernt hätten, müssen sie auf jeden Verstoß hinweisen. Da fragt man sich doch manchmal, was man an diesem Sport so toll findet. Wenn man nicht gerade ein Turnier spielt, will man doch vor allem Spaß haben. Man geht doch nicht auf die Runde, um wegen kleinlicher Regelauslegungen belästigt zu werden.

MATCHPLAY: Bei einem normalen Golfturnier spielt der Golfer im Wettstreit mit allen anderen Turnierteilnehmern. Beim Matchplay spielt ein Golfer gegen einen anderen (oder ein Paar gegen ein anderes). Dabei hat die Gesamtzahl der Schläge keine Bedeutung, sondern das einzelne gewonnene Loch zählt.

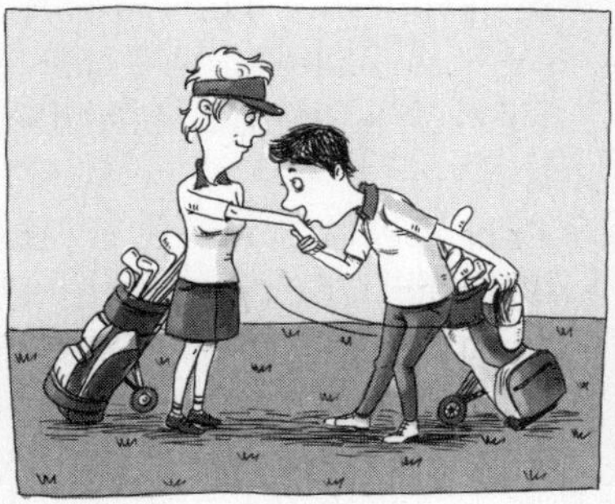

20. GRUND

Weil es zwei Geschlechter gibt

Bei kaum einer anderen Sportart bieten sich so viele Gelegenheiten, Kontakte mit dem anderen Geschlecht zu knüpfen.

In der privaten Runde und auch im Turnier spielen Damen und Herren häufig gemeinsam. Ist ja hier nicht wie in England, wo es immer noch vereinzelt Clubs gibt, bei denen am Eingang ein großes Schild prangt mit der Aufschrift »No dogs, no women«.

Gerne, manchmal auch gezwungenermaßen, verbringen Männlein und Weiblein im Schnitt sechs Stunden miteinander. Da können sich schon mal Kontakte ergeben.

So manch 66-jähriger Schürzenjäger ist dann von seinem Spiel abgelenkt, wenn eine attraktive 30-jährige Blondine in seinem Flight ist. Wenn er auch sonst sehr viel Wert auf die Bekleidungsetikette legt, hier drückt er nur sinnbildlich beide Augen zu. Er kann nicht vermeiden, dass sein Blick immer wieder zu dieser in kurze Shorts und weit ausgeschnittenes Top gewandeten Schönheit schweift. Manchmal bringt ihn das in Nöte: Entscheidungs-, nicht Gewissensnöte. Denn wenn die Schönheit am Abschlag steht, weiß er nicht, von welcher Seite er ihre Technik bewundern soll: Von vorne oder von hinten. Nach drei Löchern hat er seine Taktik gefunden. Er wechselt von Bahn zu Bahn die Seiten.

Nach der Runde auf der Terrasse des Clubhauses spendiert er nach dem ersten noch einen zweiten Prosecco mit Aperol, weil er am liebsten gar nicht nach Hause will. Ist doch zu schön, die neidischen Blicke der anderen Golfer zu genießen. Geschickt weiß er beim Small Talk einzuflechten, dass er mit einer größeren Gruppe im nächsten Februar nach Portugal zum Golfen fährt. Der zarte, aber eindeutige Hinweis verfängt leider nicht. Sehr freundlich, aber geradeheraus teilt die Schönheit ihm mit, dass sie zu der Zeit zum Golfen in Miami weilen würde. Mit ihrem Mann und den zwei Kindern.

Sollte es mit dem direkten Kontakt nicht klappen, gibt es ja immer noch die entsprechenden Kontaktanzeigen in den überregionalen Zeitungen oder Golfmagazinen. »Junggebliebene 60-Jährige sucht Partner zum gemeinsamen Reisen und Golfspielen« – »Hast du Lust, deinem Leben neuen Schwung zu geben, probier's doch mal mit mir. Du brauchst keinen Trainer, sondern eine Frau, die dir dazu verhilft. Wenn du interessiert bist, mit mir gemeinsame Runden auf dem Golfplatz zu verbringen, melde dich, denn ich spiele seit 50 Jahren Golf.« – »Attraktive 65-Jährige, die nicht auf Geld angewiesen ist, sucht alleinstehenden Mann, der sich darauf freut, mit mir gemeinsam einen Golfurlaub zu verbringen.« Der die Anzeigen lesende Golfer wundert sich in seiner grenzenlosen Naivität, dass keine jüngeren Golferinnen inseriert haben, kommt aber nach einigem Nachdenken zu der Erkenntnis, dass es sich gerade deshalb um seriöse Anzeigen handeln muss. Da kann man ja mal antworten.

21. GRUND

Weil es Schönwettergolfer und die Winterrunde gibt

Unter den Golfern gibt es drei Fraktionen: Die »Schönwettergolfer«, die Normalspieler und die ganz Harten. »Schönwettergolfer« spielen ihren Jahresbeitrag selten ab. Sie gehen nur über den Platz, wenn das Wetter optimal ist. Wenn sie auf *wetter.de* auch nur eine Regenwahrscheinlichkeit von drei Prozent angezeigt bekommen, nehmen sie nicht etwa sicherheitshalber den Regenschirm mit, sie fahren gar nicht erst los. Zu viel Sonne darf aus ihrer Sicht auch nicht scheinen. Wenn die Temperaturen auf über 25 Grad steigen, ist es ihnen zu heiß und zu anstrengend.

Die Normalspieler lassen sich von solchen Widrigkeiten nicht abschrecken, aber sie gehören nicht zu den Spielern, die bei jedem Wetter über die Runde gehen. Sind sie zum Platz gefahren und es stürmt und regnet, verzichten sie aufs Golfen und setzen sich lieber ins Clubhaus, um beim Klönschnack einen heißen Tee zu genießen.

Die ganz Harten interessiert das Wetter nicht. Natürlich gehen auch sie lieber auf die Runde, wenn es bei milden Temperaturen trocken und windstill ist. Sie starten aber auch, wenn es stürmt und schneit.

Für diese Harten hat der Club die Winterrunde eingerichtet. Von Anfang Dezember bis Ende März treffen sie sich jeden Sonntag, um eine kleine Turnierserie auszuspielen. Sie lassen sich auch nicht davon abschrecken, dass sie von Winterabschlägen auf Wintergrüns spielen müssen. Hoffen sie doch, die Eklektik zu gewinnen. An jedem Loch zählt nur das beste Ergebnis, was man im gesamten Winter erzielt hat. Außerdem werden sie nach neun gespielten Löchern mit einem richtig heißen Punsch belohnt. Wenn eine leichte Schneedecke die grünen Bahnen als zartes Weiß bedeckt, werden die roten Bälle geschlagen, um nicht zu viele zu ver-

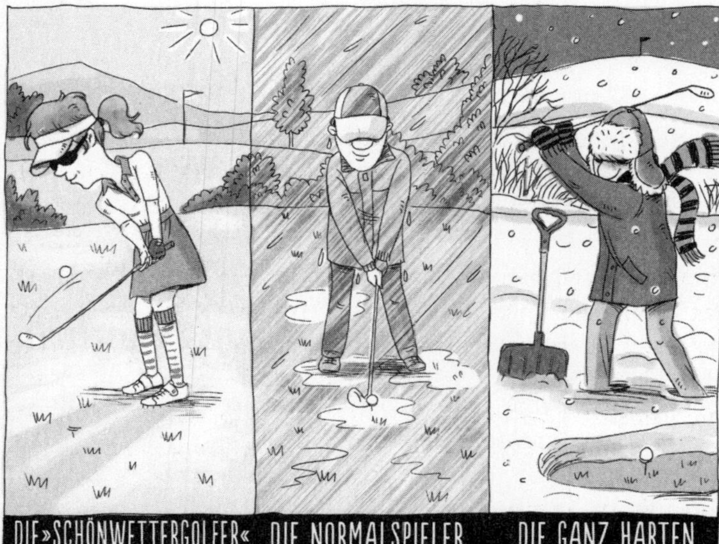

lieren. Das Putten ist dann mehr dem Zufall geschuldet, denn der nasse Schnee haftet an den »Kugeln«, sodass Länge und Richtung schwer zu beeinflussen sind. Liegt der Schnee zu hoch, müssen auch die Harten passen, denn auch die roten Bälle werden einfach verschluckt. Es sei denn, sie gehen frühmorgens als Erste über den Platz. Dann haben sie die Chance, im jungfräulichen Schnee die Spuren des geschlagenen Balles nachverfolgen zu können. Bringt ja auch Spaß, aus dem nassen Weiß ein »Schnee-Tee« zu bauen. Da kann man den Driver so oft auf der Runde einsetzen wie sonst nicht.

Die Schönwettergolfer wundern sich, wie man so verrückt sein kann, bei jedem Wetter Golf zu spielen. Die Harten verstehen nicht, dass man ihren Lieblingssport mit so wenig Leidenschaft betreiben kann.

22. GRUND

Weil es Ballbeschwörer gibt

Auf dem Musiksektor gibt es nicht nur Konzerte, sondern auch die verschiedensten Wettbewerbe. »Jugend musiziert« ist einer der populärsten. In letzter Zeit aber gewinnt ein Wettbewerb immer mehr Zuschauer, der einem jungen Publikum die »ernsthafte« Musik nahebringen will. Die Wettbewerbsserie nennt sich »Klassik-Slam«. Eine der Aufgaben im letzten Wettbewerb für die Musiker war, einen Elefanten zu vertonen, der versucht, sich Badelatschen anzuziehen. Das ist ein treffendes Bild für die Golfer, die in unfassbarer Umständlichkeit den Ball beschwören, bevor sie das tun, was man von ihnen erwartet: nämlich den Ball zu schlagen.

Golf muss und soll in aller Ruhe gespielt werden, aber es gibt Golfer, die die Geduld ihrer Mitspieler auf eine harte Probe stellen. Nicht nur, dass sie nach zehn Probeschwüngen den Schläger wechseln, treten sie auch im elften Anlauf noch einmal zurück, um die Linie zu überprüfen. Wenn sie dann endlich vor dem »finalen« Schlag stehen, wackeln sie so lange mit dem Schläger, dass dem Zuseher das Handgelenk schmerzt. Ruht der Schlägerkopf dann endlich vor dem Ball, nimmt der augenscheinlich tiefenentspannte Spieler die Position einer altgriechischen Statue ein. Er bewegt sich gefühlte fünf Minuten nicht. Das Resultat des nachfolgenden Schlages muss nicht beschrieben werden.

Die wirklichen Ballbeschwörer zeigen sich auf dem Grün. Da wird von vorne und von hinten die Linie gelesen und auch noch mal seitwärts geschaut, wie ein eventuelles Break zu berücksichtigen ist. Man kniet sich hin, um die Wuchsrichtung der Grashalme zu erkennen, oder man legt sich sogar auf den Bauch, damit einem ja nichts entgeht. Hat man endlich die vermeintlich ideale Linie entdeckt, folgt das Ritual der Ballansprache. Der Schlägerkopf wird vor den Ball gesetzt, um dann die richtige Fußstellung einzunehmen. Zwei oder drei Probeschwünge folgen, um das Gefühl für das richtige Tempo zu bekommen. Der darauf folgende Putt geht ins Loch oder nicht. Das unterscheidet ihn nicht von dem Golfer, der, ohne den Ball zu beschwören, versucht, die weiße Kugel ins Loch zu befördern.

23. GRUND

Weil Heinz immer den Birdie-Flachmann dabeihat

Heinz ist kein Alkoholiker, aber dem Genuss eines hochprozentigen Getränks nicht abgeneigt. Abgesehen davon, dass er diesen Widerspruch mit sich selbst klären muss, gilt für ihn auf der Runde, dass er und sein Flight für herausragende Leistungen belohnt werden müssen. Ein Birdie ist für einen Amateur ein solcher Erfolg. Deswegen hat Heinz immer seinen Birdie-Flachmann dabei. Den hält er in Ehren, weil er ihn mal vor zehn Jahren in der Winterrunde gewonnen hat. Wenn die Golftasche zu Hause gepackt wird, gehört auch immer die Überprüfung des Flachmanns dazu, denn der gehört mit einem schönen Obstler gefüllt. Man kann ja nie wissen, was auf der Runde passiert.

Sein Flight startet eine halbe Stunde vor zwölf. Benno spielt schon auf der ersten Bahn ein Birdie. Da ist es vielleicht noch ein bisschen früh, sich hochprozentig zu belohnen. Als Rainer dann aber am dritten Loch ebenfalls einen unter Par spielt, lässt sich Heinz nicht lumpen. Ist ja schließlich schon nach zwölf. Die Runde steht aber wirklich unter einem guten Stern, denn Benno und Toto lassen auf der übernächsten Bahn beide ein Birdie folgen. Nachdem alle vier am Flachmann genippt haben, lehnen sie dankend ab, als Heinz an der neunten Bahn nach seinem Birdie die Flasche öffnen will.

Nach diesem Tag vergeht Runde um Runde, ohne dass ein einziges Birdie fällt. Dann werden die Regeln schon einmal gelockert und ein Par wird mit einem kräftigen Schluck aus dem Flachmann gefeiert.

24. GRUND

Weil man immer ein Thema hat, über das man sich unterhalten kann

Wenn man auf einer geselligen Veranstaltung auf viele unbekannte Gesichter trifft, ist man als Golfer froh, im Small Talk festzustellen, dass das Gegenüber diesen Sport mit der gleichen Leidenschaft betreibt wie man selbst. Da hat man doch gleich ein Thema, über das man sich unterhalten kann. Das macht manches leichter und führt meist dazu, dass man sich zu einer gemeinsamen Runde verabredet. Ein genauer Termin wird nicht verabredet, aber die Telefonnummern werden ausgetauscht. Das gemeinsame Spiel findet zwar nie statt, aber irgendwie hat man ein schönes Gefühl, wenn man nach Hause fährt.

Wenn man aber im heimischen Golfclub die richtigen Partner gefunden hat, gibt es auch stets ein Thema, über das man sich unterhalten kann. Das Spiel ist zwar auch immer ein Gegenstand der Gespräche, aber viel schöner ist, dass man sich mit Flightpartnern über alles Mögliche austauschen kann. Vorausgesetzt ist natürlich, dass sie zuhören können und dies mit interessierten Nachfragen belegen.

Da kann man schon mal über den Ärger berichten, den man tagsüber im Büro hatte. Das verständnisvolle Nicken ist fast so intensiv wie bei dem Bericht des Mitspielers, dessen 15-jähriger Sohn Ärger in der Schule hat. Ein anderer hat sich mit seiner Frau gestritten. Aufgrund seiner subjektiven Schilderung können seine Mitspieler gar nicht anders, als ihm beizupflichten.

Es sollte aber nicht der Eindruck entstehen, dass Golfer eine Runde nur nutzen, um über ihr Elend zu lamentieren. Da wird auch erzählt, wie stolz man darauf ist, dass man Großvater geworden ist oder die Tochter ihren Master mit hervorragenden Noten abgeschlossen hat. Die neuesten Golferwitze werden ausgetauscht und populäre Fernsehsendungen werden gemeinsam rezensiert. Da darf natürlich die Fußballbundesliga nicht fehlen. Auch die Tages- und Wirtschaftspolitik wird zum Gegenstand der Gespräche, was zwar durchaus manchmal in Diskussionen endet, aber immer als befruchtend empfunden wird, weil man im sonstigen persönlichen Umfeld selten auf Menschen aus so unterschiedlichen Lebens- und Berufsbereichen trifft. Da kann man doch nur lernen.

Ohne Zweifel ist es für einen leidenschaftlichen Golfer ein Vergnügen, sich über seinen Sport auszutauschen. Noch schöner aber ist es für ihn, von Gesprächen jenseits des Spiels unterhalten zu werden. Es sei denn, er hat das seltene Pech und ein halbseidener Investmentberater, der nur aus Berechnung Mitglied im Club geworden ist, versucht, ihn hinterhältig zum Kauf von Fonds zu überreden. Die Gewinne würden es ihm ermöglichen, den Jahresbeitrag für den Club bis an sein Lebensende bezahlen zu können. Ganz unabhängig davon, dass er schon 75 ist, wird er mit diesem Golfer nie wieder freiwillig über die Runde gehen.

25. GRUND

Weil es Tigers und Rabbits gibt

Ambitionierte Amateurgolfer, die einmal etwas ganz Besonderes erleben wollen, können sich bei einem sogenannten ProAm-Turnier anmelden. Sie müssen sich allerdings die Teilnahme mit einigen Hundert Euro erkaufen, haben dann aber die Möglichkeit, zusammen mit zukünftigen Weltklassegolfern in einem Flight zu spielen. Noch 2006 wäre man auf der Pro Golf Tour gemeinsam mit Martin Kaymer gestartet. Da darf man dann direkt miterleben, wie man einen Golfplatz auch spielen kann.

Die kleine Schwester der ProAm-Turniere sind die in jedem Club stattfindenden Veranstaltungen, die mit »Tiger & Rabbit« im Turnierkalender angekündigt werden.

Bei dieser Spielform bekommt ein Anfänger, der »Rabbit«, einen erfahrenen Spieler, den »Tiger«, an die Seite gestellt. Diese Turnierform ist nur für das »Kaninchen« vorgabenwirksam, damit der Tiger seine volle Aufmerksamkeit dem Rabbit widmen kann und dafür nicht bestraft wird.

Die Anfänger können vom Know-how des erfahrenen Spielers profitieren, denn Beratung, die in anderen Turnieren als »Belehrung« mit Strafschlägen geahndet wird, ist bei einem »Tiger & Rabbit« ausdrücklich erwünscht. Ob es um Regelfragen, die Schlägerwahl oder das leidige Zählen der Schläge geht, sein Tiger steht ihm zur Seite. Selbst wenn keine großen Fragen aufkommen, wirkt ein guter

Tiger beruhigend auf ihn ein und spart nicht mit Lob, wann immer es sich anbietet. Es tut dem Rabbit auch gut zu erfahren, dass dieser aus seiner Sicht übermenschlich gut spielende Tiger seine ersten Turniere mit der gleichen Aufregung bestritten hat. Und um sein jetziges Handicap zu erreichen, hat auch er Jahre gebraucht.

Der fortgeschrittene Spieler fühlt sich in seiner Rolle wohl, denn er muss sich nicht wie ein Oberlehrer fühlen. Als guter Tiger textet er seinen Rabbit nicht zu, sondern beantwortet nur die gestellten Fragen. Außerdem darf er auch die Bewunderung seines Rabbits genießen. Passiert einem einstelligen Handicaper ja nicht alle Tage, dass ein schlecht getroffener Drive, der gerade mal 150 Meter weit fliegt, vom Mitspieler mit einem »Boah, ist der lang!« kommentiert wird.

Und wer weiß, wie sich sein Rabbit entwickelt? Vielleicht kann der Tiger froh sein, wenn der ihn in ein paar Jahren mit auf die Runde nimmt.

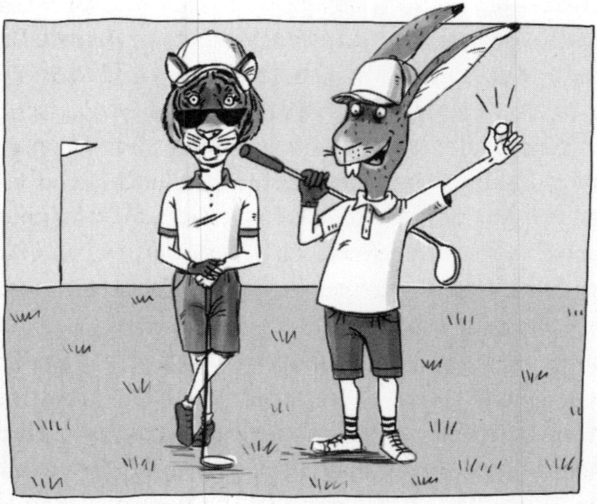

26. GRUND

Weil man Betrüger und Schummler beobachten kann

Grantland Rice sagte einmal: »18 Löcher Matchplay werden Ihnen über Ihren Gegner mehr sagen als 19 Jahre gemeinsamer Arbeit am Schreibtisch.« Und irgendjemand anders: »Es gibt drei Wege, sein Handicap zu verbessern: Stunden nehmen, mehr üben oder schummeln.«[2] Es gibt Sportarten, in denen wird Schummeln geradezu erwartet. Ein typisches Beispiel ist der Fußball. Da werden Schwalben im Training geübt. Ein Spielen mit der Hand wird nicht freiwillig zugegeben, es sei denn das Video beweist es. Aber selbst dann heißt es lapidar: »Der Schiedsrichter hat doch nicht gepfiffen.« Das machen die Spieler, damit ihr Verein gewinnt.

Sieht man mal von Mannschaftsmeisterschaften ab, spielt ein Golfer nur für sich oder gegen sich. Ganz wie man will. Trotzdem gibt es Betrüger und Schummler. Warum?

Es gibt Golfer, die im Matchplay, also dem Kampf Mann gegen Mann, die Regeln brechen, um eine Wette zu gewinnen. Bei dieser Spezies kann man nur auf das Zitat von Grantland Rice verweisen.

Die meisten Golfer aber betrügen, weil sie versessen auf ein besseres Handicap sind. Ihre Beweggründe sind vielfältig. In erster Linie glauben sie wohl, dass sie mit einem besseren Handicap an Renommee gewinnen können. Nur deshalb betrügen sie sich selbst, lassen aber ganz außer Acht, dass sie bei einem einzigen aufgedeckten Betrug ihren Ruf gänzlich verspielen. Das unterscheidet Golfen eben vom Fußball.

Das wäre alles nicht nötig, wenn es das unselige Handicap-System nicht gäbe. Wenn in Deutschland 98 Prozent der Turniere um **Stableford-Punkte** gespielt werden, steigt natürlich auch die Verführbarkeit. Da sollte man sich einmal ein Beispiel an den USA nehmen. Dort füllt der Golfer nach jeder gespielten Runde eigenverantwortlich seine Scorekarte aus. Nach fünf gespielten Runden zählt das Mittel der beiden besten Runden. Er wird einen Teufel tun und sich über Betrug bei Handicap -5 einzuordnen. Es wäre doch zu peinlich, auf der Runde mit seinem Chef eine -110 zu spielen.

Für alle, die das nicht überzeugt hat, ein paar Tipps zum Betrügen und Schummeln:

In der Rangliste ganz oben steht das »Leather Wedge«. Fühlt der Spieler sich unbeachtet, wird der Ball mit dem Fuß so geschickt getreten, dass der Ball besser liegt. Ist er dabei genauso unbegabt wie beim Golfen, hilft ein zweiter Tritt.

Sehr beliebt ist auch, die Kennzeichnung des eigenen Balles nicht anzugeben. Alles, was dann im Rough gefunden wird, ist sein Ball. Diesem Betrug kann ganz einfach begegnet werden. Findet man als Flightpartner den vermutlichen Ball des Spielers, ruft man ihm zu: »Was hast du gespielt, einen Titleist 1?« Ist die Antwort: »Ja«, braucht man nur noch zu rufen: »Schade, ist ein TaylorMade 2.«

Einfach einen Ball fallen zu lassen, wenn einen keiner beobachtet, ist bei Schummlern beliebt. Man muss sich ja nur vor der Runde präparieren. Aus den verschiedenen Packungen mit den neuen Bällen werden nur die mit dem Aufdruck »Bridgestone 4« ausgesucht. Da hat man ja jederzeit Nachschub für Bälle, die man nicht findet.

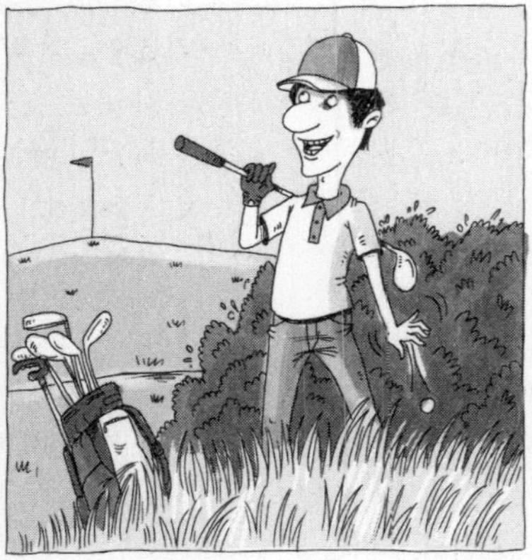

Allen Golf-Betrügern sei zugerufen: Ihr Weicheier, gegen wen spielt ihr eigentlich? Könnt ihr die Begrenztheit eurer eigenen Fähigkeiten wirklich nicht ertragen?

STABLEFORD-PUNKTE: Um es auch schlechteren Golfern zu ermöglichen, gegen bessere in Wettstreit zu treten, erfand ein Herr

Stableford die nach ihm benannten Punkte. Der Spieler mit dem niedrigeren Handicap erhält einen entsprechenden Vorsprung.

27. GRUND

Weil man die verschiedensten Menschen kennenlernt

Zwei Golfer kommen bei starkem Regen zu einem Par 3, das über einen Teich führt. Etwas abseits sehen sie zwei Fischer, die ihre Angeln ausgeworfen haben.

Sagt der eine Golfer: »Schau dir diese zwei Idioten an. Die angeln im strömenden Regen.«

Dieser Golfer-Witz lässt erahnen, welchem Phänotyp man auf der Runde begegnet und wo man sich selber einzuordnen hat.

Drastischer hat es der begnadete Bob Hope einmal ausgedrückt: »Golf ist seltsam. Es wird oftmals gespielt, um gesund zu bleiben, und doch hat es viele Leute kaputt gemacht, weil es ihnen den Verstand geraubt hat. Schauen Sie mich an – ich bin der gesündeste Vollidiot der Welt.« Wenn ich darüber nachdenke, kann ich das gut und gerne auf meine Mitspieler und mich selbst übertragen. Das eint uns also in unserer Golf-Philosophie.

Langeweile macht sich niemals breit, weil man den verschiedensten Menschen begegnet.

Jürgen, der Apotheker, erinnert mich, immer wenn ich ihn sehe, an die köstlichen Kolumnen von Ulrich Kaiser. In unnachahmlicher Weise berichtet er vierteljährlich in der Golf-Beilage der *Süddeutschen Zeitung* über den dicken Schorsch, den Pillenpeter und seine Wenigkeit. Jürgen erinnert wegen seines Berufes natürlich an Pillenpeter. Als sehr erfolgreicher Apotheker hat er es nicht nötig, sich mit extravaganter Golfkleidung von der Masse abzuheben. Immer freundlich, es sei denn, man spricht ihn auf sein Spieltempo an, ist er dennoch eine skurrile Erscheinung. Wenn man mit ihm golft, betont er alle zwei Löcher, wie gerne er Tennis spielt und wie schrecklich er das Golfspielen findet. Ich sehe ihn jede Woche auf dem Platz.

Noch ein Jürgen. Seines Zeichens »Il Presidente« unseres Clubs und praktizierender Zahnarzt. Dieser Jürgen ist nicht nur beliebt, weil er so manchem Club-Mitglied in Zeiten der Not außerhalb seiner Sprechzeiten den Zahn gezogen hat, sondern weil er immer gut drauf ist. Da mag das Spiel noch so schlecht laufen, Jürgen ist gut gelaunt. Seinen Frust verarbeitet er irgendwie anders. Wahrscheinlich indem er seinen Mitspielern einen Knopf an die Backe redet. Das passt ja für einen Zahnarzt.

Rainer lebt das Golfspielen seit vielen Jahren. Seit er das Rentenalter erreicht hat, spielt er fünfmal in der Woche Golf. Bei jedem Wetter. Besonders beliebt ist er als Mitspieler bei den Damen des Clubs. Was für ein Charmeur! Er kann auch einfach nur gut zuhören und interessiert nachfragen. Das machen nicht alle. Seinen heimlichen Ehrgeiz weiß er gut zu verstecken. Spielt man öfter mit ihm, weiß man die unterschwelligen Signale zu deuten. Wenn er anfängt, vor sich hin zu pfeifen, läuft das Spiel nicht so gut. Aber Vorsicht! Wenn er anfängt zu singen, kann man sich sicher sein, dass er auf der Siegerstraße ist. Hat sein Mitspieler einen schlechten Tag, unterlässt er keinen Versuch, ihn aufzubauen.

Benno hat das Golfspiel richtig gepackt. Mit Feuereifer steht der ehemalige Fußballer auf der Driving Range. Die Einstelligkeit muss doch zu packen sein. Mit seinem guten Auge und der ihm angeborenen Hilfsbereitschaft gibt er auf der Runde wertvolle Tipps. Für ihn gilt auf keinen Fall, was einst Lord Robertson von sich gegeben hat:

»Meine besten Schläge im Golf sind meine Probeschwünge und die geschenkten Putts. Den Rest werde ich nie beherrschen.«[3]

Herrlich, diesen unterschiedlichen Typen begegnen zu dürfen. Welcher Sport bietet schon die Möglichkeit, so viele Menschen kennenzulernen. Dabei kann man viel lernen. Es wird ja schließlich auf der Runde und danach nicht nur über Golf gesprochen.

28. GRUND

Weil es Anfänger gibt

Alle haben mal angefangen. Das weiß jeder. Diese profane Erkenntnis hindert aber keinen Anfänger daran, Ängste zu entwickeln, wenn er in seinem ersten Turnier mit erfahrenen Golfern in einem Flight spielen soll. Diese Ängste sind nachvollziehbar, denn wer möchte schon andere daran teilhaben lassen, wenn das eigene Unvermögen offenbar wird. Dabei könnte sich der Anfänger einfach fallen lassen, denn Fortgeschrittene haben nicht vergessen, wie es ihnen zu Beginn ihrer Golferkarriere ergangen ist. Deshalb haben sie viel Geduld und Einfühlungsvermögen. Sie vergessen auch nicht zu loben, wann immer es sich anbietet. Sie helfen auch beim Zählen der Schläge, weil der Kopf des Anfängers ohnehin übervoll ist. Wenn sie merken, dass es gewünscht wird, geben sie auch gerne ihr Wissen weiter.

Wer als erfahrener Golfer den Anfänger ständig spüren lässt, wie genervt er von dem langsamen Spiel ist, und sich vielleicht auch noch über den einen oder anderen Fehler mokiert, zeigt deutliche Defizite in seiner Sozialisation. Das sind meist auch dieselben, die glauben, dass die Regeln zur Etikette nur für die anderen erfunden wurden.

Der sozialisierte Golfer kann dem Spiel mit dem Anfänger viel Freude abgewinnen. Nicht nur, dass es ihm Spaß bringt, seine Erfahrungen weiterzugeben, es macht ihn auch stolz, wenn er für seine Schläge häufiger als sonst gelobt wird. Da macht es auch nichts, dass der »Eleve« sein durchschnittliches Spiel durch die rosa Brille sieht.

Außerdem fühlt sich der schon lange spielende Golfer seinem Club verpflichtet. Ist doch toll, wenn sich Anfänger wohlfühlen und sich deshalb langfristig an seinen Club binden. Wäre doch zu schade, wenn Interessierte vergrault würden und sein Golfplatz in ein paar Jahren wegen Vergreisung und der unvermeidlichen Folgen derselben schließen müsste.

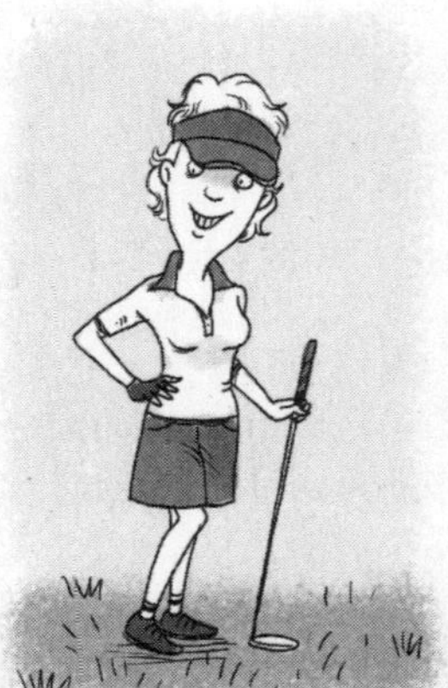

KAPITEL VIER

Die Regeln

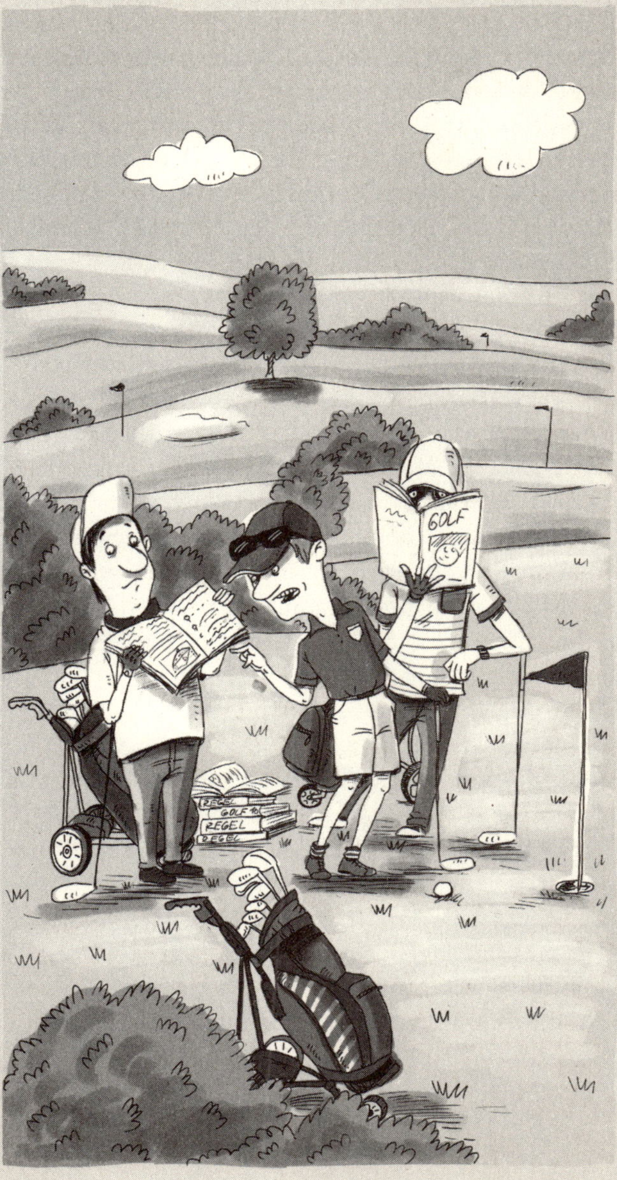

29. GRUND

Weil es 7.526 Regeln gibt

… gefühlt. Nachgezählt habe ich nicht. Der Blick in die offiziellen Regeln des Deutschen Golf Verbandes lehrt mich zwar, dass es nur 34 Hauptregeln mit 140 Unterpunkten gibt, aber nimmt man sich das wesentlich dickere Buch mit den »Entscheidungen« (»Decisions on the Rules of Golf«), kommt man locker auf diese Zahl. Es gibt offensichtlich keine andere Sportart, die so »ausgeregelt« ist wie das Golfspiel.

Es muss Gründe dafür geben, dass dieses Regelwerk komplizierter ist als das deutsche Steuerrecht.

Zynisch betrachtet, könnte es daran liegen, dass es Regel-Freaks gibt. Das sind gefrustete Golfer, denen das Spiel nicht mehr so viel Freude bereitet. Dafür bringt ihnen das Ausdenken immer neuer Regeln eine neue Befriedigung. Damit machen sie nicht nur sich, sondern auch die Golf-Oberlehrer glücklich. Was würden die dann machen? Wenn das Regelwerk so einfach wäre wie beim Fußball, könnten sie nicht mehr mit seinen Kenntnissen glänzen. Sie sind sich sicher, dass sie als Einzige im Club einen echten Regeltest, nicht den für die Platzreife-Prüfung, fehlerfrei bestehen würden.

Objektiv betrachtet hat die Anzahl der Golfregeln eine andere Ursache. Im Gegensatz zu anderen Sportarten wie Fußball, Basketball, Tischtennis oder Handball wird Golf ohne Schiedsrichter gespielt. Jeder Spieler ist für sich selbst verantwortlich. Er hat darauf zu achten, dass er nicht gegen die Regeln verstößt. Natürlich unterliegt er ständig der Versuchung, zweifelhafte Situationen für sich auszulegen. Dann ist es hilfreich, wenn er sich auf den wahren Geist des Golfspiels besinnt. Auch wenn kein Schiedsrichter dabei ist, hat er ja noch seine Flightpartner. Die sollten ihre Regelkenntnisse einbringen, wenn es denn erforderlich erscheint. Offensichtliche Regelverstöße müssen angesprochen werden. Das sollten auch konfliktscheue Golfer trotz der Gefahr, dass die Stimmung im Flight darunter leidet, beherzigen. Man kann nicht ständig ein Auge zukneifen, ohne dass einem irgendwann mal beide Augen geöffnet werden.

Außerdem kann der deutsche Golfer doch nur froh sein, dass er sich nicht mit den Decisions anderer Länder beschäftigen muss. Beispiele aus dem Kuriositäten-Kabinett:

Wie muss entschieden werden, wenn vermutet wird, dass ein Krokodil den Ball geschnappt und heruntergeschlungen hat?

Der Ball landet im Rough. Der Spieler findet den Ball. Eine Schlange unbekannter Art hat sich um den Ball geschlungen. Wie ist zu verfahren?

Der Abschlag hat sich im Wald verirrt. Durch puren Zufall wird ein Ball in einer Astgabel gefunden. Wie dazumal Bernhard Langer will der Spieler den Baum besteigen, um ihn zu spielen. Die erste Astgabel ist erklommen. Auf dem Ball hockt eine Vogelspinne. Wie hat sich der Spieler zu verhalten, da er ja seinen Ball identifizieren muss?

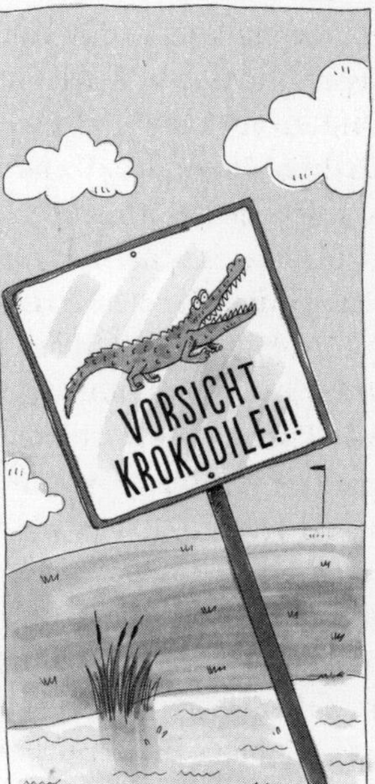

Ja, der deutsche Golfer ist froh über die Schlichtheit des Regelwerks in seinem Land.

Außerdem, sollte es bei uns wegen der Klimaerwärmung einmal Krokodile auf den Golfplätzen geben, könnte er das ja googeln.

30. GRUND

Weil es eine Million Fachbegriffe gibt – gefühlt (I)

Fachbegriffe sind etwas sehr Nützliches, wenn man sich ohne Missverständnisse verständigen kann. Sie sind etwas sehr Ärgerliches, wenn man ihre Bedeutung nicht kennt. Man versteht einen Text nicht oder kommt sich einfach nur zu ungebildet vor. Beide Zustände sind nicht wünschenswert.

Der Golfeinsteiger tastet sich langsam an die Begriffe heran. Er versteht immer mehr und übernimmt sie in seinen Sprachschatz. Irgendwann werden sie zur Selbstverständlichkeit, und er unterliegt dem Missverständnis, dass alle wissen, wovon er redet. Auch die Nicht-Golfer. Die sollten *111 Gründe* aber auch lesen können. Diese Seiten können die Wissenden ja einfach überblättern.

Schläger

Es gibt sogenannte Eisen und Hölzer. Allen Schlägern ist gemeinsam, dass sie einen Schaft, der eine unterschiedliche Biegsamkeit haben kann, und einen Schlägerkopf haben. Wenn der Kopf aus einer Stahllegierung besteht, wird der Schläger als Eisen bezeichnet. Eisen sind für kürzere Schläge gedacht. Zumindest für den Amateur. Sie haben kürzere Schäfte und ihr Schlägerkopf hat einen größeren Loft (siehe Grund 3: *Weil der Pitcher kürzer ist als der Driver*) als die Hölzer. Je nach Loft werden sie mit Nummern von eins bis neun versehen. Wobei ein Eisen 1 zwar die größte Länge verspricht, aber am schwierigsten zu spielen ist. Daneben gibt es noch Spezial-Eisen, die sogenannten Wedges. Dazu gehört das Pitching Wedge, das man für eine hohe Annäherung aus 70 bis 120 Metern Entfernung auf das Grün benutzt. Oder das Sand Wedge, das vor allem für das Spiel aus dem Bunker gedacht ist. Das Lob Wedge mit einem 60-Grad-Loft ist für besonders hohe Annäherungen geeignet.

Die Hölzer werden für die langen Schläge genommen. Sie haben einen längeren Schaft und einen Kopf, der einer halben supergroßen Kartoffel gleicht. Früher wurde er, wie es der Name sagt, aus Holz gefertigt. In der Neuzeit bemühen sich die Schläger-Fabrikanten um immer neue Kunststoffvarianten. Sie versprechen mehr Länge und Fehlerverzeihbarkeit. Spitzenspieler schlagen mit ihrem Driver (Holz 1) 300 Meter und weiter.

Ein Spieler darf maximal 14 Schläger mit auf die Runde nehmen.

Bag

Die Tasche, in der ein Golfer seine Schläger und das notwendige Zubehör transportiert, nennt man Bag. Es gibt sogenannte Tragebags, die mit Schultergurt getragen werden, und Trolleybags. Diese Taschen sind größer, um noch mehr Zubehör unterbringen zu können.

Weil sie auch schwerer sind, werden sie mit sogenannten Trolleys transportiert. Die sind so ähnlich gebaut wie moderne Kinderwagen, auch Buggys genannt. Zu bewundern sind die **Caddys** der Profigolfer. Sie beraten ihren Pro nicht nur, sondern sie schleppen die Riesenbags um die Schulter gehängt. Die wiegen locker 20 Kilo.

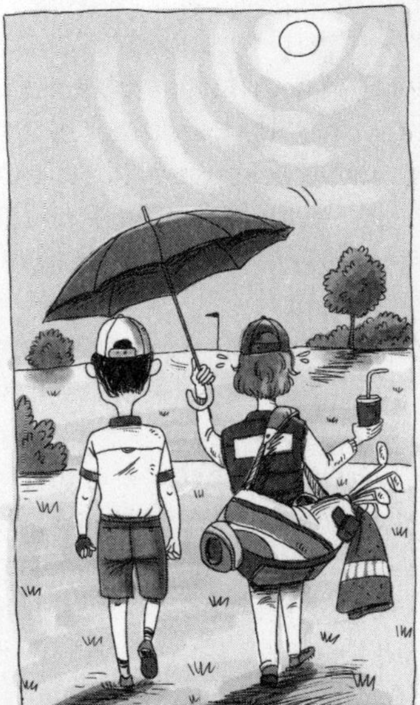

CADDY: Ein Caddy ist eine Person, die die Schlägertasche eines Golfers trägt und diesen bei der Schlägerwahl und dem Lesen auf dem Grün berät.

31. GRUND

Weil es eine Million Fachbegriffe gibt – gefühlt (II)

Golfplatz

Ein Golfplatz besteht in der Regel aus 18 Bahnen. Jede Bahn beginnt mit dem Abschlag, einer erhöhten Rasenfläche, auf der der Ball aufgeteet werden darf. Ein Tee ist nichts anderes als ein Holznagel mit einem kleinen Teller als Kopf, auf den der Ball gelegt wird. Das erleichtert den Abschlag enorm. Bevor die Tees erfunden wurden, schlug der Spieler mit der Hacke in den Boden, um den Ball etwas höher platzieren zu können. Der erste Abschlag wird »Tee 1« genannt.

Das wichtigste Kennzeichen einer Spielbahn ist ihre Länge. Die kann zwischen 90 und 600 Metern variieren. Von einer Kommission wird festgelegt, mit wie vielen Schlägen eine Bahn idealerweise gespielt werden kann. Sind das zum Beispiel vier Schläge, handelt es sich um ein Par-4-Loch. Ein Golfplatz hat im Schnitt vier Par-3-Löcher, vier Par-5-Löcher und zehn Par-4-Löcher. Wenn ein Spieler seine Runde mit 72 Schlägen beendet, hat er den Platz Par gespielt. Die Spielbahn ist so gestaltet, dass sie im Querschnitt in unterschiedliche Bereiche unterteilt ist. In der Mitte liegt das Fairway. Das ist die Rasenfläche, die kurz gemäht ist. Links und rechts wird die Spielbahn vom Rough begrenzt. Dieser Teil des Platzes besteht aus hohem Gras und Büschen. Zwischen dem Fairway und dem Rough befindet sich das Semi-Rough. Dort wird zwar seltener gemäht als auf dem Fairway, aber der Spieler hat bessere Chancen, den Ball gut zu treffen, als aus dem Rough.

Die Bahn endet mit dem Grün, einer besonders gepflegten Rasenfläche. Besondere Grassorten und eine intensive Pflege ermöglichen es, eine Oberfläche ähnlich einem Parkettboden zu gestalten. Grüns sind unterschiedlich groß. Die Spanne bewegt sich zwischen 100 und 2.000 Quadratmetern. Irgendwo auf dem Grün ist das Loch ausgestanzt, das es zu erreichen gilt. Das Ziel hat einen Durchmesser von 10,8 Zentimetern. In Anlehnung an die englische Vokabel wird das Loch auch »Hole« genannt. Wenn es einem Golfer gelingt, mit einem Schlag den Ball ins Loch zu transportieren, wird von den Zuschauern ein Hole-in-one bejubelt. Damit das Grün und die Lage des Loches auch aus größerer Entfernung zu sehen sind, steckt in dem Loch eine Fahne, auf der die Nummer der Bahn gedruckt ist. Das erleichtert vor allem Ortsunkundigen die Orientierung.

Golfball

Der Golfball hat, was seine Gestaltung anbelangt, eine lange Entwicklung hinter sich. Vom Lederball bis zur heutigen Kunststoffkugel sind Jahrhunderte vergangen. Die Golf-Industrie frohlockt. Jedes Jahr bringt sie neue Produkte mit neuen Versprechungen auf den Markt. Weltweit werden während einer Saison Milliarden von Golfbällen zu einem Stückpreis von einem bis sechs Euro verkauft. Da ist der gemeine Golfer doch froh, ab und zu fremde Bälle zu finden. Ein Golfball sollte regelkonform keinen kleineren Durchmesser als 42,67 Millimeter haben und nicht schwerer als 54,93 Gramm sein. Um dem Ball einen stabileren Flug zu verleihen, hat die Oberfläche kleine, regelmäßig verteilte Dellen. Die werden Dimples genannt. Passionierte Whiskeytrinker der Marke »Dimples« werden sich an eine ganz besondere Flaschenform erinnern. An dieser Stelle wird jetzt aber nicht noch der Unterschied zwischen Whisky und Whiskey erklärt. Das würde nun wirklich zu weit führen. So etwas kann man dann mal im Buch *111 Gründe, Whisk(e)y zu trinken* nachlesen.

Weil es eine Million Fachbegriffe gibt – gefühlt (III)

Divot

Wenn ein Spieler mit dem Schläger eine Grassode herausschlägt, nennt man den »Fladen« Divot. Die Etikette schreibt vor, dieses Divot immer zurückzulegen und festzutreten. Die Sode wächst erstaunlich schnell wieder an, und kein nachfolgender Spieler muss sich ärgern, dass sein Ball in einem Loch auf dem Fairway landet.

Dame

Auf einem Golfplatz haben Damen und Herren unterschiedliche Stellen, wo sie abschlagen müssen. Die der Damen sind dichter zum Loch positioniert. Schafft ein Herr es nicht, den Ball über den Damenabschlag zu transportieren, nennt man das eine »Dame«.

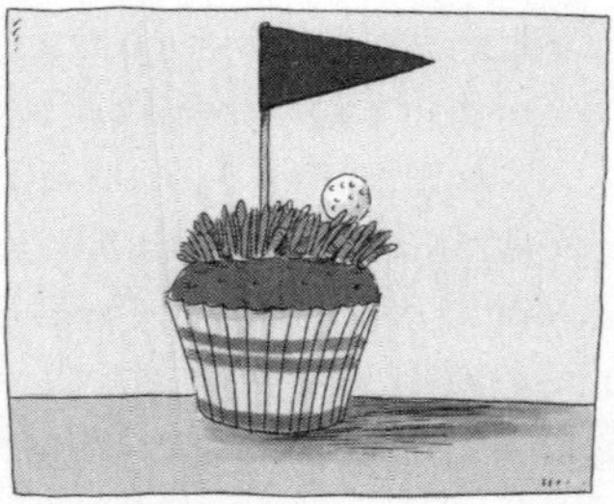

Draw

Jeder Spieler ist froh, wenn er einen kontrollierten Draw schlagen kann. Der Ball macht eine leichte Kurve von rechts nach links. Der Draw führt zu einer längeren Ausrollphase.

Slice

Kein Spieler ist froh, wenn er ständig mit einem Slice zu kämpfen hat. Beim Slice fliegt der Ball zunächst nach links, um dann scharf nach rechts abzubiegen. Im Gegensatz zum Draw verliert der Schlag enorm an Länge.

Loft

Die Schlagflächen der unterschiedlichen Schläger haben unterschiedliche Neigungswinkel. Ein Schläger mit einem Neigungswinkel von 12 Grad sorgt dafür, dass der Ball flacher und weiter fliegt als ein Schläger mit einem Neigungswinkel von 48 Grad. Diesen Neigungswinkel nennt man Loft.

Die Liste der Begriffe ließe sich beliebig fortsetzen. Natürlich könnte noch etwas zu Lie, Kickpoint oder Low-Torque gesagt werden, aber das würde den Rahmen dieses Buches bei Weitem sprengen. Wer mehr wissen möchte, sollte sich ein Golf-Lexikon anschaffen.

33. GRUND

Weil es Mulligans gibt

Der Begriff »Mulligan« bezeichnet beim Golfspiel eine zweite Chance. Ähnlich der des zweiten Aufschlags beim Tennis. Ist zwischen den Spielern ein Mulligan verabredet, darf er nach misslungenem ersten einen zweiten Abschlag machen. Das muss sich nicht nur auf den allerersten Abschlag beziehen, sondern kann als sogenannter Wandermulligan mit auf die Runde genommen werden. Der Mulligan ist natürlich kein Bestandteil des offiziellen Regelwerks, aber selbst die meisten Anfänger kennen ihn.

Woher der Name rührt, ist nicht gänzlich geklärt. Es gibt mehrere Varianten. Die beliebteste besagt, dass der Mulligan auf einen Golfspieler gleichen Namens zurückzuführen ist.

Bei Turnieren stellt sich die Frage des Mulligans nicht. Er ist schlichtweg nicht erlaubt. Was die privaten Runden anbelangt,

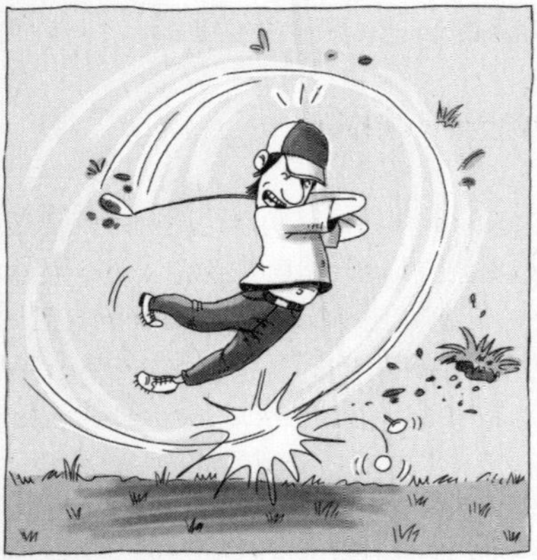

gibt es unter den Golfern zwei Lager. Die einen lehnen den Mulligan kategorisch ab. Die anderen spielen immer mit dem Vorteil, den Mulligan in Anspruch nehmen zu dürfen. Es sei denn, einer im Flight gehört zu den Mulligan-Hassern.

Beide, Befürworter und Gegner, haben ihre Argumente.

Die Mulliganisten sehen überhaupt nicht ein, dass sie schlechter behandelt werden als die Tennisspieler. Ihr Sport ist schon schwer genug. Warum soll man dann nicht dafür sorgen dürfen, dass der Spaß nicht zu kurz kommt. Und es nimmt schon eine Menge Druck vom Golfspieler, wenn er die Chance des zweiten Abschlags hat.

Die Fraktion der Mulligan-Verweigerer sieht den Purismus des Spiels bedroht. Wer echtes Golf spielen will, der muss sich nicht hinter einem Mulligan verstecken. Wer Fehlschläge nicht ertragen kann, sollte mit diesem Sport gar nicht erst anfangen.

Bei allen Zwistigkeiten um den Mulligan kann jeder Flight für sich verabreden, nach welchen Regeln gespielt wird. Hauptsache ist, dass man sich einvernehmlich danach richtet. Und wenn man verabredet, dass überall besser gelegt werden darf, ist das in Ordnung. Hauptsache, die Freude am Spiel ist da. Das Wichtigste bleibt doch, dass sich alle nach der Etikette richten.

34. GRUND

Weil man immer mitzählen muss

Golf zu spielen ist eine große intellektuelle Herausforderung. Man muss zählen können. – Klingt ganz einfach. Man zählt ja Loch für Loch und notiert jedes Mal die erreichte Schlagzahl. Erster Schlag, zweiter Schlag, dritter Schlag … 20. Schlag. Wird doch noch möglich sein, bis 20 zu zählen. Findet auch der akademisch gebildete Anfänger. Doch das Spiel nimmt ihn vom Kopf her so gefangen, dass ihm sein Gedächtnis einen Streich spielt. Da muss er wie ein Kleinkind zu Hilfsmitteln greifen. Die zehn Finger reichen nicht, die werden ja auch zum Greifen des Schlägers gebraucht. Kauft er sich also einen »Zählring«. Nach jedem Schlag wird die nummerierte Raste eine Stufe weitergedreht. Muss man aber auch dran denken. Da hilft vor dem Eintrag in die Scorekarte nur die Abstimmung mit dem Flight. Das macht man – das Gedächtnis reicht ja vielleicht nicht bis zum nächsten Abschlag – sicherheitshalber neben dem Grün. Der nächste Flight kann ja warten.

Bei dem ersten Turnier kommt dann die nächste Hürde. Man muss nicht nur für sich zählen, sondern ist auch noch Zähler eines Mitspielers, den man kontrollieren soll. Eine solche Überforderung führt zwangsläufig dazu, dass der Kontrollierte eigentlich eine Phantasie-Scorekarte führen könnte.

Das pure Zählen der Schläge fanden Golf-Funktionäre als den intellektuellen Möglichkeiten der Golfer nicht angemessen. Deshalb erfanden sie das Stableford-System, dem wegen seiner Kompliziertheit ein eigenes Kapitel gewidmet ist (Grund Nr. 35).

Obwohl der einige Monate spielende Golfer weiß, welches Handicap er hat und welche Vorgabe ihm an jedem Loch zusteht, tut er sich doch schwer, in Stableford-Punkten zu rechnen. Um nicht in Verdacht zu geraten, dass er zu blöd ist, das System zu begreifen, sagt er am besten mehrfach während der Runde: »Punkte interessieren mich nicht, will gar nicht wissen, wie ich stehe.« Sein Flight, wenn er nett ist, lässt diese Schutzbehauptung ohne Kommentar so stehen. Und wenn es dann zur Siegerehrung kommt und man den ersten Platz in der Handicap-Klasse -36 bis -54 gewonnen hat, muss man die Überraschung nicht allzu sehr spielen.

Bleibt nur ein Vorschlag. Alle, die sich nicht trauen zu zählen, sollten Lochspiel ohne Vorgabe bevorzugen. Dann müssen sie höchstens bis zehn zählen.

35. GRUND

Weil es Stableford-Punkte gibt

Vor 150 Jahren gab es beim Golfen nur eine Spielform. Man spielte gegeneinander, und wer mehr Schläge brauchte, hatte verloren. Die Kluft zwischen den begnadeten Spielern und denen, die nicht so begabt waren, war groß. Bei Turnieren wusste man vorher, wer für den Sieg infrage kam. Wenn man untereinander einen Drink ausspielte, konnte man nur gegen Spieler gleichen Niveaus antreten, um überhaupt eine Chance zu haben.

1898 kam Dr. Stableford auf die geniale, aber kompliziert umzusetzende Idee, einen Ausgleich zwischen guten und nicht so guten Golfern einzuführen. Dazu war es nötig, für jeden Golfer ein Handicap festzulegen. Damit war keine geistige oder körperliche Behinderung gemeint, sondern die aktuelle Spielstärke sollte mit einer Zahl festgelegt werden. Die Grundidee: Wer im Schnitt mehr Schläge für 18 Bahnen brauchte, hatte ein höheres Handicap. Wenn der Golfer jetzt gegen einen Spieler mit einem niedrigeren Handicap antrat, durfte er eine bestimmte Anzahl von Schlägen mehr machen und konnte trotzdem gewinnen. Dieses System setzte sich in Deutschland zwar erst 1968 durch, fand aber schnell viele Anhänger. Turniere, nach dem puristischem Zählspiel ausgetragen, wurden immer seltener und die nach Stableford-Punkten ausgetragenen Wettbewerbe nahmen zu.

Einige Golfer bedauern diese Entwicklung. Die meisten aber sind froh, auch mal eine Bahn abhaken zu können. Ist die mit ganz vielen Schlägen schlecht gelaufen, kann er immer noch genug Punkte sammeln, um ein befriedigendes Ergebnis zu erzielen.

Mögen das die Hardliner unter den Golfern als »Weichspülerei« bezeichnen, die gemeinen Golfer sind froh darüber, dass Dr. Stableford vor vielen Jahren auf so eine geniale Idee gekommen ist.

36. GRUND

Weil man »Fore!« rufen darf

Der Ursprung des Ausrufes »Fore!« ist nicht eindeutig zu bestimmen. Die meisten Quellen vermuten, dass der Begriff auf schottische Artillerieeinheiten zurückgeht. Kurz vorm Abfeuern von Geschossen sollen die ihre in der Nähe befindlichen Infanteriekameraden mit dem Ausruf »Beware before!« gewarnt haben. Was so viel heißt wie: »Vorsicht voran!« So konnten die besagten Infanteristen rechtzeitig in Deckung gehen. In der Hektik des Gefechts wurde »Beware before!« dann zu »Fore!« abgekürzt.

Auch im Golfsport warnt der Ausruf »Fore!« vor heranfliegenden Geschossen. Jedoch vor Geschossen einer weniger martialischen und tödlichen Form. Man ahnt es schon: Mit dem Ausruf sollen andere Golfspieler vor heranfliegenden Golfbällen gewarnt werden. Trotzdem findet man sich als Golfer immer dann, wenn ein lautes »Fore!« über den Platz hallt, in einer mörderischen Situation wieder. Dann suchen plötzlich alle hinter ihren Golftaschen oder Bäumen Deckung. Man wundert sich, wie schnell selbst Golfer mit viel Erfahrung (und damit sind hier die Golfer der späteren Semester gemeint) sich dann auf den Boden schmeißen. Jeder, der schon einmal tatsächlich von einem Golfball getroffen wurde, weiß, wie schmerzlich so ein Treffer sein kann und dass es eine kluge Entscheidung ist, sich augenblicklich in Sicherheit zu bringen.

Dabei kann man Golfer in Bezug auf das »Fore!«-Rufen in zwei Gruppen einteilen: Da wären diejenigen, die lautstark »Fore!« rufen und damit den gesamten Golfplatz über ihren fehlgeleiteten Schlag informieren, und da wären die Golfer, die nur in einem Flüsterton über ihr Missgeschick informieren oder komplett darauf verzichten. Während Erstere dafür sorgen, dass alle Golfer in Rufweite in Deckung gehen und das Spiel für kurze Zeit pausiert, bringt das Verhalten Letzterer die Mitgolfenden in echte Gefahr. Werden diese leisen und schüchternen Golfer auf das Ausbleiben des Warnrufs angesprochen, antworten sie oft mit: »So weit habe ich noch nie geschlagen.« Oder: »Ich dachte, Sie wären schon weg.« Man sollte daher immer auf der Hut sein beim Golfspiel. Auch wenn alles ruhig bleibt.

Ich kann das laute »Fore«-Rufen nur jedem Golfer empfehlen, da es nicht nur die Mitgolfenden warnt, sondern auch eine sehr befreiende Wirkung haben kann, vor allem nach einem schlechten Schlag. Denn Schreien nach einem schlechten Schlag wird von jedem Golfer akzeptiert, solange es ein lautes »Fore!« ist.

37. GRUND

Weil man sich an die Etikette halten muss

Die Etikette bezeichnet eine Sammlung von Benimmregeln. Sie ist ein Verhaltensregelwerk, das Erwartungen an das Verhalten innerhalb gewisser Kreise beschreibt. Ursprünglich stammt das Wort »Etikette« von angehefteten Zetteln, auf denen die Rangfolge der am französischen Königshof zugelassenen Personen notiert war. Man sollte sich seinem Rang entsprechend betragen.

Würde man das auf den Golfsport übertragen, müsste jeder Spieler einen deutlichen Hinweis mit sich führen, auf dem sein Handicap vermerkt ist. Diese Form des Outings hat zum Glück keinen Eingang in das Regelwerk gefunden.

Mit Etikette im Golfsport ist das Verhalten auf dem Golfplatz gemeint. Nicht das, was von den offiziellen Regeln bestimmt wird.

Der Deutsche Golf Verband vermerkt dazu sinngemäß in seiner etwas gestelzten Übersetzung der »Rules of Golf«:

Der Abschnitt über die Etikette auf dem Golfplatz stellt Richtlinien für das Verhalten auf, das beim Golfspielen erwartet wird. Wenn diese Richtlinien eingehalten werden, können alle Spieler die größtmögliche Spielfreude erreichen. Alle Spieler sollten sich diszipliniert verhalten und jederzeit Höflichkeit und Sportsgeist erkennen lassen, gleichgültig, wie ehrgeizig sie sein mögen. Dies ist der »wahre Geist des Golfspiels«.

Weiter lässt sich der Golfverband über die Sicherheit, die Rücksichtnahme auf andere Spieler, die Schonung des Platzes und das Spieltempo aus.

Das alles kann der engagierte Golfspieler nur unterschreiben. Zudem, weil er seinen Sport um seiner selbst willen liebt, freut er sich, dass darauf verzichtet wird, karierte Hosen vorzuschreiben. Hey, was spricht dagegen, in Jeans zu spielen, wenn der Golfer sich wohlfühlt? Was spricht eigentlich dagegen, so extravagante Hosen zu tragen wie John Daly? Haben die ständig nörgelnden Altvorderen schon einmal in aktuelle Golfzeitungen geguckt und einen Blick auf die Golfmode geworfen?

Golfkleidung sollte wie in anderen Sportarten auch den Bedürfnissen des Spiels angemessen sein. Wenn ein Golfer in Jeans spielt, verstößt er in keiner Weise gegen den »Spirit of the Game«.

Auf vielen deutschen Plätzen dürfte Samuel L. Jackson nicht über die Runde gehen:

»Limettengrüne Hosen und Schuhe aus Krokoleder – der Golfplatz ist der einzige Ort, wo ich wie ein Zuhälter rumlaufen kann, ohne weiter aufzufallen.«[4]

Wenn sich die Vorstellungen altbackener Golfer nicht ändern, wird sich die Zahl der 650.000 deutschen Golfer nicht mit der Dynamik entwickeln, wie es dieser tolle Sport verdient hätte.

Aber was kann man schon gegen Golf-Clubs machen, die vergreisen wollen!

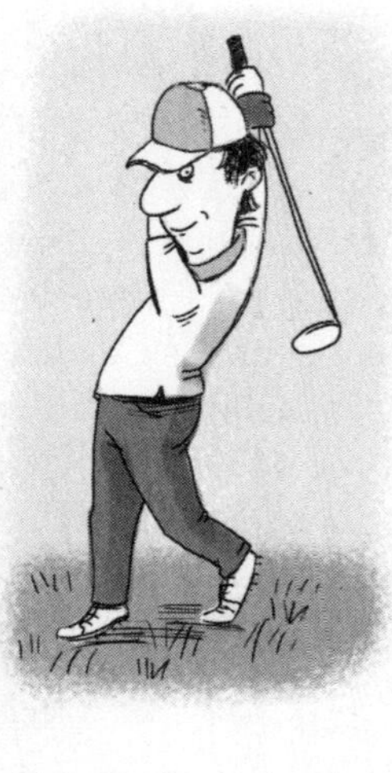

KAPITEL FÜNF

Der Kampf mit sich selbst

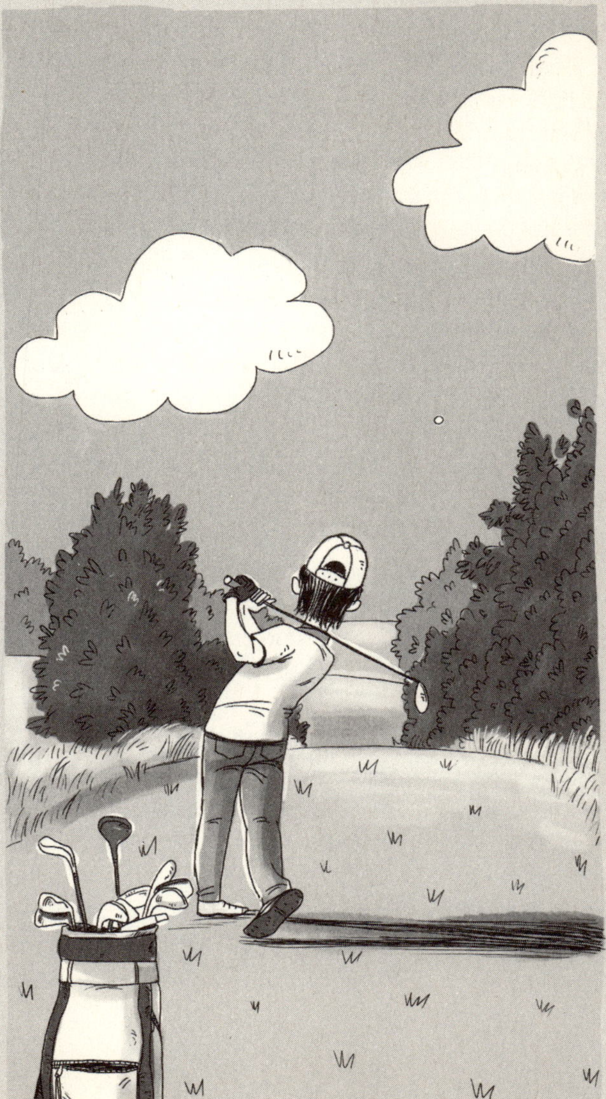

38. GRUND

Weil man Tigerline spielen kann

Man könnte ja auf den Gedanken kommen, dass der Begriff »Tigerline« vom Vornamen des berühmtesten Golfers der Gegenwart abgeleitet wurde, aber das Wort gab es schon lange, bevor Woods geboren wurde.

Wenn der Spieler vor einem Dogleg steht, muss er eine Entscheidung treffen, die sich eventuell entscheidend auf seinen Score auswirkt: Entweder schlägt er den Ball entlang des Fairways bis zur Kehre des Doglegs und wählt damit den sicheren Weg.

Oder er sucht das Risiko und versucht, die Ecke des Doglegs mit einem einzigen Schlag zu überwinden. Er spielt Tigerline. Wenn ihm das gelingt, kann er sich den langen Weg sparen und bereits mit dem zweiten Schlag das Grün erreichen.

Ein Weltklassespieler ist fast immer gezwungen, Tigerline zu spielen, weil er sonst keine Chance auf ein konkurrenzfähiges Spielergebnis hätte.

Ein Golfer mit einem Handicap jenseits der -36 kommt auch nicht in die missliche Lage, sich entscheiden zu müssen. Er wäre nie imstande, den Ball so weit zu schlagen, wie es nötig wäre.

Für den durchschnittlichen Amateur ist es immer wieder ein ganz besonderer Kitzel, wenn er vor der Entscheidung steht: Tigerline oder nicht?

Meist sind die Doglegs von den Golfplatzarchitekten so hinterhältig angelegt, dass der Durchschnittsgolfer den zu erreichenden Landepunkt des Balles mit einem wirklich guten Schlag gerade so erreichen könnte. Voraussetzung ist natürlich, dass nicht nur die Länge, sondern auch die Richtung stimmt.

Wenn der Spieler vor dem zu überwindenden Teich steht und überlegt, ob er das gegenüberliegende Ufer erreichen kann, zeigt sich, welcher Golfertyp er ist. Natürlich spielt die Einschätzungsfähigkeit des eigenen Spielvermögens auch eine Rolle, aber entscheidender ist, zu welchem Risikotypus er gehört. Entweder neigt er grundsätzlich eher zu einem defensiven Spiel oder er ist ein »Haudrauf«.

Wer dem letzteren Typus nahesteht, schaltet den Verstand aus. Er lässt keinerlei Vorsicht walten. Der Score ist nebensächlich. Ihm bringt Golfen nur Spaß, wenn er immer so auf den Ball prügelt, dass seine Schläge exorbitante Längen erreichen. Er jammert auch nicht rum, wenn sein riskantes Spiel nicht belohnt wird. Sein »scorevernichtendes« Spiel qualifiziert ihn aber nicht zwangsläufig als guten Mannschaftsspieler.

Man kann Tigerline spielen. Oder auch nicht. Keiner wird abschätzig gucken, wenn man die defensive Variante wählt. Manchmal gehört mehr Mut dazu, sich zurückzunehmen, als das Risiko zu suchen.

Mitleid hat man mit allen Golfern, die auf einem Golfplatz spielen, der schon am ersten Abschlag ein Dogleg aufweist. Dort hat man meist irgendwelche Zuschauer. Das führt dann oft zu einer irrationalen Entscheidung. Man will ja nicht als Weichei dastehen. Man spielt Tigerline.

39. GRUND

Weil der Probeschwung immer besser ist als der tatsächliche Schlag

Irgendwann vor Tausenden von Jahren war der Tag mit Sammeln, Jagen und dem Bestellen der Felder nicht mehr gefüllt. Plötzlich gab es freie Zeit. Das war die Geburtsstunde von Sport und Spiel. Die Sportarten entwickelten sich vor allem aus den Fähigkeiten, die für die Jagd existenziell waren. Der Neandertaler musste das Laufen, Schießen und Schlagen beherrschen, sonst erreichte er noch nicht einmal die damals durchschnittliche Lebenserwartung von 23 Jahren. Damit war es nur logisch, dass der Golfsport erfunden wurde.

Auch wenn der Golfer sich nicht gerne mit einem Steinzeitmenschen vergleichen lässt, so muss er doch anerkennen, dass ihm Ähnliches abverlangt wird.

Er muss große Strecken zurücklegen, um das »Beutetier«, sprich Loch, zu erreichen. Steht er am Ball, wartet auf ihn eine Mischung aus Schlagen und Schießen. Und sammeln darf er auch noch, auch wenn es nur Bälle sind. Der wesentlichste Unterschied zur Jagd besteht darin, dass es nicht um Leben und Tod geht. Leider sehen das nicht alle Spieler so.

In der Geschichte der Menschheit haben Probeschwünge verständlicherweise keine Tradition. Wenn der Steinzeitmensch auf der Jagd nach stundenlanger Pirsch vor dem angriffslustigen Bären stand, kam er nicht auf die Idee, mit seiner Keule einen Probeschwung zu machen. Auch einem japanischen Samurai wäre nie in den Sinn gekommen, im Duell mit einem mordlüsternen Gegenüber einen Probeschwung zu machen. Dann hätte er auch gleich Harakiri begehen können.

Da der gemeine Golfer solchen Widrigkeiten nicht ausgesetzt ist, hat er sich angewöhnt, vor dem alles entscheidenden Schlag einen Probeschwung zu machen. Die Motive dafür sind verständlich. Weil er kein Roboter ist, muss seinem Muskelgedächtnis geholfen werden. Außerdem steht er selten auf einer waagerechten Oberfläche. Mal liegt der Ball ober- und ein anderes Mal unterhalb von ihm. Um diese gefürchteten Hanglagen zu meistern, macht der Golfer einen Probeschwung. So bekommt er ein besseres Gefühl für die Distanz zum Ball.

Fast allen zur Probe schwingenden Golfern ist ein Faszinosum gemein. Der Probeschwung ist elegant und fühlt sich gut an. Der Driver schwingt locker am Ball vorbei. Das wären mit Ball glatt 200 Meter gewesen. Manche machen noch einen zweiten Probeschwung, um noch mehr Sicherheit zu gewinnen. Ganz Eifrige, die sich von wartenden Mitspielern überhaupt nicht irritieren lassen, bringen es auch schon mal auf zehn Versuche.

Aber egal, wie oft zur Probe geschwungen wird, irgendwann kommt der Moment, in dem sich der Golfer nicht mehr drücken kann. Der eigentliche Schlag muss ausgeführt werden. Der Ball kommt ins Spiel und das Unvermeidliche nimmt seinen Lauf. Nur weil jetzt diese blöde, kleine, weiße Kugel getroffen werden muss, ist der Schwung nicht mehr wiederzuerkennen. Eleganz und Lockerheit sind plötzlich verschwunden.

Wenn diese Erfahrung ein Einzelschicksal wäre, könnte man dem Betroffenen einen guten Sportpsychologen empfehlen. Weil aber so viele Spieler unter dieser »Krankheit« leiden, muss man von einem Phänomen sprechen. Da die Ursachen noch nicht erforscht sind, kann diesen Golfern auch schlecht geholfen werden.

Wenn also der Probeschwung wirklich immer besser ist als der tatsächliche Schlag, dann kann den Betroffenen ganz schlicht empfohlen werden, den einfach wegzulassen, denn das haben die Urahnen aus guten Gründen auch so gemacht.

40. GRUND

Weil es so viel verschiedene Schwünge wie Golfer gibt

»Der Golfschwung zeichnet sich dadurch aus, dass man versucht, aus den schlimmsten Verrenkungen des Körpers eine graziöse Bewegung zu machen.« (Tommy Armour)[5]

In Anlehnung an das Urteil eines Oberlandesgerichtes zur Werbung einer Tanzschule dürfte es zukünftig auch Golflehrern untersagt sein damit zu werben, dass sie Lernerfolg garantieren. Die Richter begründeten das damit, dass nicht alle Menschen in der Lage seien, das Erlernte so anzuwenden, dass sich dieses als auch nur einigermaßen ästhetisch anmutende Bewegung darstelle.

Natürlich spielen Ästhetik und Grazie beim Golfschwung eine untergeordnete Rolle. Das Entscheidende ist der Erfolg. Aber kein Amateurgolfer kann sich davon freimachen, dass er gerne für seinen Schwung gelobt wird. Jeder hat von sich die Vorstellung, dass er zumindest im Ansatz den Bildern auf den Lehrvideos nahekommt. Um diesen Traum nicht zu zerstören, sollte der Golfer darauf verzichten, eine Trainerstunde mit Videoaufzeichnung zu nehmen.

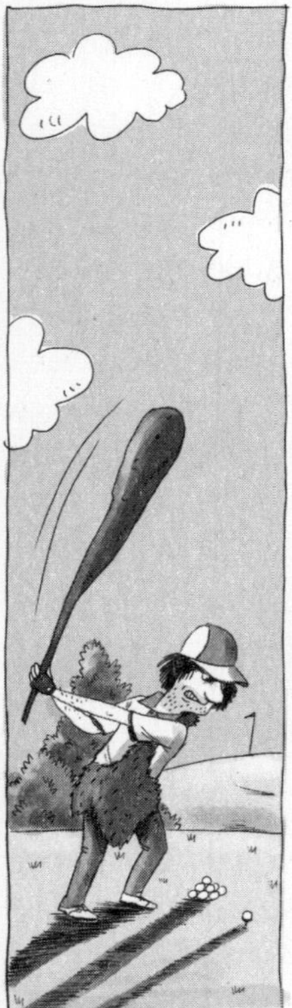

Sieht man einmal von den Profis ab, die manchmal auch die kuriosesten Schwünge haben, beobachtet der aufmerksame Golfer bei seinen Spielpartnern die unterschiedlichsten Abarten des Versuches, den Ball zu treffen. Das ist auch kein Wunder, denn in der Golflehre gibt es auch nicht »den einen wirklich richtigen« Schwung. Somit prägen Trainer ihre Schüler ganz unterschiedlich. Körperliche Voraussetzungen und das Einstiegsalter in den Golfsport leisten ihr Übriges.

Der eine steht stocksteif vor dem Ball und trifft diesen, sodass er schnurgerade fliegt. Der andere schlingt den Schläger elastisch nach dem Durchschwung um sich herum und verharrt selbstverliebt in der Schlusspose. Dadurch wird sein Schlag auch nicht besser. Der eine hat einen Rückschwung, bei dem die Hände gerade Hüfthöhe erreichen, aber der Ball fliegt trotzdem weit. Der andere führt den Schläger so weit zurück wie John Daly, sodass er den Schlägerkopf sehen kann.

Sein Ball fliegt auch nicht weiter. Der eine hat eine gute Balance, aber sein Ball trifft das Fairway nicht. Der andere fällt nach jedem Schlag nach vorne um. Man hat Angst um ihn, wenn er dicht an einem Teich steht. Sein Ball trifft trotzdem das Fairway.

Ein Golfer, vor allem der ältere, sollte nie seinen Ehrgeiz aufgeben. Irgendwann aber sollte er erkennen, dass Ästhetik im Golfen nicht die entscheidende Rolle spielt. Das müsste er doch beim morgendlichen Blick in den Spiegel gelernt haben.

41. GRUND

Weil man vor der Runde nie weiß, ob man sein Handicap spielt

Am Anfang jeden Jahres erhält der in Deutschland registrierte Golfer vom Deutschen Golf Verband einen Ausweis, auf dem sein aktuelles Handicap vermerkt ist. Das kann zwischen +5 und -54 schwanken. Wer ein Handicap von +5 aufweisen kann, gehört zur Spitzenklasse der deutschen Amateurgolfer. Mit dieser Vorgabe muss er jede Runde im Turnier im Schnitt mit fünf Schlägen unter Par bewältigen, um die gewünschten 36 Stableford-Punkte zu erreichen. Der wird öfter gefragt werden, wann er denn ins Profilager wechseln will. Der gemeine Golfer weist eine Stammvorgabe im Minusbereich vor. Wenn sein Handicap und die Spielvorgabe des Platzes identisch sind, darf er bei einer Stammvorgabe von -36 auf jedem Loch zwei Schläge über Par spielen, um sein Handicap zu bestätigen.

Dem Amateurspieler, egal ob Plus- oder Minushandicaper, geht es wie den Profis: Vor der Runde hat er nicht die geringste Ahnung, wie er spielen wird. Da kann er vor dem Turnier noch so sehr in sich hineinhorchen, der Golfgott wird ihm keinen Hinweis geben. Auch die vorbereitenden Schläge auf der Driving Range geben keinen Aufschluss. Denn wie oft schon hat er auf der Übungswiese die Bälle richtig gut getroffen, aber das Turnierergebnis war niederschmetternd. Wäre aber auch wirklich zu blöd, vor dem ersten Abschlag hellseherische Fähigkeiten zu besitzen. Hätte er vorher gewusst, dass er katastrophal spielen würde, wäre er im Bett geblieben. Hätte er die Gewissheit, dass er eine sensationelle Runde spielen würde, könnte er ja seine Scorekarte ausgefüllt vor dem Turnier abgeben.

Der erfahrene Golfer hat gelernt, diese Ungewissheit und die damit verbundene Vorstartaufregung zu genießen. Es kommt, wie es kommt. Was hat er nicht alles erlebt. Letztes Jahr ist er bei den Clubmeisterschaften am ersten Loch mit einer -17 gestartet und hat dennoch sein Handicap verbessert. Eine Woche später hatte er die ersehnten 36 Stableford-Punkte schon nach 15 Löchern gesammelt. Da konnte er sein Handicap doch nur verbessern. Müsste doch mit dem Teufel zugehen. Mit dem ging es dann auch zu. Nach den letzten drei Löchern war er froh, sein Handicap nicht verschlechtert zu haben.

Damit war mal wieder bewiesen, dass erfolgreiches Golfen zwar von einer guten Technik abhängt, aber im Wesentlichen von dem bedingt abhängt, was sich in der auf dem Hals sitzenden Kugel abspielt. Die ist viel größer als ein Golfball und bietet deswegen unendlichen Spielraum für Gedanken, die einem erfolgreichen Spiel nicht zuträglich sind.

Nicht nur vor einer Runde weiß der Golfer nicht, ob er sein Handicap spielt, auch am Anfang der Golfsaison treibt ihn dieser Gedanke um. Ist er dieses Jahr in der Lage, endlich einstellig zu werden? Kann er sein Handicap halten oder hat er seinen Zenit schon überschritten und muss froh sein, wenn im nächsten Jahr dieselbe Zahl auf seinem DGV-Ausweis steht?

Den allzu Ehrgeizigen sei nahe gelegt, nicht zu sehr auf die Stammvorgabe zu schielen. Wäre doch zu schade, wenn ein leidenschaftlicher Golfer durch seinen Frust dazu verführt wird, seinem Sport Adieu zu sagen.

42. GRUND

Weil es Tage gibt, an denen alles schiefgeht

Der morgendliche Blick aus dem Schlafzimmerfenster verheißt einen traumhaften Golftag. Der Himmel ist strahlend blau und nur ein laues Lüftchen streicht durch die Baumwipfel.

Beim noch etwas schlaftrunkenen Einstieg in die Duschwanne stößt man mit dem großen Zeh gegen die Kante. Das tut richtig weh. Aber macht nichts, wird schon nicht gebrochen sein. Der Rest der morgendlichen Toilette verläuft reibungslos. Bis auf die Rasur. Dabei hat man wohl doch die Klinge des Nassrasierers etwas hektisch angesetzt. Ein kleiner, aber heftig blutender Schmiss ist die Folge. Um zu hohe Verluste der kostbaren Körperflüssigkeit zu vermeiden, wird die Wunde mit einem Schnipsel Toilettenpapier abgedeckt.

Die zehn Kilometer zum Golfplatz werden ohne Zwischenfälle zurückgelegt. Golfbag und Trolley sind ausgepackt, jetzt müssen nur noch die Golfschuhe angezogen werden, dann kann's losgehen. Beim Zuschnüren reißt der Senkel. Na gut, der wird dann eben kunstvoll geknotet. Gestiefelt und gespornt wird noch ein kurzer Blick in den Himmel geworfen, an dem sich nur kleine Wölkchen zeigen. Also kann der Schirm im Auto bleiben.

Am ersten Abschlag warten schon Rainer und Benno. Nach kurzer Begrüßung fragt Benno, was denn die Maskerade mit dem Toilettenpapier auf sich habe. Peinlich berührt, wird der Schnipsel entfernt.

Für die Driving Range war keine Zeit mehr. Ein paar Probeschwünge müssen reichen. Rainers Ansage »Heute aber ohne Mulligan!« im Ohr, wird der erste Abschlag mit einem perfekten Slice ins Aus gedrived. Der zweite war wohl etwas hoch aufgeteet, denn er erreicht zwar eine faszinierende Höhe, aber nicht die Dame. Die Häme in den Gesichtern der beiden Mitspieler wird ignoriert, damit man sich voll auf den nächsten Schlag konzentrieren kann. Aber irgendwie ist ihm der Golfgott heute nicht gnädig, denn der

Ball wird getoppt und erreicht nach unendlich scheinender Rollphase das Wasserhindernis. Der Hinweis seiner Flightpartner, er solle weiter vorne einen Ball droppen, weil der nachfolgende Flight schon wartet, ist nicht gerade stimmungsfördernd.

Das Grün wird irgendwie erreicht, und die vier Putts sind am nächsten Abschlag auch schon verdrängt.

Der Driver muss zur Strafe im Bag bleiben. Um auf Nummer sicher zu gehen, wird das Holz 5 gezückt. Es macht zwar »ping«, als wenn der Ball gut getroffen worden wäre, der macht aber nur einen Satz von zwei Metern. Verwundert reibt er sich die Augen. Erst der trockene Hinweis von Benno bringt Aufklärung. »Dein Schlägerkopf ist weggeflogen. Der liegt da hinten irgendwo im Rough.« Ungläubig wird der Schaft ins Bag geschoben. Der Kopf bleibt auch nach längerer Suche unauffindbar.

Nach drei weiteren Bahnen beginnen erste dunkle Wolken aufzuziehen. 30 Minuten später beginnt es zu tröpfeln. Benno und Rainer spannen ihre Regenschirme auf. Man selbst war vielleicht doch etwas zu optimistisch. Der Schirm ist im Auto und der Regenanzug zu Hause. Außerdem fängt der große Zeh an, sich bemerkbar zu machen. Das leichte Tröpfeln geht in schweren Dauerregen über. Man wird nass. Richtig nass, denn auf den Grüns gibt es keine schützenden Bäume. Beim Schlagen erfüllen auch die Regenhandschuhe ihren angedachten Zweck nicht mehr, denn die Griffe sind einfach zu nass. Das Gefühl von wasserdurchtränkten Schuhen lässt die Lust zum Weitergolfen auf ein Minimum sinken. Da gibt's nur noch eine Rettung: »Jungs, ich brech ab.« Die Freunde wünschen einen guten Nachhauseweg.

Mürrisch, quer über die Bahnen zum Parkplatz trottend, wird ihm ein übersehenes Loch zum Verhängnis. Das linke Rad seines Trolleys bricht ab. Da hilft gar nichts. Trolley und Bag müssen geschultert werden. Nach zehn Minuten erreicht er völlig erschöpft sein Auto. Nichts wie nach Hause. Unterwegs klingelt sein Handy. Er nimmt den Anruf entgegen, um die Stimme seiner Frau zu vernehmen. Sie käme heute sehr viel später, weil sie eine Freundin getroffen habe. Er müsse selbst schauen, was noch im Kühlschrank sei. Dass der überholende Peterwagen ihn wenig später stoppt, damit die Polizisten ihm ein Bußgeld wegen Telefonierens am Steuer auferlegen können, traut man sich gar nicht zu erzählen.

Zu Hause angekommen, geht es als Erstes ins Badezimmer. Schnell die Sachen runter und dann geht es unter die Dusche. Ganz vorsichtig wird der rechte Fuß mit dem blutunterlaufenen großen Zeh in die Wanne gesetzt und das Wasser auf heiß gestellt. Welch ein wohliges Gefühl, aber das war wohl einer der Tage, an denen alles schiefgeht. Nun ist es aber auch genug. Das alte Sprichwort »Man soll den Tag nicht vor dem Abend loben« kommt ihm nicht in den Sinn.

43. GRUND

Weil es Wasserhindernisse gibt

Wasserhindernisse gibt es nicht nur beim Golfen, sondern auch in der Leichtathletik und beim Reiten. Während der Reiter sich beim Springsport über den Parcours oder im Vielseitigkeitsreiten durch die Landschaft tragen lässt, trabt der Läufer beim 3000-Meter-Hindernislauf auf den eigenen Füßen daher. Hinzu kommt, dass sich der Leichtathlet auf jeder Runde nasse Füße holt. Wenn das beim Reiter passiert, ist irgendetwas schiefgegangen. Beiden ist gemein, dass sie höchstpersönlich das Wasserhindernis überqueren müssen.

Das unterscheidet sie vom Golfer. Der kann immer trockenen Fußes das andere Ufer erreichen. Seitwärts angelegte Wege oder Brücken helfen ihm dabei. Er braucht nur seinen Ball mit dem ihm zur Verfügung stehenden Handwerkszeug über das Wasserhindernis auf die andere Seite zu transportieren. Die Schlichtheit dieser

Feststellung lässt nicht erahnen, welche Schwierigkeiten damit verbunden sind.

Früher hatte es der Golfer leichter. Es gab nicht so viele Wasserhindernisse. Bei der Gestaltung eines neuen Platzes wurden die vorhandenen natürlichen Teiche und Bäche integriert. Gab es diese nicht, wurde keinem Greenkeeper zugemutet, mit Hacke und Schaufel große Löcher zu buddeln, um die mit Wasser füllen zu können. Dann kam die Zeit der großen Bagger und hinterhältigen Golfplatzarchitekten. Ruck, zuck wurden seitdem bestehende Bäche verbreitert, Teiche vergrößert und künstliche Seen angelegt. Irgendwie musste doch ein guter Score zu verhindern sein.

Als hinterhältig sind diese Golfplatzgestalter deswegen zu bezeichnen, weil sie ihre Kenntnisse über die Golferpsyche schamlos ausnutzen. Eine der ersten Erfahrungen, die ein Golfer sammelt, ist die profane Tatsache, dass ein Ball, der im Wasser landet, schlagtechnisch nicht zu retten ist. Der ist unwiderruflich verloren. Das unterscheidet ihn von einem Ball, der im Rough landet. Wenn der Spieler ein Wasserhindernis sieht oder weiß, wo es auf der Bahn welche gibt, geht der Puls automatisch hoch. Er bekommt die gleichen Schwierigkeiten wie ein Biathlet, der vor dem Schießen nicht auf seinen Puls achtet. Die Selbstverständlichkeit des Schwungs ist dahin. Das hat Folgen.

Golfplätze halten für den gestressten Spieler drei Arten von Wasserhindernissen bereit.

Entweder sie kreuzen das Fairway in Form eines Baches. Wenn der Ball durch glückliche Umstände kurz vor dem Bach liegt, wird nicht lange gezaudert. Liegt er aber so weit vor dem Wasserhindernis, dass es nicht sicher ist, dass das gegenseitige Ufer erreicht wird, fängt der Kopf an zu arbeiten: Vorlegen oder nicht? Normalerweise reicht seine Länge locker, aber was ist schon normal, wenn man vor einem kreuzenden Bach steht? Man kann dem Spieler nur Glück wünschen.

Oder Teiche säumen die Bahn. Das sind ballfressende Monster, die dem Golfer auf geheimnisvolle Weise, ohne dass es die Mitspieler hören, zurufen: »Komm, bitte, bitte verzieh den Ball. Dann kann der sich zu den vielen anderen gesellen, die ich schon verschluckt habe.« Warum so viele Spieler den Teichen diesen Gefallen tun, wird ein ewiges Rätsel bleiben.

Die dritte Art ist bei Golfern kaum an »Beliebtheit« zu überbieten. Diese Form von Wasserhindernis verteidigt das Grün. Da hat er 17 Löcher richtig gut gespielt und dann kommt die letzte Bahn. 120 Meter weit zu schlagen, ist für ihn eigentlich eine Lachpille. Aber an diesem Loch soll er die 120 Meter möglichst genau schlagen, denn es handelt sich um ein Inselgrün. Da gilt es, den richtigen Schläger zu nehmen und den Ball weder nach rechts noch nach links zu verziehen. Nicht umsonst wird an diesem Loch traditionell der Wettbewerb »Nearest to the Pin« ausgetragen.

Um von seiner Wasserhindernisneurose ein wenig Abstand zu gewinnen, sei dem Golfer empfohlen, sich einen Zusammenschnitt von Dramen zu besorgen, die Profis erlebt haben. Ist doch als Amateur auch ganz ohne Häme beruhigend zu sehen, wenn Ernie Els erst mit dem vierten Ball das gegenüberliegende Ufer eines schräg verlaufenden Flusses erreicht. Oder wenn Martin Kaymer das Grün im Zentrum trifft, aber der Ball wegen des gewaltigen Backspins läuft und läuft, um das gesamte Grün und das Vorgrün zu überwinden. Der Ball nutzt die Chance, im Wasserhindernis zu landen. Es macht auch Freude, dabei zusehen zu dürfen, wie Bernhard Langer Schuhe und Socken auszieht. Dann krempelt er sich die Hosen hoch und begibt sich ins Wasser, um den zehn Zentimeter unter Oberfläche liegenden Ball zu spielen. Das gelingt ihm erst beim zweiten Schlag. Nur

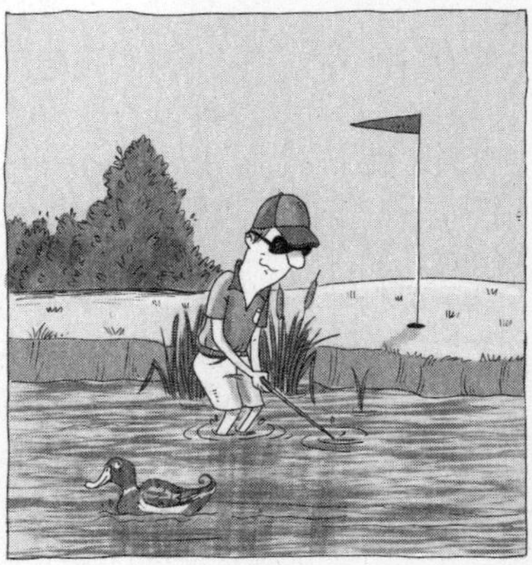

der schadenfrohe Zuschauer ärgert sich, dass an der Stelle gerade kein Schlamm liegt. Sollte ihm das bei seiner Wasserhindernisneurose nicht helfen, bietet sich eine Golfkreuzfahrt an. Nicht nur, dass man jeden Tag auf einem anderen traumhaften Platz spielen kann. Er darf auch stundenlang vom Oberdeck aus Golfbälle auf ein schwimmendes Grün schlagen. Das sollte doch heilsam gegen eine Wasserhindernisneurose sein, denn was sind schon Bäche und Teiche, wenn man in der Lage war, über den Ozean zu spielen.

44. GRUND

Weil Wind und Wetter das Spiel erst gerade spannend machen

Golf spielt man draußen. Da gibt es Wetter. Sehr unterschiedliches Wetter. Das hat der Golf-Gott so eingerichtet. Hat sich einfach so gedacht, dass das Spiel nicht schwer genug ist. Der gemeine Golfer dankt es ihm. Herausforderungen, denen man sich stellen darf. Wind, Regen, Kälte und/oder Schnee machen ihm zu schaffen, aber diesen Elementen begegnet er heldenhaft. Wenig hilfreich ist dabei der abgedroschene Spruch: »Es gibt kein schlechtes Wetter, es gibt nur die falsche Kleidung.«

Bei Regen wird der Golfer nass. Ist er das erste Mal richtig nass geworden, kann er sich nicht mehr gegen einen Besuch des Golf-Shops spreizen. Auch wenn er seiner Frau versprochen hat, dass die notwendigen Anschaffungen getätigt seien. Ein perfekter, aber nicht billiger Regenanzug wird gekauft. Ebenso ein Südwester, den er auf Empfehlung der Verkäuferin mitnimmt. Während der nächsten »Regenrunde« ist er zwar vom neuen Anzug und der Kopfbedeckung begeistert, muss aber feststellen, dass Hände und Schlägergriffe, nass wie sie sind, einem erfolgreichen Spiel abträglich sind. Also müssen Regenhandschuhe und eine Hülle fürs Bag her. Die bestellt er über das Internet. Vielleicht hat er ja Glück und seine Frau ist nicht zu Hause, wenn das Paket kommt.

Wenn es windig ist, und eigentlich ist es immer windig, benötigt der Golfer kein besonderes Equipment. Vor Herausforderungen wird er aber trotzdem gestellt. Daher gibt es auch viele Tipps, wie man bei Wind spielen soll. Wenn er die beherzigt, fliegt sein Ball bei Gegenwind flach und bei Rückenwind hoch. Dann wird er noch schön weit getragen. Am wenigsten hilfreich ist die Feststellung seines Golflehrers: »Ein sauber geschlagener Ball geht immer gerade durch den Wind.« Was soll er denn damit anfangen? Er mit seinem angeborenen Slice. Kommt der Wind von links, muss er als Rechtshänder eben 45 Grad vorhalten. Komisch, immer wenn er das macht, fliegt der Ball schnurgerade.

Bei Kälte muss sich der Golfer warm anziehen. Ist beim Schwung nicht förderlich. Dick eingemummelt träumt er manchmal vom Sommer. Wenn es geschneit hat, spielen nicht mehr so viele. Den Hardecore-Golfern helfen Winterhandschuhe und Winterstiefel, um sich über den Platz zu bewegen. Beim Bälle-Wiederfinden helfen sie nicht. Da bleibt nur die Hoffnung, dass man als Erster über die Runde geht. Kann man doch schön die Einschlaglöcher sehen und nach dem Ball graben.

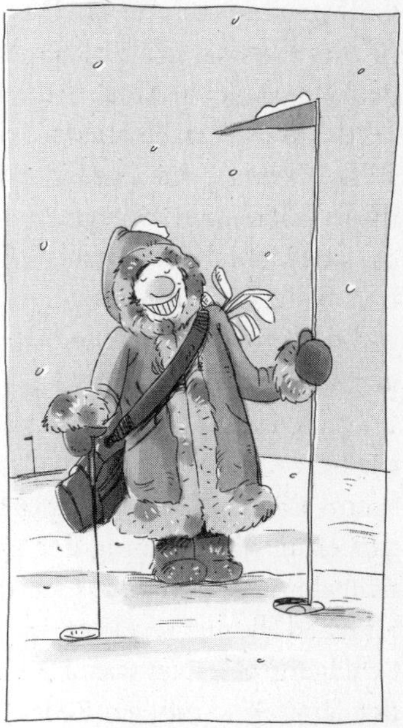

Hitze macht das Spiel nicht spannender. Es sei denn, man ist gespannt, ob Rainer dieses Jahr wieder die Sandalen und Kniesocken trägt.

45. GRUND

Weil man irgendwann das Grün trifft

Eine selbstverständlich klingende Wahrheit beim Golfen lautet: Man muss irgendwann das Grün treffen, um eine Bahn beenden zu können. Die einzige Ausnahme ist ein Zauberschlag. Der Ball landet in hohem Bogen direkt im Loch. Er berührt das Grün nicht, sondern senkt sich in die golfballbreite Lücke zwischen der Fahnenstange und der äußeren Lochkante. Meist hat der Golfer dann mit viel Dusel das Birdie oder sogar das Eagle gespielt. Das kommt aber so selten vor, dass der Glückliche dieses Ereignis in seinem Kalender vermerkt.

Der Alltag eines Golfers sieht anders aus. Ein Par 3 geht ja noch, denn sollte das Grün nicht mit dem ersten Schlag getroffen werden, kann er sich mit zwei Annäherungen noch passabel über die Bahn retten.

Bei einem 500 Meter langen Par 5 muss der Spieler mit einem mittleren oder schlechteren Handicap oft psychische Stärke zeigen. Die Gelegenheiten, auf der Bahn Schläge zu sammeln, sind vielfältig. Es gilt, Bunker und Wasserhindernisse zu vermeiden. Schläge ins Aus sind dem Score auch nicht zuträglich. Zu fett getroffene Bälle führen nicht zu dem gewünschten Distanzgewinn. Der Slice, von dem er schon dachte, dass er ihn aus seinem Schlagrepertoire verbannt hätte, ist plötzlich wieder da.

Nach viel zu vielen Schlägen hat er endlich Sicht auf das Grün. Jetzt fehlt nur noch eine gute Annäherung, um das Grün zu treffen. Wenn dann der Ball auch noch in der Nähe des Loches zu liegen käme, könnte er den Frust über die vielen Schläge zuvor verdrängen. Es ist ihm aber nicht vergönnt. Der Ball hat zwar eine gute Linie, ist aber viel zu lang. Er landet noch hinter dem Vorgrün im tiefen Gras. Der Versuch, den Ball wie ein Profi mit einem flach angestellten Sand Wedge auf das Grün zu transportieren, ist nicht von

Erfolg gekrönt. Zumindest aber hat er das Rough überwinden können. Mit dem Pitcher legt er den Ball fünf Meter neben die Fahne.

Irgendwann, aber das wusste er ja schon immer, trifft man das Grün. Er freut sich auf das nächste Loch. Das ist ein Par 3.

46. GRUND

Weil man eine Dame spielen kann

Ein Herr kann eine »Dame« spielen, aber eine Dame keinen »Herren«. Darüber hat sich noch niemand vom weiblichen Geschlecht beschwert. Das wäre mal eine Nachfrage bei der Gleichstellungsbeauftragten des Golfclubs wert. Das ist mindestens so ungerecht wie die Tatsache, dass Schachweltmeisterschaften nach Geschlechtern getrennt durchgeführt werden. Da müsste doch ein Aufschrei durch die feministische Fraktion gehen, hat man aber nie gehört. Vielleicht liegt das auch daran, dass man auch beim Schach eine Dame spielen kann.

Beim Golfspiel bleibt das Spielen einer »Dame« nicht ungeahndet. Auch wenn es in keiner Regel oder der Etikette festgeschrieben ist, gilt: Wer eine »Dame« spielt, muss dem Flight einen Drink spendieren. Der arme Herr also, der es nicht schafft, mit seinem Abschlag die roten »Damenmarkierungen« zu überqueren, muss neben der Schmach auch noch finanziell bluten.

Jeder Amateur hat schon mal eine »Dame« geschlagen, aber die Reaktionen darauf sind unterschiedlich. Man kann das mit Humor nehmen oder total verkrampfen. Das Letztere führt aber manchmal zu einer doppelten »Dame«, weil der zweite Ball wieder vor dem Damenabschlag zu liegen kommt.

Wie man damit umgeht, wenn ein Mann einen »Herren« schlägt, ist nirgendwo vermerkt. Einen »Herren« schlagen? Ja, das ist möglich! Als Michael seinen Ball zu hoch aufteet und ihn des-

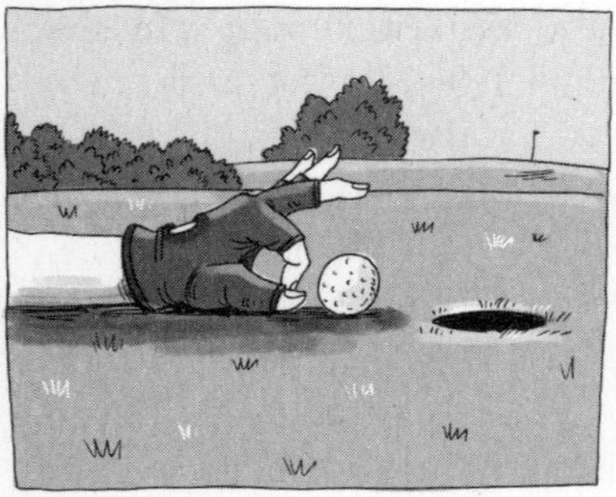

halb mit dem Schlägerkopf zu tief trifft, schlägt er einen wunderschönen »Lob«. Es ist aber kein Lob der normalen Sorte. Das wäre dann einer gewesen, der zwar sehr hoch fliegt, aber auch eine gewisse Distanz überwindet. Michaels Lob erhebt sich einige Zentimeter, um sich dann mit Rückwärtsdrall hinter den Herrenabschlag zu senken. Die Technik hatte er sich wohl bei Phil Mickelson entlehnt. Mickelson platzierte bei einem großen Turnier seinen Ball so dicht an der vorderen Bunkerkante, dass alle Zuschauer mit einem Strafschlag rechneten. Phil aber setzte sein Sand Wedge so geschickt an, dass er den Ball rückwärts über sich lobte, sodass er hinter dem Bunker liegen blieb. Das war einer der spektakulärsten Schläge der Golfgeschichte.

Der Amateur würde gerne mal zusehen, wenn ein Profi eine Dame schlägt. Tiger Woods könnte ja mal mit dem Abschlag einen Baum so treffen, dass der Ball zurückprallt und vor dem Damenabschlag liegen bleibt. Aber das wird wohl ein Traum bleiben. Dann muss man eben selbst für die »Damen« sorgen.

47. GRUND

Weil es viel schöner ist, einen Ball in schwieriger Lage zu spielen, als einen Strafschlag in Kauf zu nehmen

Wie langweilig muss Golfen für Spieler sein, die immer gerade abschlagen und deren Ball immer auf dem Fairway liegt. Denen fehlen doch ganz wichtige Erfahrungen, die können gar nicht ahnen, wie interessant dieser Sport sein kann. Da ist doch der Spieler froh, dessen Schläge mit fast absoluter Zuverlässigkeit im Rough, in einem Wäldchen oder in einem Hindernis landen. Das ist doch das Salz in der Suppe des Golfspiels.

Was den Golfer auch in Turnieren dazu treibt, den Ball aus nahezu aussichtslosen Lagen zu spielen, ist noch nicht ausreichend erforscht. Es mag daran liegen, dass viele Spieler bei Handicap -54 verharren. Die können rechnen. Die wissen ganz genau, wenn sie den Ball aus der verzwickten Lage aufnehmen, kostet das einen Strafschlag. Dann könnte man die für die 18 Löcher angestrebten 126 Schläge wahrscheinlich in den Wind schreiben. Aber auch Spieler mit einem einstelligen Handicap kommen immer wieder in diese Zwickmühle. Soll ich den Strafschlag nehmen oder nicht? Da rattert das Hirn, um die richtige Entscheidung zu treffen. Könnte doch irgendwie klappen. Der Ball liegt zwar in einer äußerst schwierigen Lage, aber ein richtiger Zauberschlag würde ihn auf das Fairway transportieren. Natürlich mit entsprechendem Distanzgewinn.

Eine Statistik, die auflistet, wie oft das misslingt, wäre bei der Entscheidungsfindung äußerst hilfreich, gibt es aber leider nicht. Damit muss der Spieler alleine zurechtkommen. Dem gut gemeinten Zuruf seiner Flightpartner »Du willst doch nicht etwa!?« traut er auch nicht. Sie sollen ihn doch zufrieden lassen mit ihren Belehrungen. Die wollen doch nur von seinem Strafschlag profitieren.

Lassen wir einmal die äußerst seltene Situation eines Traumschlags beiseite, widmen wir uns lieber dem Normalfall.

Bennos Ball hat das Fairway verfehlt. Der ganze Flight hört ein deutliches »Knick-Knack«, das aus dem Unterholz tönt. Der sachliche Kommentar eines Mitspielers, »Der ist drin«, ist nicht sehr hilfreich. Ist doch völlig überflüssig, hat er doch selbst gesehen, wie der Ball im 100 Meter entfernten Wäldchen gelandet ist. Einen provisorischen Ball spielt er nicht. Entweder ist der Ball abgelenkt worden und doch noch auf dem Fairway gelandet oder er liegt irgendwo irgendwie spielbar. Wäre ja noch schöner.

Es ist Herbst, das Wäldchen noch dicht belaubt. Nach dreiminütiger Suche wird der Ball dann doch noch gefunden. Leider ist er nicht auf dem Fairway gelandet. Stattdessen liegt er einen Meter tief im besagten Wäldchen. Tapfer, seine teure Golfkleidung nicht schonend, ergreift Benno seinen Pitcher und betritt das Gehölz. Die Angst vor Zecken ist ihm fremd. Hinter dem Ball stehend, kommen bei ihm leichte Unsicherheiten auf, ob er den Ball wirklich spielen soll. Der Ruf eines Mitspielers, »Benno mach keinen Mist. Zwei Schlägerlängen reichen doch!«, löst Trotz bei ihm aus. Jetzt erst recht! Ganz regelkonform, ohne Zweige abzuknicken, macht Benno seinen ersten Schlag. Der Pitcher trifft einen Strauch, aber nicht den Ball. Beim zweiten Mal wird der Ball getroffen, fliegt 40 Zentimeter, trifft einen Baum und verschwindet hinter Benno in den Tiefen des Wäldchens. Der wird zwar gefunden, aber weil es sich um ein Zählspiel handelt, kommt Benno langsam, aber viel zu spät zur Vernunft. »Ich nehm einen Strafschlag.« Zwei Schlägerlängen reichen nicht mehr. Missmutig stapft er, ganz regelkonform, auf der Linie »Ball – Fahne« 50 Meter zurück. Wo sein nächster Ball landet, kann sich jeder mitfühlende Golfer denken. Gibt ja genug Hindernisse auf dem Platz.

Aber irgendwie, denkt Benno, ist es doch viel spannender, etwas zu riskieren.

Ein Trost ist, dass es den ganz Großen des Golfsports nicht anders ergeht, wie der Ausspruch Lee Trevinos beweist:

»Ich verbringe so viel Zeit im Wald, dass ich schon sagen kann, welche Pflanzen essbar sind.«[6]

48. GRUND

Weil es den ersten Abschlag gibt

Der »erste Abschlag« ist ein zweideutiger Begriff. Alle Golfer erinnern sich an ihren allerersten Abschlag. Den haben sie in den meisten Fällen gemacht, wenn ein Freund sie überreden wollte, mit dem Golfen anzufangen. Dann haben sie auf der Driving Range gestanden und sollten das erste Mal in ihrem Leben mit einem für sie offensichtlich ungeeigneten Werkzeug die kleine weiße Kugel treffen. Schlugen sie ständig am Ball vorbei, bedurfte es seitens des »Verführers« hohe Überredungskunst, es weiter zu probieren. Wurde der Ball aber, durch Zufall oder nicht, bei einem der ersten Versuche so gut getroffen, so gut, dass er richtig weit flog, empfand der Golfnovize ein unbeschreibliches Glücksgefühl. Er war angefixt und würde sich auf jeden Fall zu einem Platzreifekurs anmelden.

Jeder Golfer hat einen ersten Abschlag, wenn er an Loch 1 bei einem Turnier startet. In der Privatrunde kann man ja noch einen Mulligan verabreden, aber wenn vorgabenwirksam gespielt wird, zählt dieser eine erste Schlag. Der entscheidet darüber, ob die Golfrunde gut oder schlecht startet.

Da macht sich schon ein wenig Handschweiß breit. Er hat schon so viele Runden gespielt und kann doch die Aufregung nicht ablegen. Der Golfer kann sich noch so intensiv ins Bewusstsein rufen, dass es ja nur um ein Spiel geht, er vermag nicht, seine Nervosität abzulegen. Im Hinterkopf hat er noch die letzte Trainerstunde, in der sein Pro ihm den Tipp gab: »Immer erst die kleine Kugel treffen, dann die große.« Wenn dann noch Zuschauer da sind, steigt die Aufregung. Er will doch nicht als Depp des Golfclubs dastehen! Jetzt hilft nur noch eine Form der Tiefenentspannung, die er vor Jahren in einem Kurs in der Volkshochschule kennengelernt hat. Das darf aber auch nicht übertrieben werden, denn sonst fehlt die notwendige Spannung. Bringt ja nichts, wenn er den Ball trotz seiner Aufregung trifft und der sich gerade mal zu einem 50 Meter langen Flug entscheidet.

Bei einer ganz normalen privaten Runde spürt er noch nicht mal den Ansatz einer solchen Aufregung beim ersten Abschlag. Zum Glück. Aber damit hat er auch keine Chancen, sich diese Nervosität abzutrainieren. Auch wenn er in seinem Leben schon Erfahrungen in etlichen Sportarten gesammelt hat, er kann sich nicht erinnern, dass er in irgendeiner Disziplin so unter Strom stand wie beim ersten Abschlag in einem Golfturnier.

Als er nach vielen Turnieren den Mut hat, seine Angst vor dem ersten Abschlag offen bei seinen Golffreunden anzusprechen, weiß angeblich nur Rainer nicht, wovon er spricht. Seine aufgesetzt coole Einlassung soll deutlich machen, dass er so etwas nicht kennt. Wer's glaubt … Toto und Benno geben offen zu, dass sie sich auch nach Jahren dieser Angst nicht entziehen können. Gute Tipps, wie man dem begegnen kann, haben sie leider nicht parat. Es hilft einem

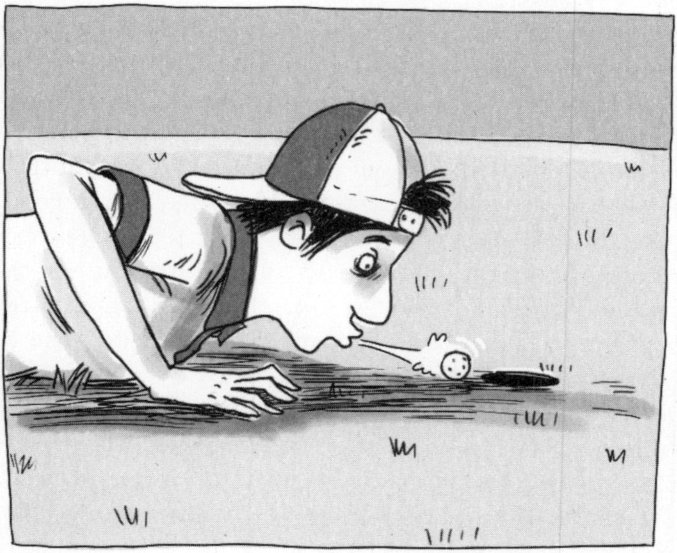

aber schon ein bisschen, wenn man weiß, dass es anderen Golfern auch so geht. Dann kann man den nach dem letzten Turnier gefassten Gedanken, einen Therapeuten aufzusuchen, erst einmal beiseite schieben.

Golfzeitungen, die sich seitenweise über immer neue Tipps zur Verbesserung der Technik auslassen, sollten öfter bedenken, dass sich das Golfspiel zu 80 Prozent zwischen den Ohren abspielt. Wo sind die psychologischen Hilfen für all die Golfer, die unter einem »Abschlagsyndrom« leiden?

Der platte Hinweis, positiv und nicht an den »worst case« zu denken, ist wenig hilfreich. Vielleicht, aber nur vielleicht, bringt es der Golfer am ersten Abschlag fertig, nur daran zu denken, was die Alternative wäre. Stünde er nicht am ersten Abschlag, würde er zu Hause den Rasen mähen, müsste stundenlange Spaziergänge machen oder er säße beim Zahnarzt auf dem Stuhl, um die lang aufgeschobene Wurzelbehandlung über sich ergehen zu lassen. Wenn ihm diese durch den Kopf gehenden Alternativen auch nicht helfen, muss er lernen, mit dieser irrationalen Aufregung zu leben. Jedenfalls hat er noch nie erlebt, dass ein Golfspieler ein Turnier erst am zweiten Loch begonnen hat. Eigentlich ist das erstaunlich, denn dann würde er sich den Abschlag auf der ersten Bahn sparen. Wahrscheinlich ist bis jetzt nur noch keiner auf diese geniale Idee gekommen.

KAPITEL SECHS

Das Spiel und die Psyche des Spielers

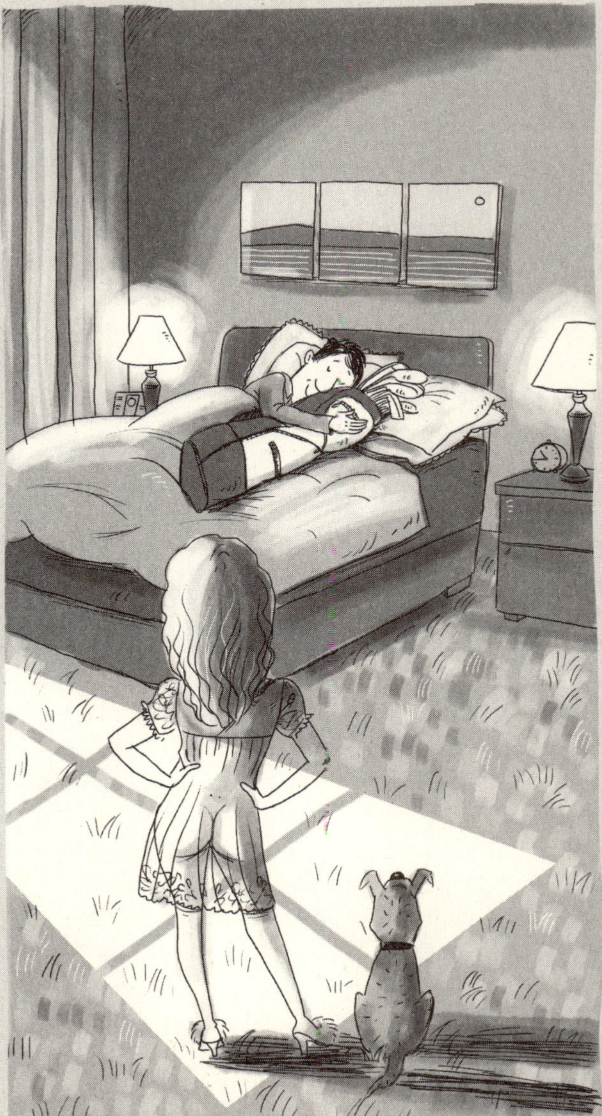

49. GRUND

Weil Golf der beste Sport der Welt ist

Natürlich ist jeder Sportler davon überzeugt, dass der von ihm betriebene Sport der beste ist. Wenn also behauptet wird, dass Golf der beste Sport der Welt ist, bedarf es schon schlagkräftiger Argumente. Am schwersten sind Nichtgolfer zu überzeugen, die stur bezweifeln, dass es sich überhaupt um eine Sportart handelt.

Die Verfechter von »no sports«, zu deren prominentesten Vertretern Winston Churchill gehörte, hinterfragen, warum man so viel Zeit opfern und so viel Disziplin aufbringen sollte. Überzeugten Sportlern fällt es nicht schwer, die entsprechenden Argumente zu formulieren. Dass dem zivilisierten Menschen in den meisten Berufen im Laufe der Jahrhunderte die notwendige körperliche Betätigung abhandengekommen ist, versteht sich von alleine. Sie treiben Sport, weil sie sich bewegen möchten, weil sie ihr Gewicht halten wollen, weil sie sich nach der Anstrengung wohlfühlen und weil es einfach Spaß bringt. Wen das nicht überzeugt, hat selber Schuld. Da würde es auch nicht helfen, die Argumente zu untermauern, indem man von ausgeschütteten Endorphinen spricht.

Wer einmal leidenschaftlicher Sportler war, wird es sein Leben lang bleiben. Die Sportarten werden vielleicht gewechselt, und es gibt auch mal Zeiten, in denen er »faul« ist, aber irgendwie kann er sich ein Leben ohne Sport nicht vorstellen. Wenn ein Golfer behauptet, dass seine Sportart die beste der Welt ist, dann muss er sich den anderen stellen. Da hat er die Auswahl von über 500 verschiedenen Sportarten.

Es wäre natürlich ein Leichtes, das Golfen gegen bestimmte Sportarten antreten zu lassen. American Football, Apnoetauchen, Armdrücken, Cheerleading, Einradfahren, Hammerwerfen, Klippenspringen, Rhönradturnen, Skeleton, Tauziehen und Zumba sind für den im Schnitt 55-jährigen Golfer keine ernsthafte Alternative.

Aber warum sollte man nicht Fußball, Tennis, Joggen, Tischtennis oder Badminton als beste Sportart bezeichnen? Dazu fällt dem Golfer so einiges ein.

Golf findet immer an der frischen Luft statt. Das ist nicht nur ein schöner Ausgleich zur stundenlangen Bürohockerei, sondern härtet auch ab. Golfer sind ausgesprochen selten erkältet.

Golf ist gut für den Kreislauf. Immerhin marschiert der Spieler strammen Schrittes im Durchschnitt acht Kilometer, wenn er 18 Löcher spielt.

Golf belastet die Gelenke nur unwesentlich. Das wissen vor allem Fußballer, Tennis- und Badmintonspieler zu schätzen. Viele Leidgeplagte dieser Sportarten haben Kniebeschwerden. Sie sind erstaunt, wie sich diese im Laufe ihrer Golferkarriere verflüchtigen. Das Gehen auf dem weichen Rasen tut ihren Gelenken einfach gut.

Golf lehrt den Spieler, dass nur er alleine für seine Leistung verantwortlich ist. Da ist kein Lamentieren darüber möglich, dass seine Mannschaft nicht gut drauf war. Es gibt auch keinen Gegner, der ihm in seiner Überlegenheit ein besseres Spiel nicht ermöglicht.

Golf bietet die Möglichkeit, in einem entspannten Rahmen viele verschiedene Menschen kennenzulernen.

Golf zwingt zur Ruhe und steigert die Konzentrationsfähigkeit.

Golf stellt den Spieler mitten in die Natur. Tiere und Pflanzen umgeben ihn in einer Nähe und Vielfalt, die er als Städter sonst nicht erlebt.

Golf ist ein Spiel, das nie perfekt sein kann, weil es nicht zu beherrschen ist. Der Platz und das Wetter und somit die Bedingungen sind jeden Tag anders. Jede Runde bietet neue Reize und es wird somit nie langweilig.

Golf ist ein Sport, den man sein Leben lang betreiben kann. Auch Hundertjährige haben schon ein Hole-in-one gespielt.

Wen diese Argumente nicht überzeugt haben, der sollte einfach mal zum »Schnuppergolf« gehen, um sich vorurteilsfrei auszuprobieren. Aber Vorsicht! Die Wahrscheinlichkeit ist groß, dass auch er zu der Einsicht kommt: Golf ist der beste Sport der Welt.

50. GRUND

Weil Golf und Musik so viel gemein haben

Der Rhythmus des Golfschwungs und der Ablauf des Spiels haben viel mit Musik gemein. Ob Klassik, Jazz, Rock, Rap, Blues oder Pop, alle Stilrichtungen spiegeln sich im Golfspiel wider. Oft hat das Spiel auch etwas von atonaler Musik. Wer nicht weiß, was damit gemeint ist, sollte im Lexikon einmal unter »Schönberg« nachlesen.

Eine der bekanntesten Formen von klassischer Musik ist die Oper. Einige wenige lieben die Oper und lassen es sich viel kosten, hoch subventionierte Spielhäuser zu besuchen. Der Rest kann oder will keinen Zugang finden. Vielleicht wäre das bei Golfern anders, wenn ihnen bewusst wäre, wie viel ihr Sport und Oper gemein haben. Der Abschlag ist mit der Ouvertüre zu vergleichen. In mehreren Akten finden dann Dramen statt. Die Arien, die gesungen werden, ähneln den Schlägen, denn sie sind manchmal dramatisch und manchmal lustvoll. Das Ende, und das gibt es unwiderruflich immer, ist beim Golfen etwas variabler. Entweder findet es am 18. oder 19. Loch statt. Dabei kommt dem Golfer der Gedanke, ob man nicht das Kulturgut Golf auch subventionieren könnte.

Manchmal wird auf der Golfrunde der Blues gespielt. Der bietet sich in seiner Traurigkeit an, wenn der Ball immer im Rough landet.

Rock 'n' Roll kommt dem Spieler in den Sinn, wenn er mal wieder vor der Wahl steht: Alles oder nichts?! Wenn der Schlag misslingt, denkt er eher an Pink Floyds *Another Brick In The Wall.*

Wenn der Ball eines Golfers von einem Baum abprallt und mitten auf dem Fairway liegen bleibt, fühlen sich seine Mitspieler, wenn sie alt genug sind, an ein Lied von Katja Ebstein aus dem Jahr 1970 erinnert: *Wunder gibt es immer wieder*.

Man muss nicht musikalisch sein, aber um Golf spielen zu können, muss man Musik in sich spüren, denn die hat viel mit dem Spiel gemein.

51. GRUND

Weil man lernt zu warten

Wenn man einen Freund überreden möchte, mit dem Golfsport zu beginnen, sollte man eine erschreckende Wahrheit verheimlichen: Dieser Sport besteht zu 50 Prozent aus Warten.

Ganz zu Beginn einer Golferkarriere muss man warten, bis man seine Platzreife hat, denn erst dann darf man alleine auf die Runde gehen. Will man bei traumhaftem Golfwetter an den ersten Abschlag gehen, stehen schon einige Flights vor einem, die mit ihrem Spiel beginnen wollen. Da muss man einfach warten. Die Wartezeit wird im Small Talk mit mehr oder weniger tiefschürfenden Gesprächen überbrückt. Nach dem Abschlag muss man warten, weil Michael nicht weiß, ob er seinen Ball wiederfindet. Er spielt provisorisch einen zweiten. Auf dem ersten Grün muss er gefühlte fünf Minuten warten, weil Olaf zu der Fraktion der Ballbeschwörer gehört. Er muss die Linie mit einer Akkuratesse lesen, die man gemeinhin von einem Mikrochirurgen erwartet.

Die nächste Bahn ist ein Par-3-Loch. Da weiß man, dass Staus üblich sind. Die am Abschlag wartenden vier Flights überraschen dann doch. Man muss warten, lange, bevor das Grün frei ist. So ziehen sich 18 Löcher ganz schön hin, obwohl man nur 80 Schläge benötigt hat. Wenn man Glück hat oder das Handicap gut genug ist, startet man im Turnier im ersten Flight. Keine Spieler vor einem, hinter denen man warten muss.

Man muss aber auch den Nachteil in Kauf nehmen, dass man bei zügigem Spiel die Runde nach drei Stunden beendet hat. Dann heißt es warten, warten und nochmals warten, bis der letzte Flight angekommen und die Scorekarten ausgewertet worden sind. Diese Zeit kann man nur mit ein paar Drinks und einer köstlichen Lasagne überbrücken, denn alle Schläge aller Spieler sind nach drei Stunden ausdiskutiert.

Man muss aber nicht nur auf dem Platz warten. Auch auf das so heiß ersehnte neue Handicap, das einen in die Nähe der Einstelligkeit bringt soll, muss man manchmal lange warten. Dieses Warten zieht sich manchmal über Monate oder Jahre oder findet sein Ende in der nüchternen Erkenntnis des offensichtlich begrenzten eigenen Talents.

Warten muss man manchmal auch auf seine Bestellung in der Golfgastronomie, wenn die Zahl der Gäste das Personal schlichtweg überfordert. Aber kurz vor dem Verdursten ist das Weizenbier noch immer gebracht worden.

Auch wenn der beste Freund manchmal penetrant anglophil und nicht zum Golfspiel zu bewegen ist, muss man ihm doch zugestehen, dass die Wiege dieses Sports im englischsprachigen Raum zu finden ist. Die Briten haben also nicht nur die Leidenschaft zu diesem Sport mit der Muttermilch aufgesogen, sondern auch die Fähigkeit zum Warten.

Kein Wunder, dass sie sich so diszipliniert in den Schlangen an den Wartestellen ihrer berühmten Doppeldeckerbusse verhalten.

52. GRUND

Weil aus Golfern Philosophen werden

Jeder gute Golftrainer kümmert sich nicht nur um die Verbesserung der Technik seines Schülers, sondern versucht, ihn auch psychisch zu stärken und ihm seine Philosophie des Golfspiels zu vermitteln. Im Laufe der Jahre wird der Schüler seine eigene Philosophie des Golfspiels entwickeln, aber, und davon ist hier die Rede, die Erfahrungen beim Spiel auf dem grünen Rasen führen ihn zu Gedanken, die gemeinhin als philosophisch bezeichnet werden.

Wenn leidenschaftliche Golfer sich über ihren Sport äußern, trifft man auf Zitate wie diese:

> *»Golf besteht zu 20 Prozent aus Schwung und Technik. Der Rest setzt sich zusammen aus Philosophie, Humor, Tragödie, Romantik, Melodram, Gesellschaft, Kameradschaft, Eigensinnigkeit und Geschwätz.«* GRANTLAND RICE

> *»Golf verwandelt aufrichtige Menschen in Lügner, macht Altruisten zu Betrügern, tapfere Leute zu Angsthasen und überhaupt jeden zum Idioten.«* MILTON GROSS

> *»Golf ist wie eine Liebesaffäre: Nimmt man es nicht ernst, macht es keinen Spaß; nimmt man es aber ernst, bricht es einem das Herz.«* ARNOLD DALY

> *»Golf ist ein Spiel fortwährender Notlagen.«* CHI-CHI RODRIGUEZ[7]

Wenn der gemeine Golfer diese Zitate liest, fällt ihm auf, dass diese durchweg nicht positiv in ihrer Aussage sind. Das versetzt ihn doch einigermaßen in Erstaunen, denn er hält sich nicht für einen Masochisten, der das Leiden sucht, wenn er eine Runde Golf spielt. Darüber sollte man mal nachdenken. Vielleicht bietet das Golfspiel durchaus Anlässe, die Welt und die eigene Existenz zu deuten.

So oft in der freien Natur, so viele verschiedene Menschen mit ihren unterschiedlichen Gesinnungen, die man kennenlernt, und so viele Gelegenheiten, mit Höhe- und Tiefpunkten zurechtkommen zu müssen, gibt vielfältige Anlässe, über das Spiel hinaus nachzudenken.

Da kommt der Hobby-Philosoph doch tatsächlich auf die Idee, die gerade gespielte Bahn mit dem eigenen Leben zu vergleichen. Wie selbstverständlich wird der Abschlag zur Geburt und das Erreichen des Loches zum Lebensende. Was sich dazwischen abspielt, ist wie im Leben. Mal landet der Ball auf dem Fairway, mal im Rough. Lang geschlagene schöne Bälle wechseln sich mit kurzen Hackern ab. Die Fehler, die man macht, sind häufiger als die genialen Schläge. Manchmal landet der Ball im Wald, ohne dass man weiß, was man verkehrt gemacht hat. Manchmal aber prallt er von einem Baum ab und man weiß gar nicht, womit man so viel Glück verdient hat.

53. GRUND

Weil die Nachverarbeitung einer Runde wichtig ist

Wenn ein Mensch etwas besonders Schönes, Schreckliches oder Aufregendes erlebt hat, muss er das verarbeiten. Dafür gibt es grundsätzlich zwei Möglichkeiten. Entweder versucht man, das Erlebte mit sich selbst auszumachen, oder man teilt sich anderen Menschen mit, um von ihnen Hilfe bei der Verarbeitung zu erhalten oder das Erlebte im Gespräch teilen zu können.

Obwohl Golfer auch nur Menschen sind, scheint die erste Möglichkeit unter ihnen nicht sehr verbreitet zu sein, denn das Mitteilungsbedürfnis eines Golfers nach der Runde ist enorm. Einer der Gründe dafür dürfte sein, dass jeder Golfer nach jeder Runde eigentlich einen Gesprächspsychotherapeuten bräuchte, den er sich aber aus verständlichen pekuniären Gründen nicht leisten will.

Dann müssen eben die Mitspieler oder andere, zufällig mit am Tisch Sitzende nach der Runde herhalten. Die haben nicht etwa die Funktion eines Gesprächspartners, sondern sind die Adressaten oft unendlicher Monologe. Mag der erzählende Golfer im wirklichen Leben durchaus manchmal unter Vergesslichkeit leiden, bei der Nachverarbeitung der Runde zeigt sich sein phänomenales Gedächtnis für jeden einzelnen Schlag.

So müssen sich die zum Zuhören Verdonnerten das anhören, was man als konditionales Golf bezeichnen könnte. »Hätte ich an Bahn 1 den Drive nicht verzogen, wäre der Ball nicht im Bunker gelandet und das Par wäre sicher gewesen.« – »Wenn der Ball auf dem zweiten Grün das Break so angenommen hätte, wie ich es berechnet hatte, wäre sogar ein **Birdie** möglich gewesen. So wurde es nur ein mieses **Bogey**.« – »Auf der dritten Bahn hätte ich beinahe einen sensationellen Schlag hoch über das Wäldchen gehabt, wenn der eine blöde Ast nicht gewesen wäre.« So memoriert der Golfer alle 18 Bahnen durch, und die nicht sehr geneigten Zuhörer fragen sich erstens, womit sie das verdient haben, und zweitens, warum der den Monolog haltende Spieler immer noch Handicap -54 hat.

Solch rücksichtsloser Golfer, der das Desinteresse und die offensichtliche Langeweile seiner Zuhörer geflissentlich ignoriert, weil es ja nur um die eigene Entlastung geht, wird manchmal bestraft. Weil er sein eigenes Spiel so wichtig nimmt und nicht loslassen kann, ereilt ihn das Schicksal im Traum. Das ist zwar auch eine klassische Form der Nachverarbeitung, aber eine, die er sich nicht gewünscht hat. Sich im Schlaf wälzend, sieht er, wie der genial gesetzte Putt immer und immer wieder am Loch vorbei ins Wasserhindernis rollt. Wenn die Frau des Träumers Glück hat, geschieht dies in einer Phase seines Tiefschlafs. Somit ist am nächsten Tag jegliche

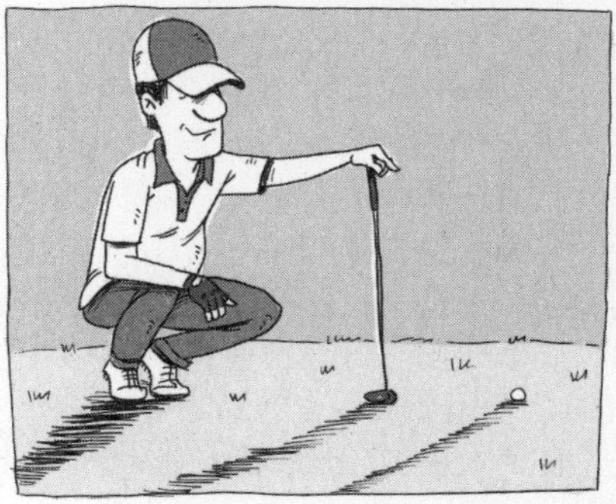

Erinnerung gelöscht. Es bliebe nur das Unbehagen, etwas Unangenehmes erlebt zu haben. Ansonsten müsste sich die arme Gattin die Geschichte seines Golftraumas anhören. Wenn sie das nicht ertragen kann, holt sie sich ein Buch aus alten Studienjahren: Freuds *Traumdeutungen*. Da kann sich der Gatte mal anhören, was es bedeutet, wenn ein Ball immer und immer wieder am Loch vorbei ins Wasserhindernis rollt. Vielleicht stellt er dann fest, dass er eigentlich ganz andere Probleme hat.

BIRDIE: Ein Schlag unter Par.
BOGEY: Ein Schlag über Par.

54. GRUND

Weil man denkt, dass man Vorsprung durch Technik erreichen kann

Der normale Anfänger-Golfer ist ein beliebtes Objekt der Begierde – jedenfalls bei den Verkäufern eines Golf-Shops. Der Anfänger, der vom geeigneten Material ungefähr so viel Ahnung hat wie der Steinzeitmensch vom Smartphone, kann so richtig schön mit Fachbegriffen zugetextet werden. Schnell schwirrt dem willigen Käufer der Kopf von lauter Fachbegriffen wie Loft, **Lie** oder Low-Torque.

Der eindringliche Hinweis des Verkäufers ist, dass natürlich gerade der Anfänger das beste Material braucht. Die Könner spielen auch mit den ältesten Schlägern gut. Deswegen dauert es meistens auch nicht lange, bis der Anfänger den Laden überglücklich mit einem prall gefüllten Golf-Bag verlässt.

Nicht viel länger braucht es, um auf der nächsten Golfrunde festzustellen, dass sich das teuer erstandene Material nicht von alleine spielt. Manchmal fragen ehrliche Mitspieler nach, was man denn als Anfänger mit einem Driver wolle.

So sehen meist die ersten Erfahrungen im Spannungsfeld zwischen Begehrlichkeiten und Fehlentscheidungen aus.

Der gemeine Golfer kann ganz beruhigt sein: Das wird sich in seinem Golferleben nicht mehr ändern.

Der Markt für Golfartikel ist einer der am heftigsten umworbenen unter den Sportarten. Dabei spielt das bei der Zielgruppe häufig ausreichend zur Verfügung stehende Geld nicht die entscheidende Rolle.

Jedes Jahr kommen neue Produktlinien auf den Markt. Die Werbebotschaften versprechen »länger«, »Fehler verzeihender« und »mit besserer Rückmeldung«. Die Produzenten wissen um die Verführbarkeit des Golfers.

Der Handballer freut sich, wenn der Verein neue Bälle kauft. Seine Freude ist aber nicht mit der Hoffnung verbunden, mit denen besser spielen zu können.

Der Golfer aber, egal wie begabt, lässt nie die Hoffnung sinken, dass die eigene Fähigkeit von neuem Material gehörig aufgepeppt werden könnte. Er muss gar nicht Stunden auf der Driving Range verbringen. Neue Schläger reichen.

Nein, neue Schläger reichen natürlich nicht. Stehen doch auch unendlich viele verschiedene Ballsorten zur Verfügung. Da gilt es schon, genau hinzusehen. Will man einen Ball, der mehr Länge oder mehr Gefühl verspricht? Auch die Zahl und Gestaltung der Dimple will bedacht werden. In der Hoffnung, dass Versprechungen gehalten werden, gibt der ambitionierte Golfer gerne für einen Ball statt 50 Cent 5 Euro aus.

Damit sind die Möglichkeiten, durch Technik Vorsprung zu erreichen, nicht erschöpft. Zu Beginn hat man ein Trage-Bag, das, über den Rücken geschultert, tapfer über 18 Bahnen, also die ganzen acht Kilometer, getragen werden muss. Mit den Jahren wächst der Verdacht, dass ein Golf-Trolley, auf dem das Bag schiebend transportiert werden könnte, der sportlichen Leistung nicht abträglich wäre. Die Begehrlichkeiten lassen aber nicht in dem Maße nach wie die eigene körperliche Leistungsfähigkeit. Im Gegenteil: Er sieht die locker übers Gelände streifenden Mitspieler, die ihr Golf-Bag mit einem motorisierten Golf-Trolley transportieren. Da ist sie wieder: die Möglichkeit, mit Technik den nötigen Vorsprung zu erreichen. Zumal die Fernbedienung besonders das männliche Golferherz höher schlagen lässt.

Und schön ist es zu wissen, dass damit das Ende der Fahnenstange noch nicht erreicht ist: Stehen hinter dem Clubhaus nicht diese wunderbaren Golfcarts?

LIE: Der »Lie« beschreibt den Winkel des Schlägerblattes zum Schaft.

55. GRUND

Weil Golf einen zur Ruhe zwingt

Wenn man meditiert, tut man das auch, um sich selbst zur Ruhe zu zwingen. Wenn man Golf spielt, wird man zur Ruhe gezwungen. Wenn auch von einem großen deutschen Philosophen, Georg Wilhelm Friedrich Hegel, nicht bekannt ist, ob er jemals einen Golfschläger in der Hand hatte, trifft ein Zitat von ihm einen Kern des Golfsports:

»Die Ungeduld verlangt das Unmögliche, nämlich die Erreichung des Ziels ohne Mittel.«[8]

Natürlich ist es verständlich und auch nicht zu seinem Nachteil, wenn der Golfer bei einem Turnier ungeduldig auf seinen ersten Abschlag wartet, denn das ist nur ein Zeichen für die erwiesenermaßen leistungsfördernde Vorstartaufregung. Wenn es dann aber so weit ist und er mit dem Schläger an den Ball herantritt, sollte Geduld eine Selbstverständlichkeit sein. Glücklich sind die Golfer, die sich nicht zur Geduld zwingen müssen, sondern dieses Gefühl verinnerlicht haben.

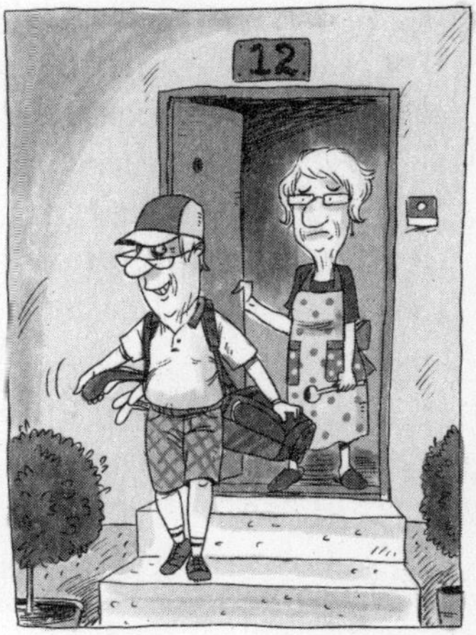

Der erfahrene, kluge Golfer hat einfach gelernt, dass jegliche Ungeduld nur einem schadet, nämlich ihm selbst. Hat er wegen seines Naturells nicht gelernt, die Geduld als etwas Wohltuendes anzunehmen, brodelt es ständig in ihm. Irgendwann bricht es aus ihm heraus. Dann wird der Mitspieler kritisiert oder der Vorflight in nicht angemessener Lautstärke aufgefordert, schneller zu spielen. Die natürliche Konsequenz für den aufgewühlten Golfer ist ein stark erhöhter Blutdruck, und der hatte noch nie ein besseres Spiel zur Folge. Zu Hause, über sein Verhalten nachdenkend, kommt er vielleicht zu der Erkenntnis, dass es nur zu seinem Vorteil ist, wenn er sich vom Golfen zur Ruhe zwingen lässt.

Erfolgreich golfen kann man nur, wenn der Kopf frei ist. Sobald sich irgendwelche Alltagssorgen im Hirn des Spielers einnisten, wird er nicht mehr in der Lage sein, vernünftiges Golf zu spielen.

Der Bereichsleiter eines Telekommunikationsunternehmens hat sich bei wunderschönem Wetter eine Auszeit genommen, muss aber sein Handy mit auf die Runde nehmen, weil er vielleicht noch zu einem Meeting gerufen wird.

Der Oberstudienrat hat sich am Vormittag dermaßen über eine Anweisung seines Schulleiters geärgert, dass es immer noch in ihm brodelt.

Der Rentner hat zwar keine beruflich bedingten Sorgen, aber als er sich zu Hause verabschiedete, um zum Golfplatz zu fahren, ermahnte ihn seine Gattin zum wiederholten Mal, endlich den Rasen zu mähen. Das schlechte Gewissen nagt an ihm.

Wenn man gegen diese drei zum sportlichen Wettkampf anträte, hätte man ausgezeichnete Chancen, zu gewinnen. Deren Köpfe sind nicht frei. Das kann nicht gut gehen.

Aber die drei gehören zu den Golfern, die sich intelligenterweise vom Golfspiel zur Ruhe zwingen lassen. Schon nach der ersten Bahn lassen sie sich von dem Spiel gefangen nehmen. Die volle Konzentration auf den Schlag, die Bewegung auf dem Platz, das Genießen des schönen Wetters und das lockere Gespräch mit den Flightpartnern führen zu einer Art von Tiefenentspannung. Es wäre ja auch zu schade, die Runde nicht genießen zu können.

56. GRUND

Weil es das Angstloch gibt

»Ich habe gegolft – welch herrliche Erinnerung. Ich werde golfen – Vorfreude ohnegleichen. Ich golfe – die Hölle auf Erden.«[9]

Dieses Zitat von Bernhard von Limburger kann jeder Golfer unterschreiben, der am Abschlag seines Angstloches steht. Natürlich ist ihm bewusst, dass Gelingen oder Misslingen in erster Linie davon abhängen, was sich zwischen seinen beiden Ohren abspielt.

Wenn er aber vor seinem Angstloch steht, hat das, was ihm an Gedanken durch den Kopf schwirrt, nichts mit Rationalität zu tun. Er kann es nicht steuern.

Wenn Golfbahnen Gefühle hätten, wären sie stolz, dass sie es geschafft haben, zum Angstloch zu werden. Wir können auch keine Hinterhältigkeit unterstellen, da die Bahn selbst nicht weiß, warum sie so erfolgreich ist, wenn es darum geht, dem Golfer Angst einzuflößen.

Der Spieler hingegen weiß ganz genau, warum die Bahn bei ihm eine so unrühmliche Karriere gemacht hat. Denn wenn er sein Erinnerungsvermögen auf null schalten könnte, gäbe es kein Loch, vor dem er sich fürchten müsste.

Schauen wir uns den üblichen Karriereweg eines ganz normalen Loches zum Angstloch an einem konkreten Beispiel an.

Ruth hat sich entschieden, Bahn 8 zu ihrem Angstloch zu küren. Bei ihren ersten Golfrunden fand sie die Länge des Par-4-Loches nicht gerade Erfolg versprechend. 420 Meter galt es mit möglichst wenig Schlägen zu überwinden. Eine echte Herausforderung, die aber meist bis zum letzten Drittel der Bahn einigermaßen bewältigt wurde. Dann kam der Wassergraben. An seiner breitesten Stelle misst er gerade mal zehn Meter. Bei ihrer Erstbegegnung lag Ruth 20 Meter vor dem Graben. Ohne nachzudenken, schlug sie den Ball locker auf die andere Seite. Auf den folgenden Runden wurde diese Bahn ohne Ausnahme zum Desaster. Das Wasserhindernis erwies sich als nicht überwindbar. Selbst wenn der erste Versuch im Wasser landete und sie mit einem Strafschlag so dicht wie möglich vor dem Graben droppte, war sie nicht in der Lage, den Wassergraben zu überwinden. Auf den »normalen« Bahnen ihren Ball über 100 Meter zu transportieren, war für sie eine Lachpille. An diesem Hindernis war es ihr unmöglich, 20 Meter weit zu schlagen. Der Graben hatte sich zum ballfressenden Monster entwickelt. Das Angstloch war geboren.

So ein Angstloch führt zu irrationalen Entscheidungen. Einmal wurde sie dabei erwischt, wie sie nach dem dritten versenkten Ball einen gefundenen Range Ball aus der Tasche zog. Vor diesem schwerwiegenden Regelverstoß konnte sie nur mit einem lauten »Ruth, du wirst doch nicht …!« gerettet werden. Diese Bahn spielte sie nicht zu Ende. Inzwischen hat sie sich abgewöhnt, an Zählspielen teilzunehmen. Wenn es nur ums Handicap geht, wandert sie nicht spielend mit ihrem Flight über Bahn acht. Punkte kann sie da sowieso nicht holen.

Wenn Angstbahnen solche Auswirkungen haben, kann der Golfer nur auf einen Trainer setzen, der ein abgeschlossenes Psychologiestudium vorweisen kann.

57. GRUND

Weil beim letzten Putt nicht 100.000 Euro auf dem Spiel stehen

Was in einem Spieler vorgeht, wenn sein letzter Putt darüber entscheidet, ob er 100.000 Euro mehr oder weniger verdient, kann ein Amateur nur erahnen.

Seine Vermutungen gehen von »Geht dem doch am Arsch vorbei, hat doch genug Kohle« bis zu echtem Mitgefühl »Der will gewinnen, einfach nur gewinnen, wie ich. Was muss der jetzt für ein Zitter-Händchen haben«.

Der Amateur kommt sich ohnehin ganz klein vor, weil im Fernsehen nur die sensationellen Putts gezeigt werden. Putts, die aus 15 Metern Entfernung wie von der Zauberschnur gezogen das Loch erreichen. Die aus 30 Zentimetern Entfernung vorbeigeschobenen Putts werden höchstens in Zusammenfassungen gesendet, die der Belustigung der Zuschauer dienen sollen, denn alles Menschliche interessiert den Menschen.

Der Amateur möchte gerne mit dem Profi tauschen, wenn er daran denkt, wie hoch die Preisgelder sind. Wenn er sich aber ins Bewusstsein ruft, wie groß der Druck für die Spitzensportler sein muss, ist er froh, sein Geld auf andere Art zu verdienen. Aber wenn der gemeine Golfer ein Turnier spielt, vergisst er schnell, dass es nicht um Geld geht.

Bei seinem letzten Putt stehen nicht 100.000 Euro auf dem Spiel, aber das beruhigt ihn nur oberflächlich. Es könnte doch sein, dass er den heute ausgespielten Drink noch verliert. Es könnte doch sein, dass

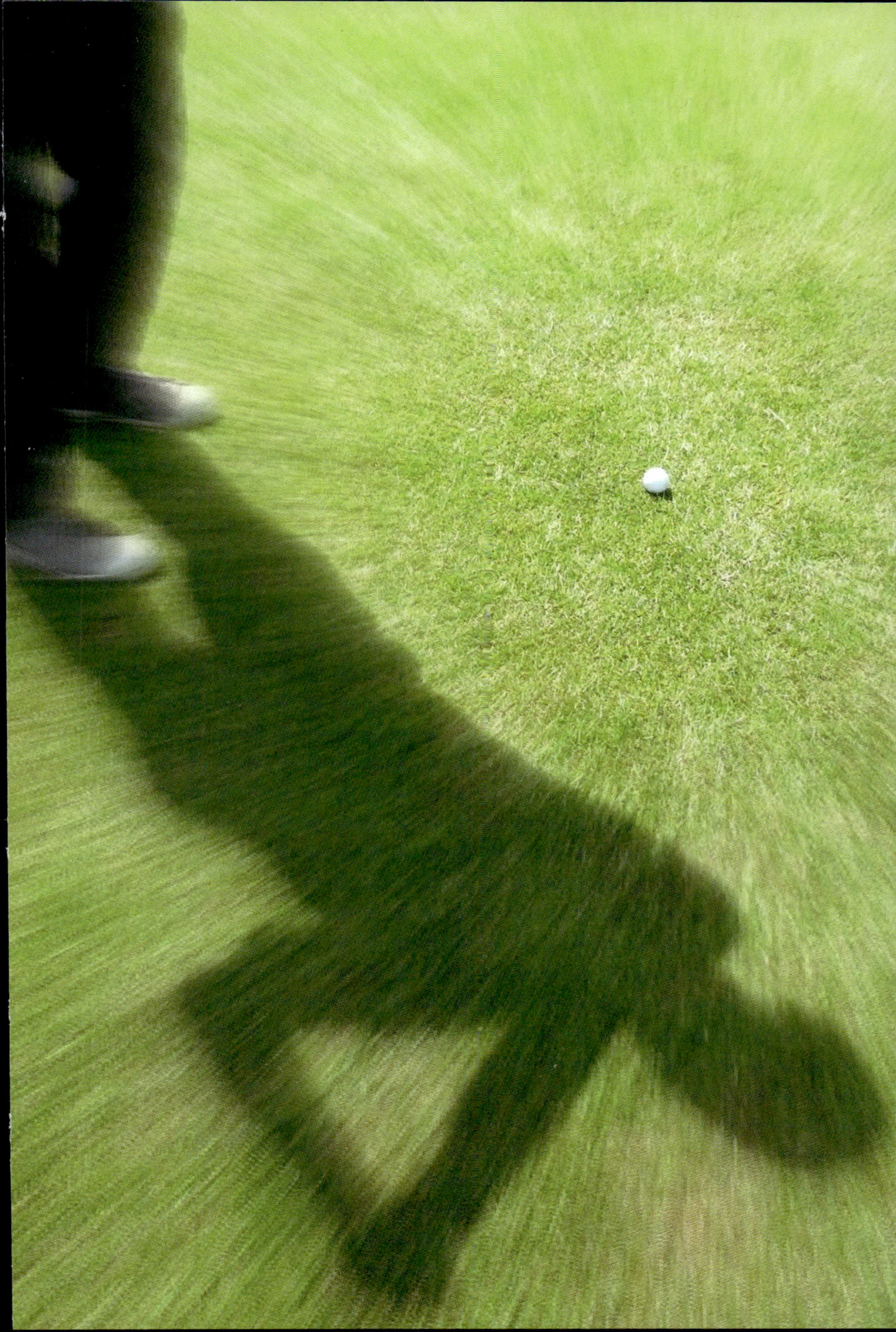

Die Sonne malt

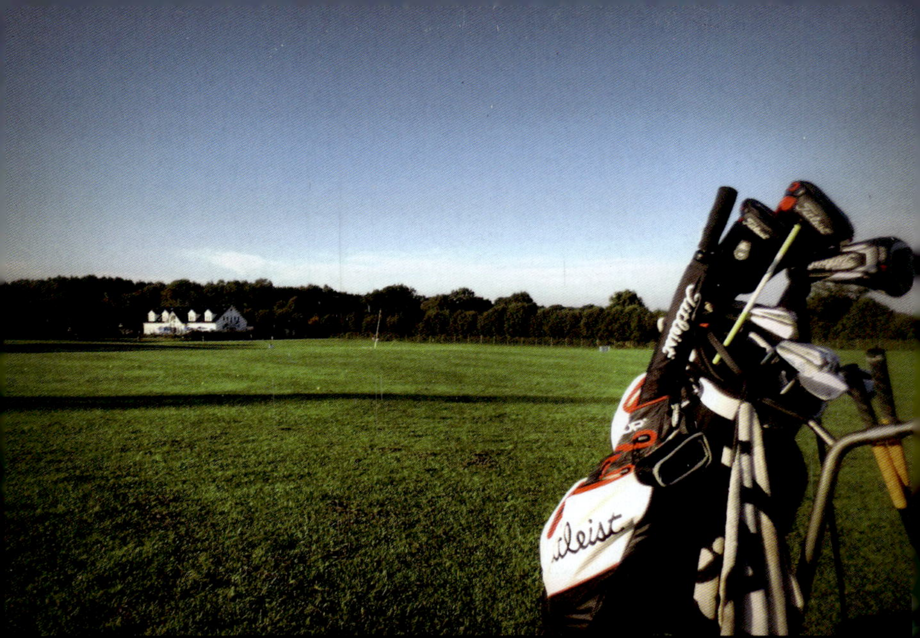

Vierzehn Schläger sind erlaubt

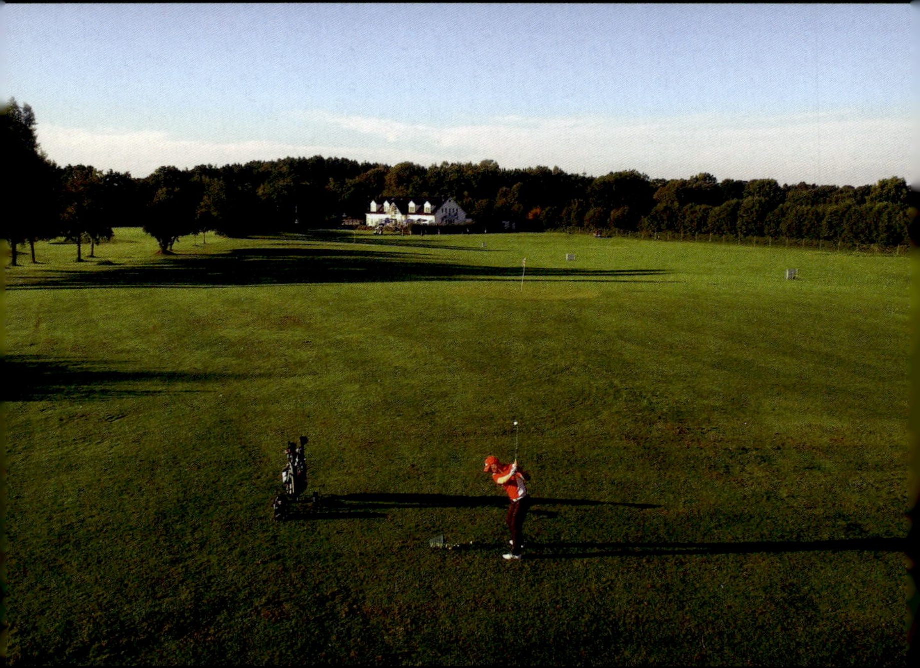

Dreihundert-Meter-Drive

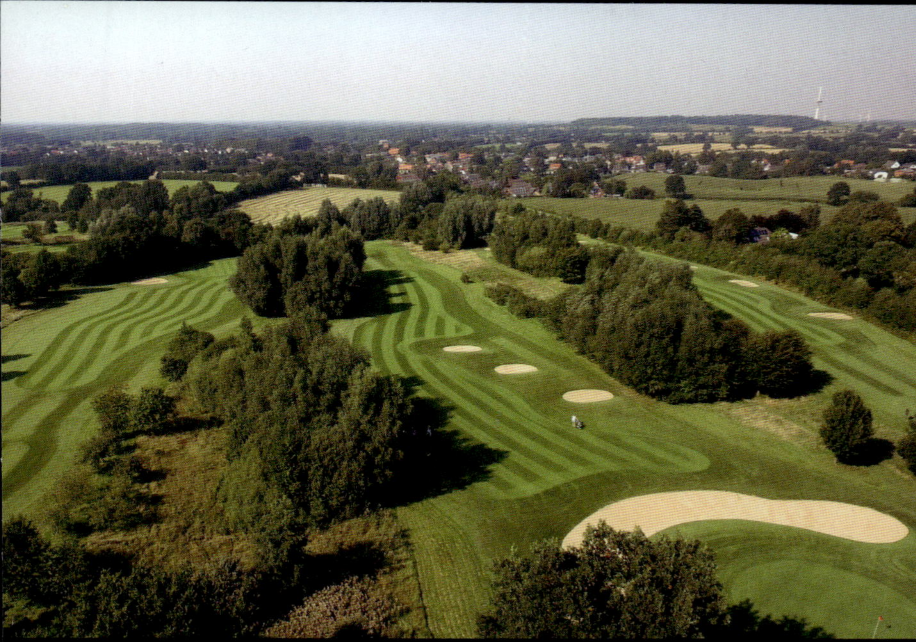

Bunker warten auf ihre Opfer

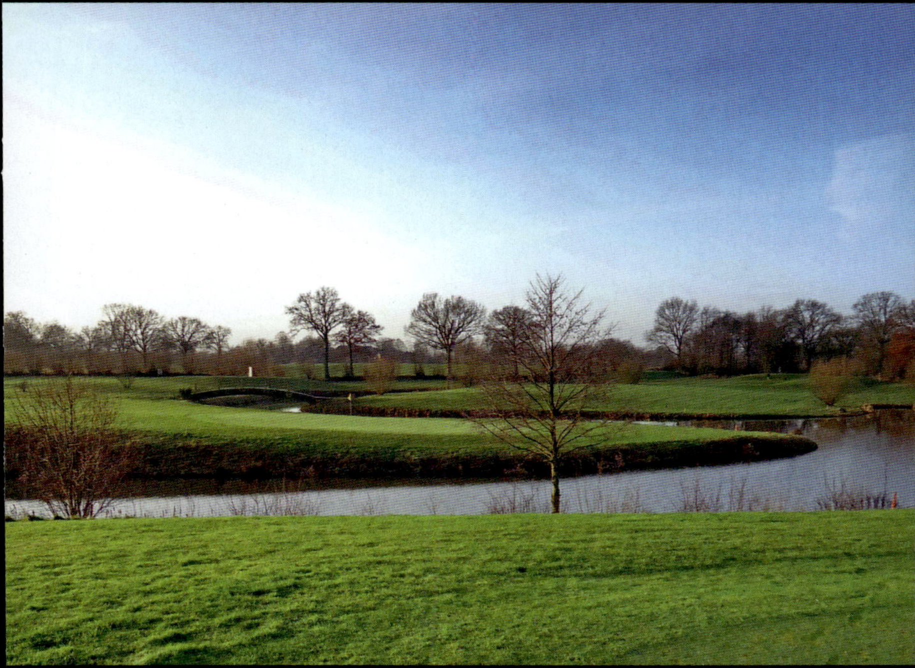

Das Frühjahr lässt hoffen

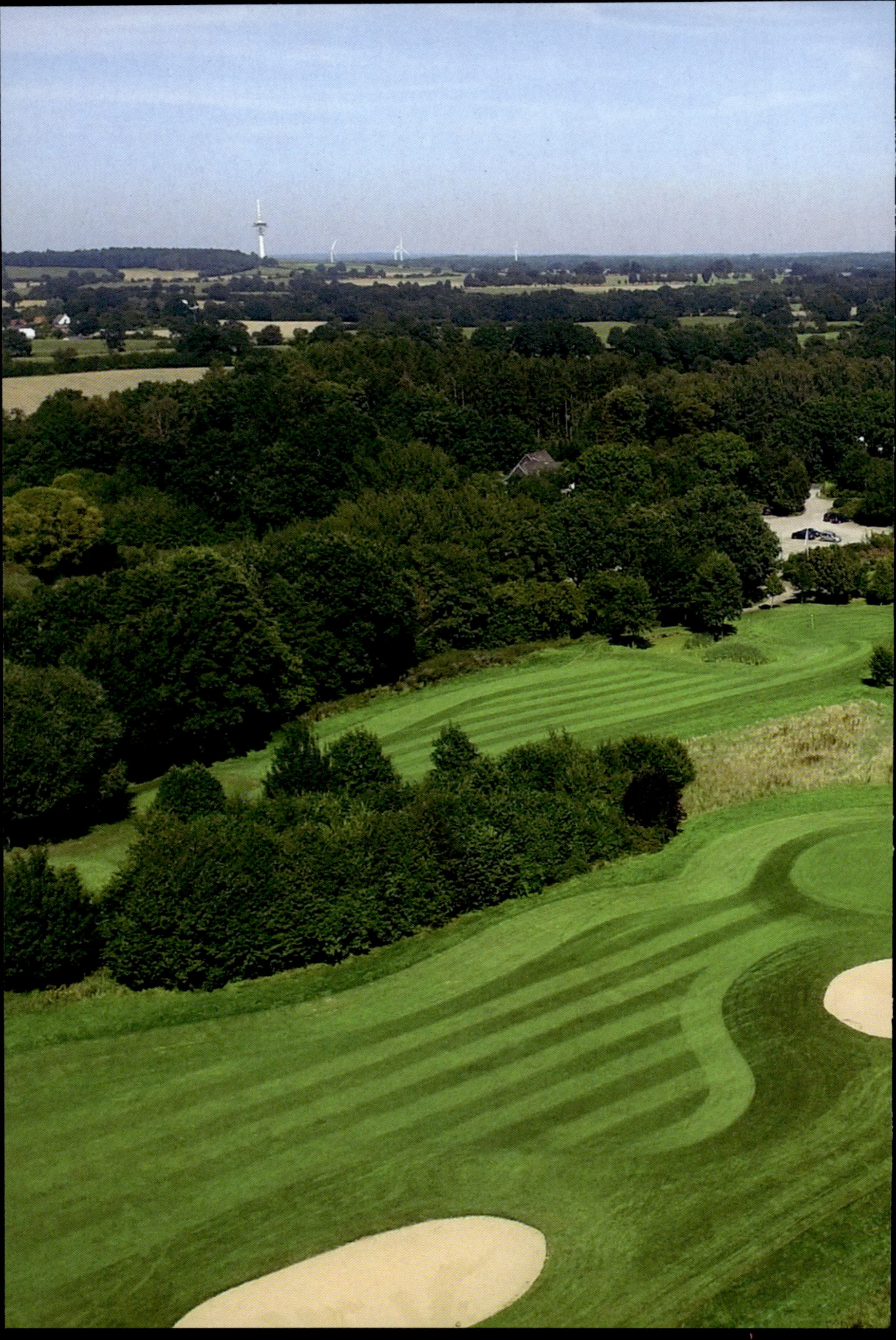

Blick auf das 19. Loch

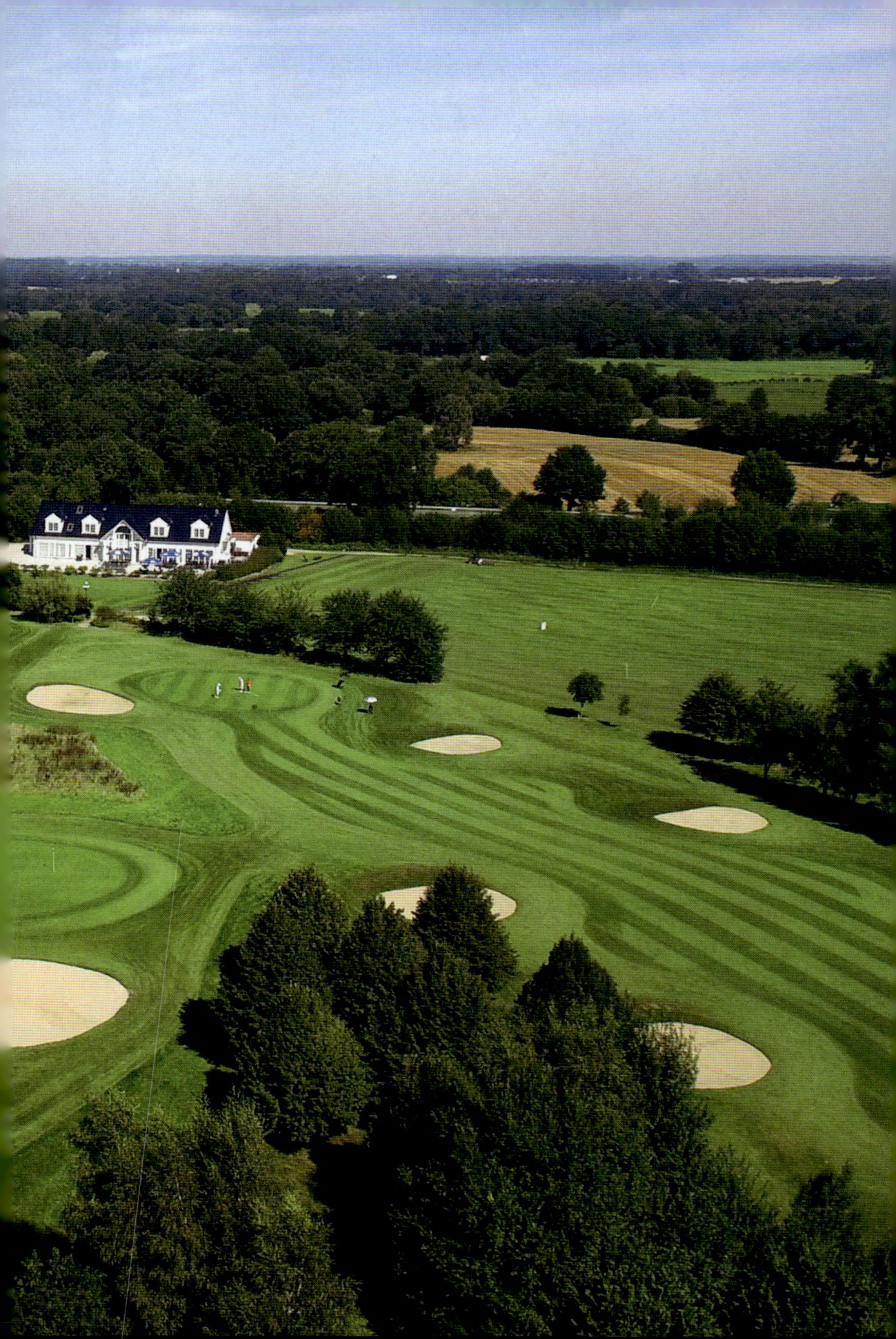

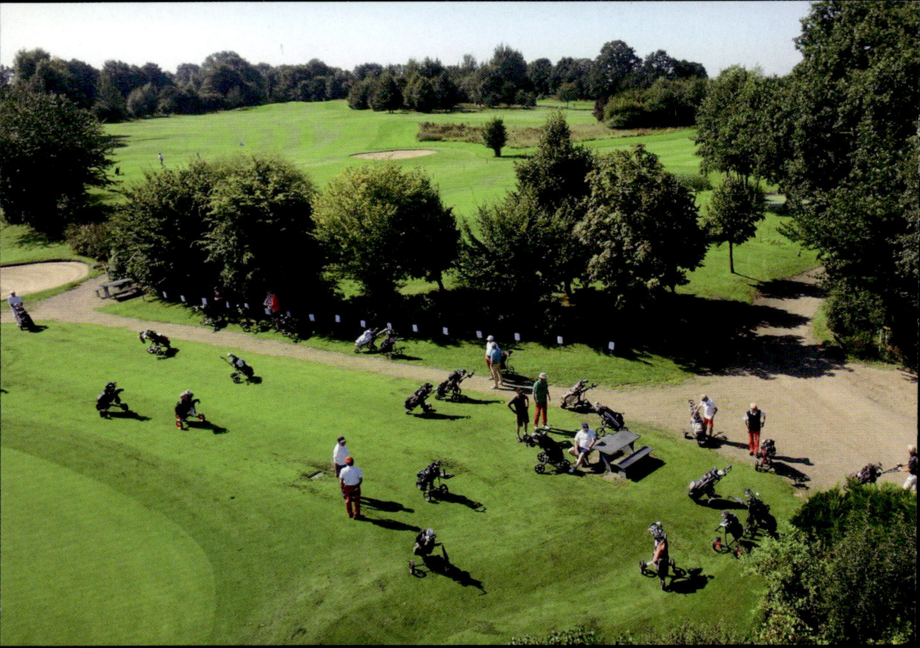

Vorstartaufregung

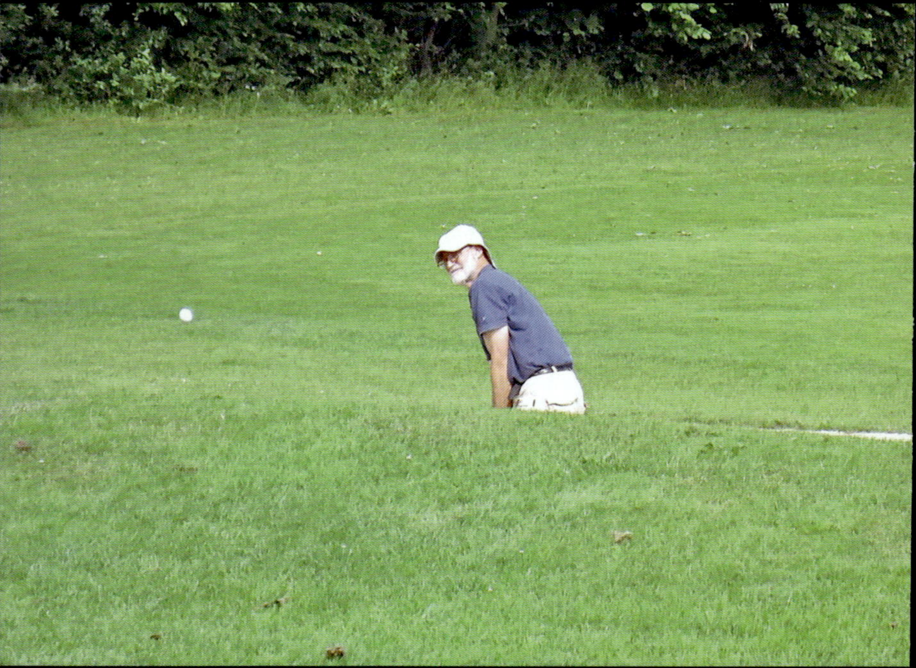

Voller Hoffnung

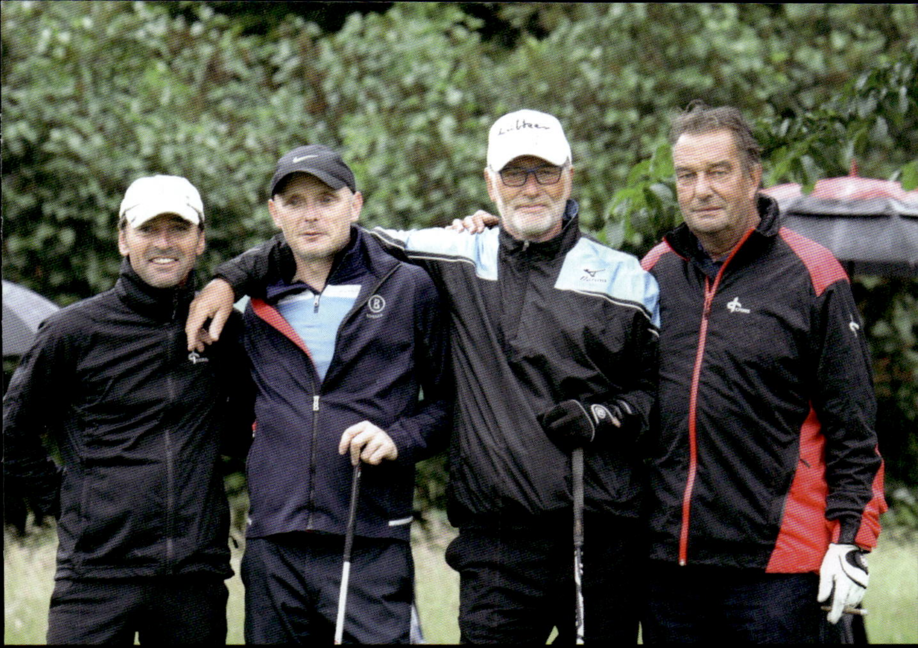

Die Protagonisten des Buches

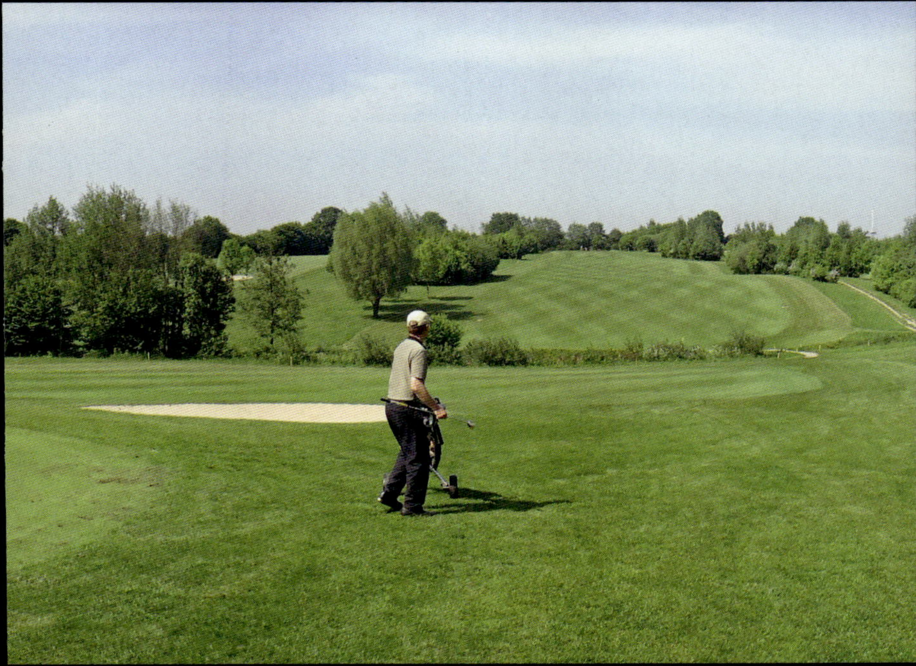

Die Hoffnung stirbt zuletzt

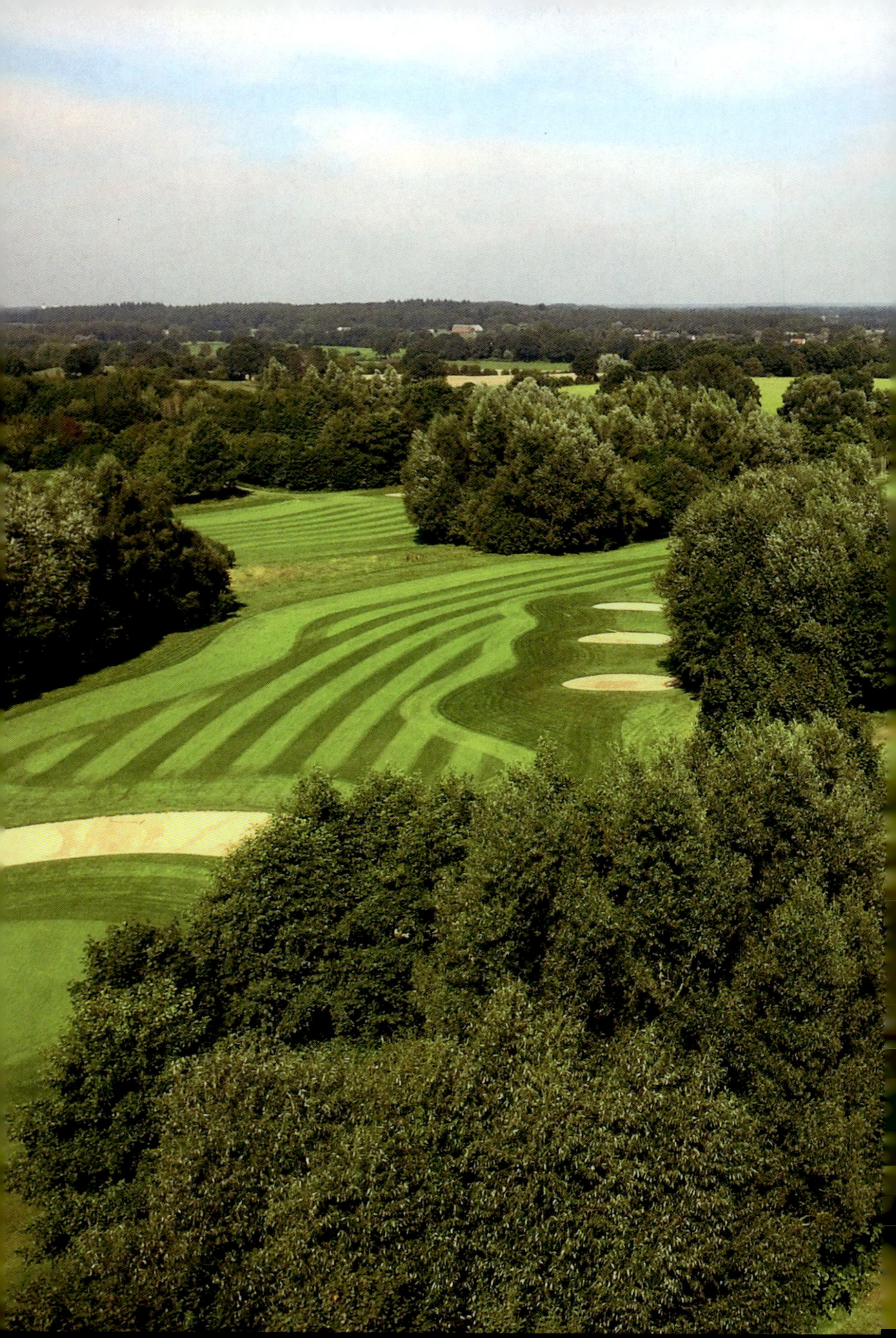

Manchmal sind Greenkeeper Künstler

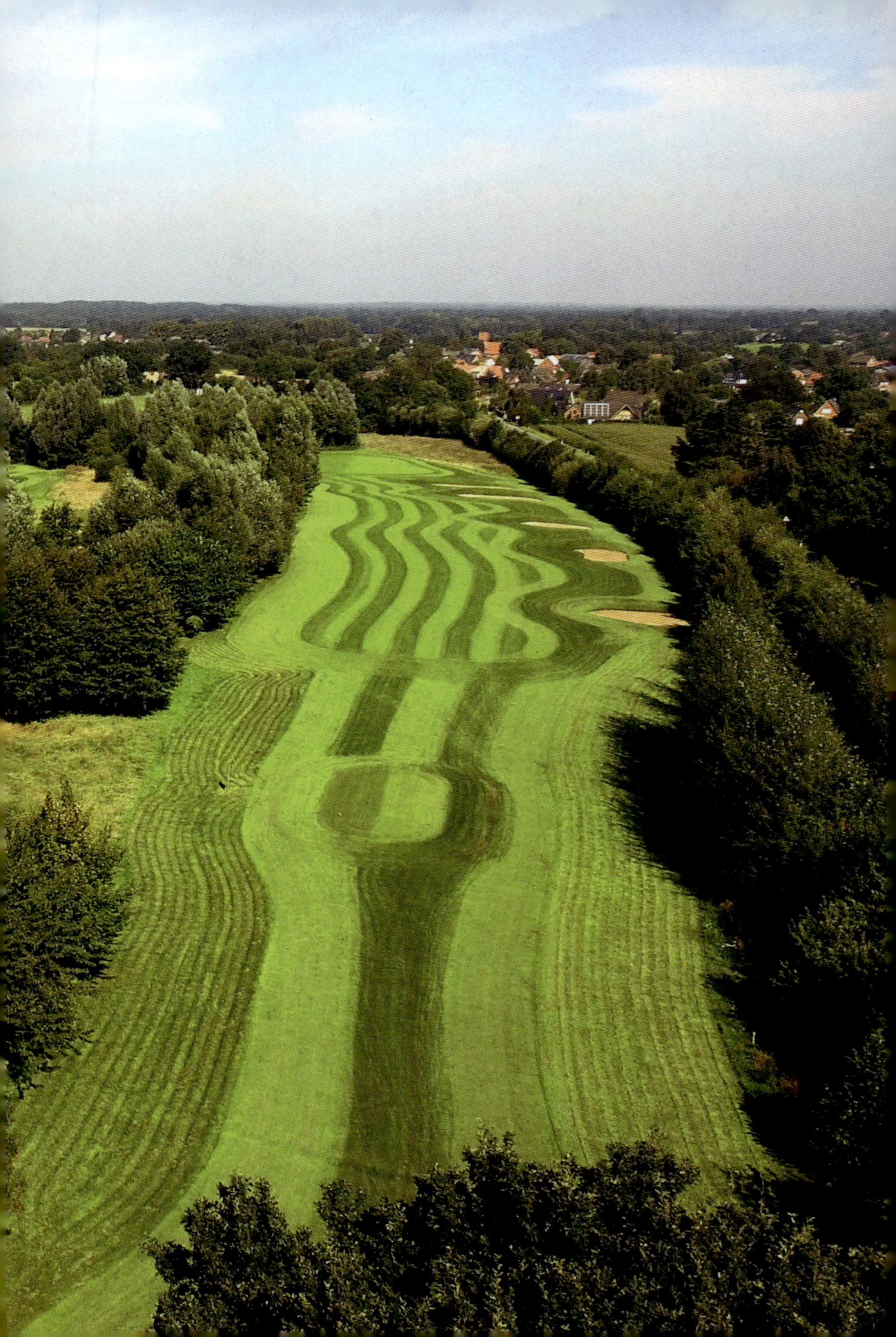

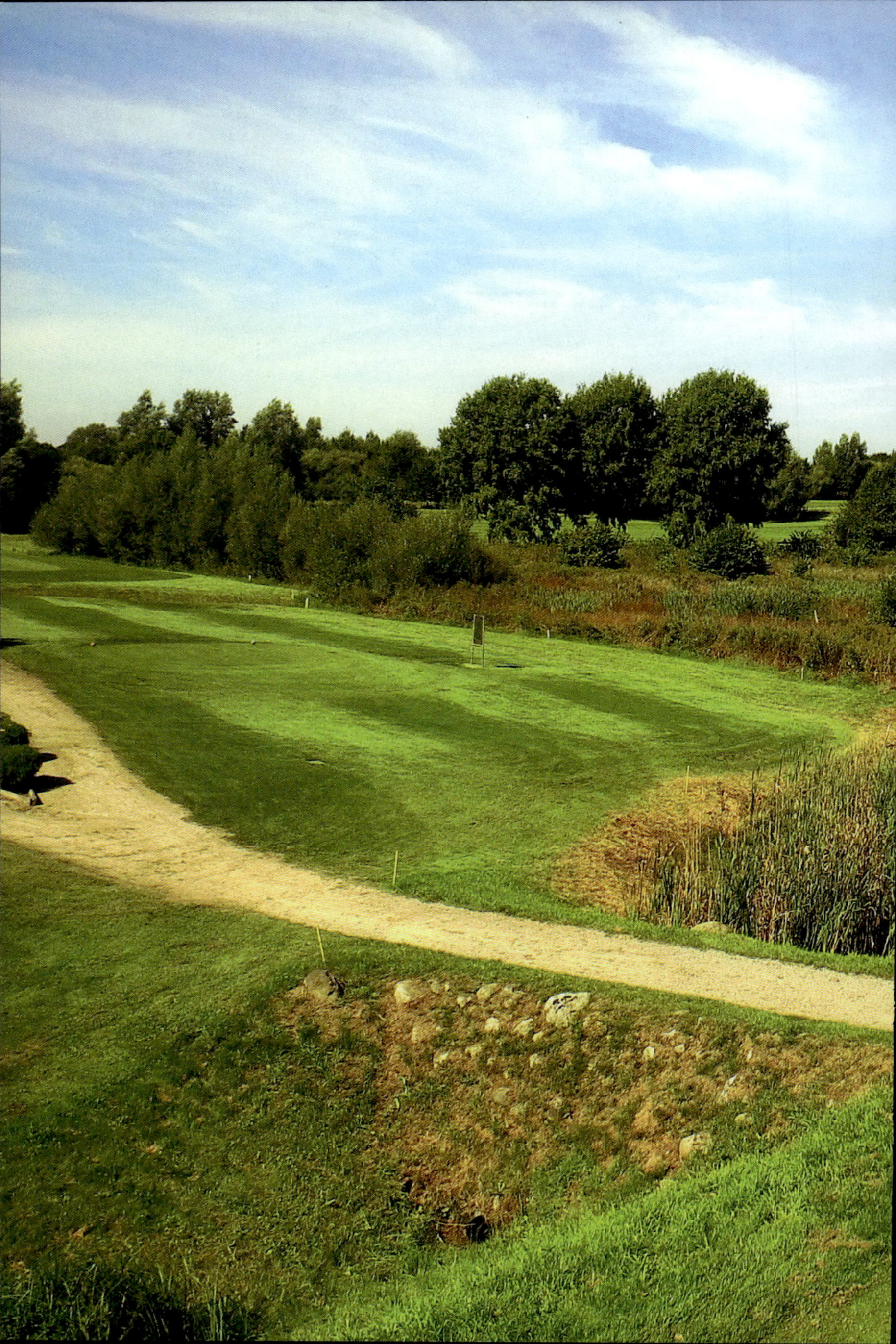

Potenzielles Ballgrab

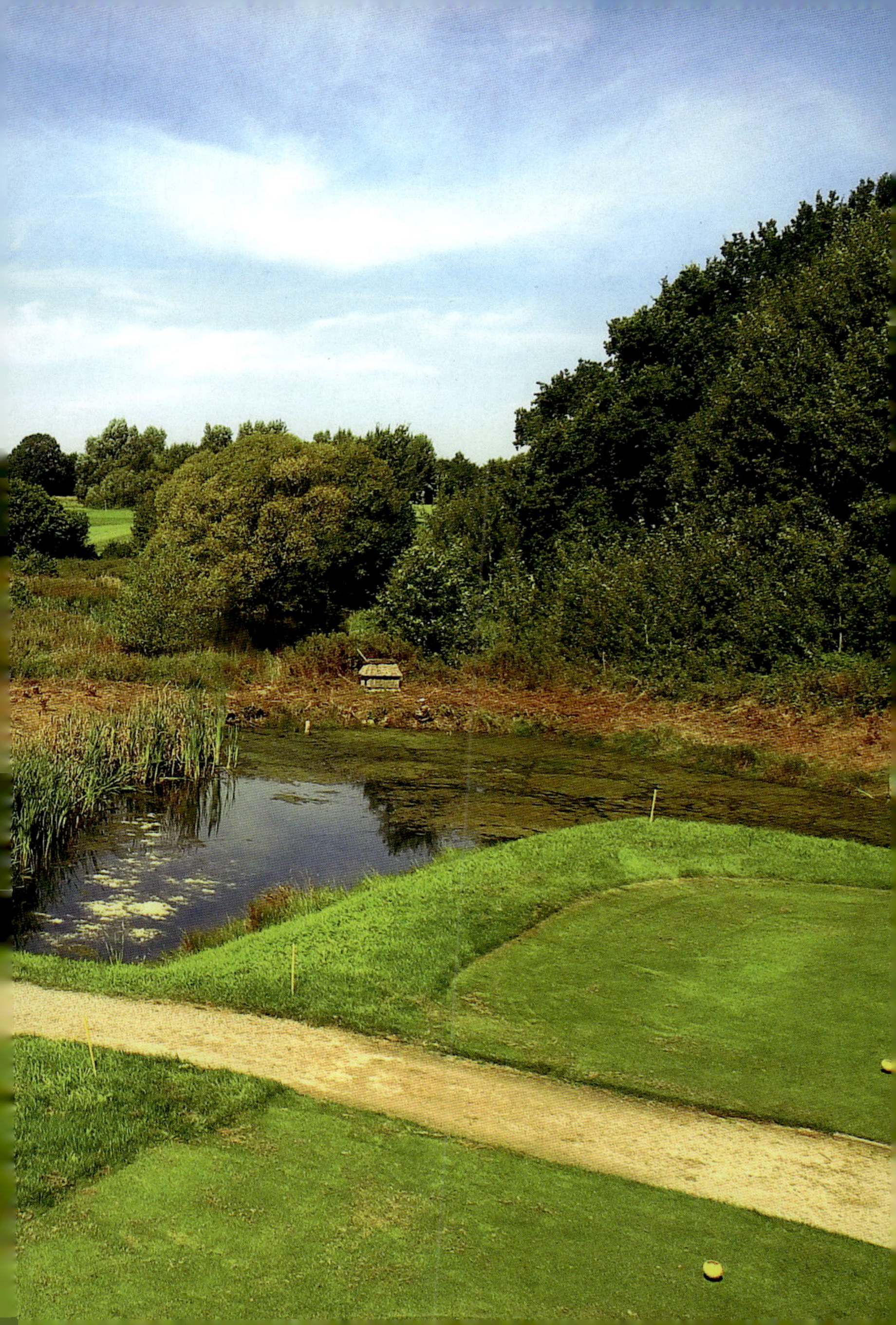

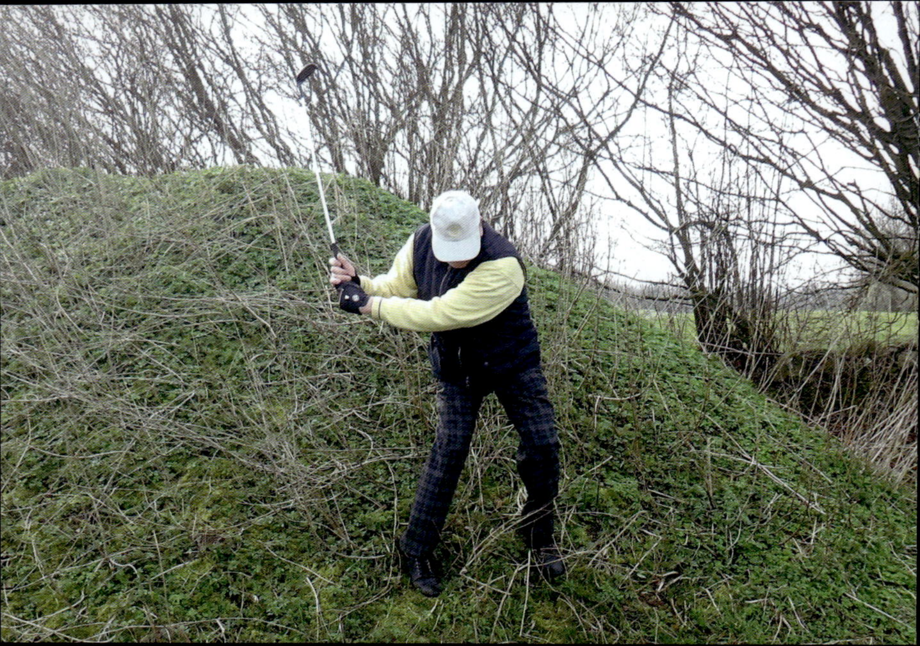

Herausforderungen wollen gemeistert werden

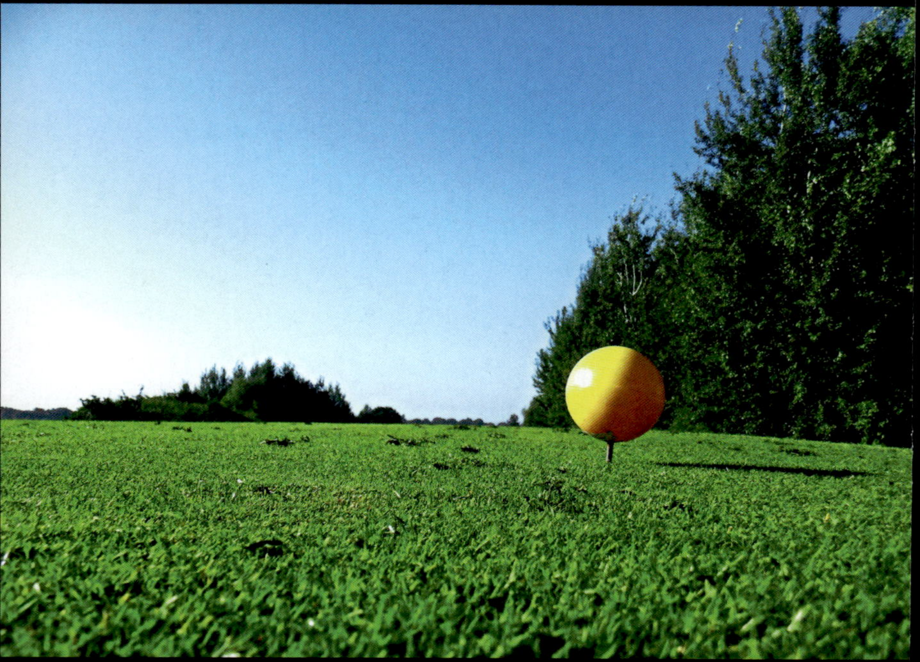

Der Probeschwung war noch gut

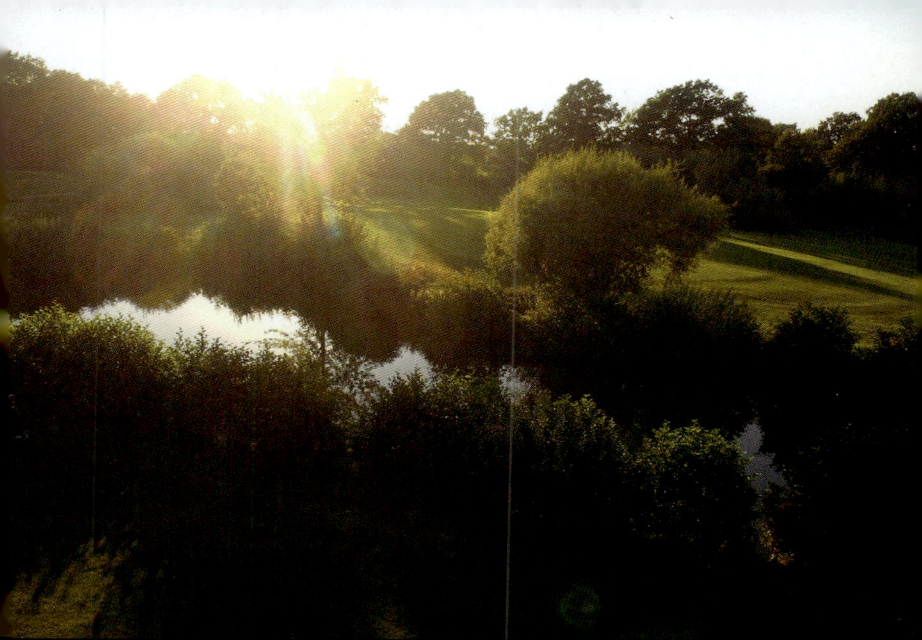

Idylle pur

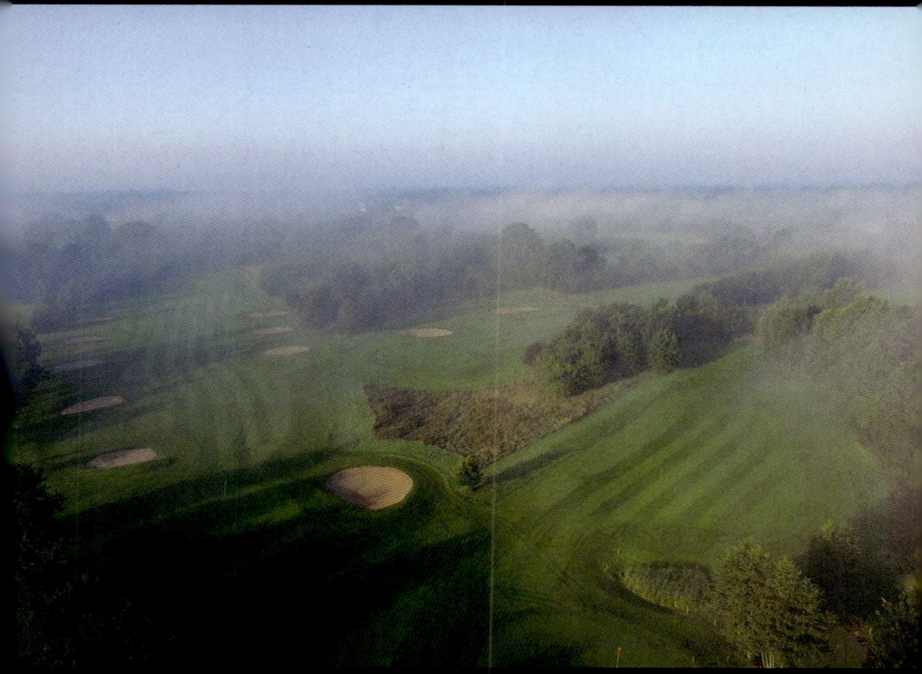

Morgenstimmung

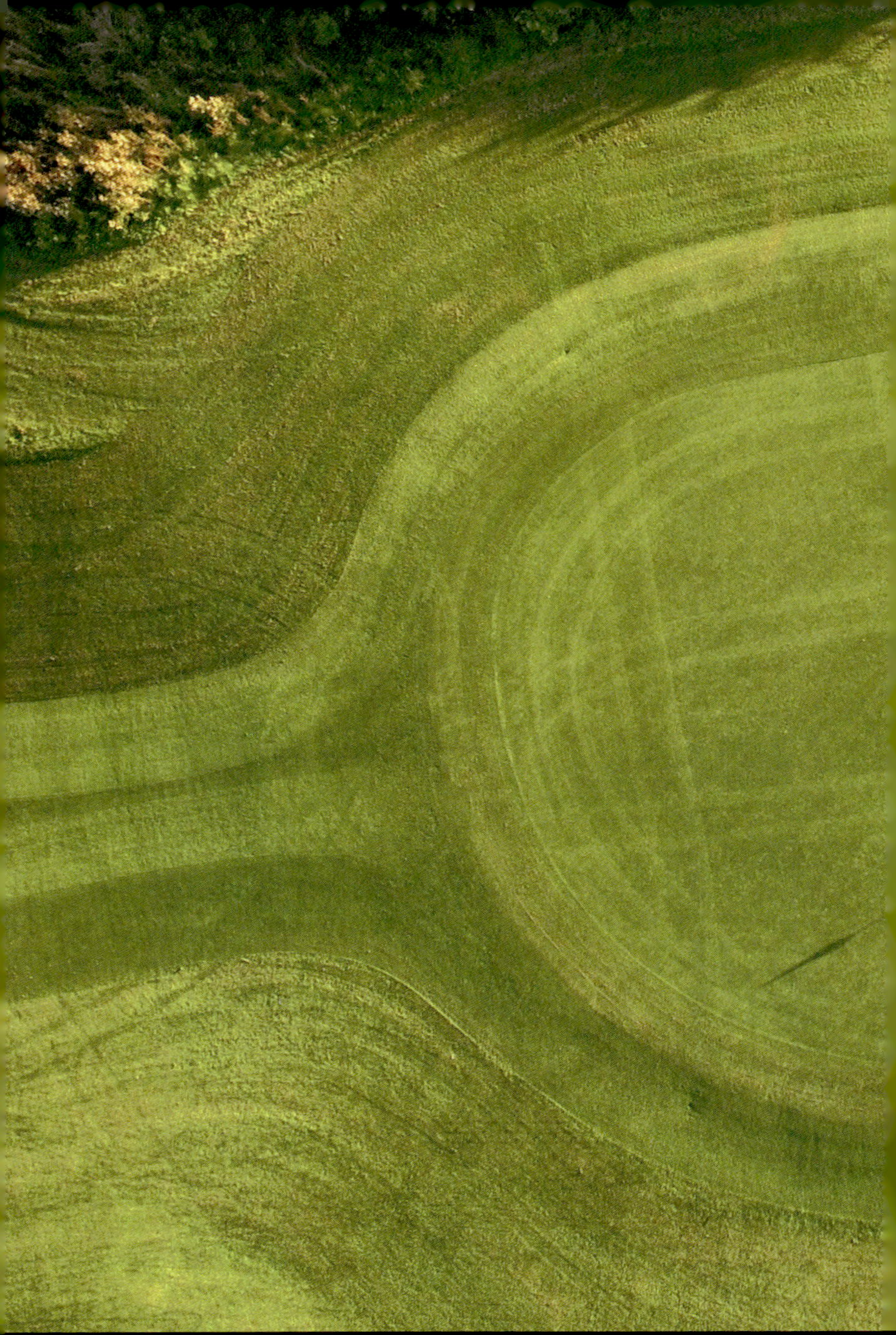

Kleines Green, noch kleineres Loch

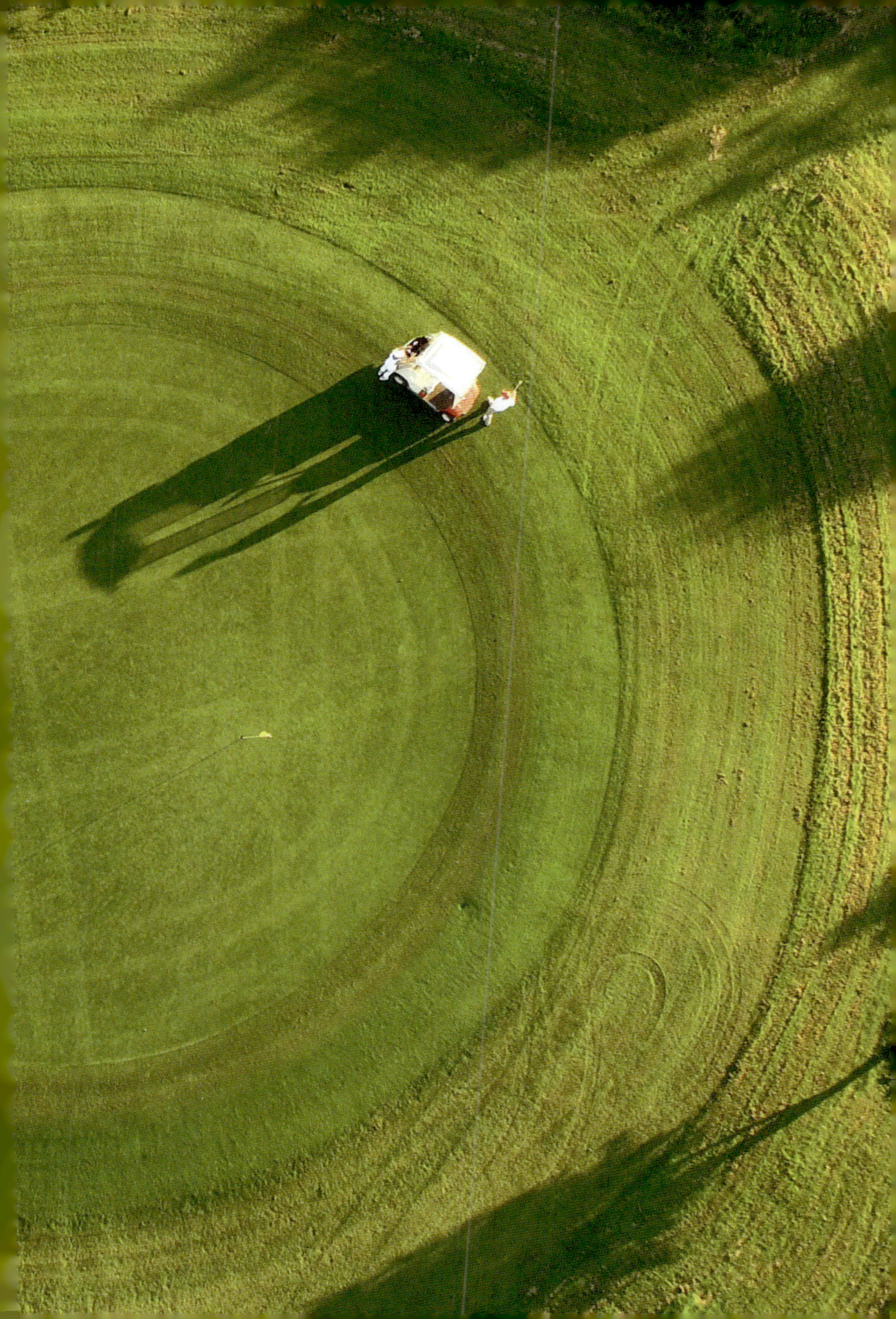

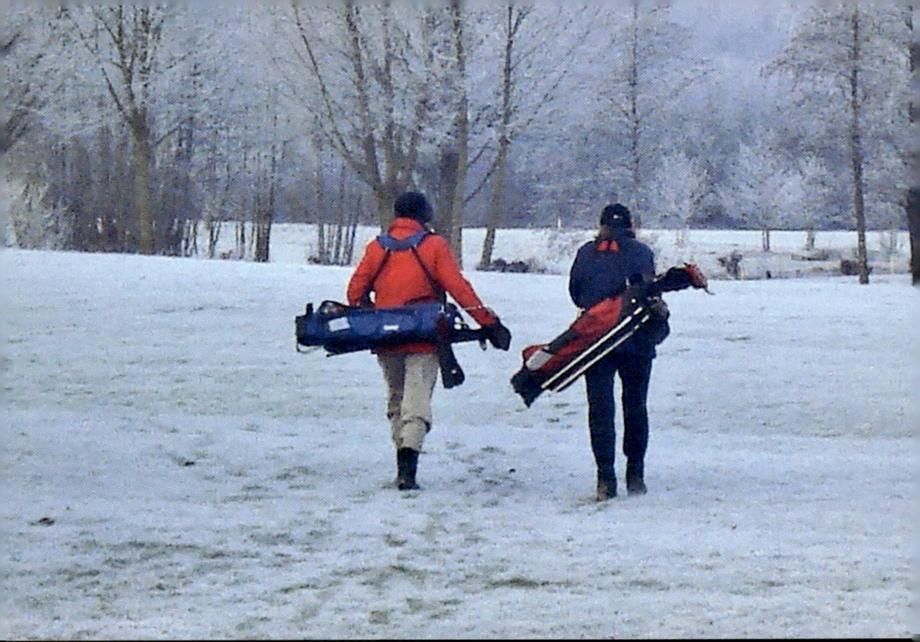

Nur die Harten kommen in den Garten

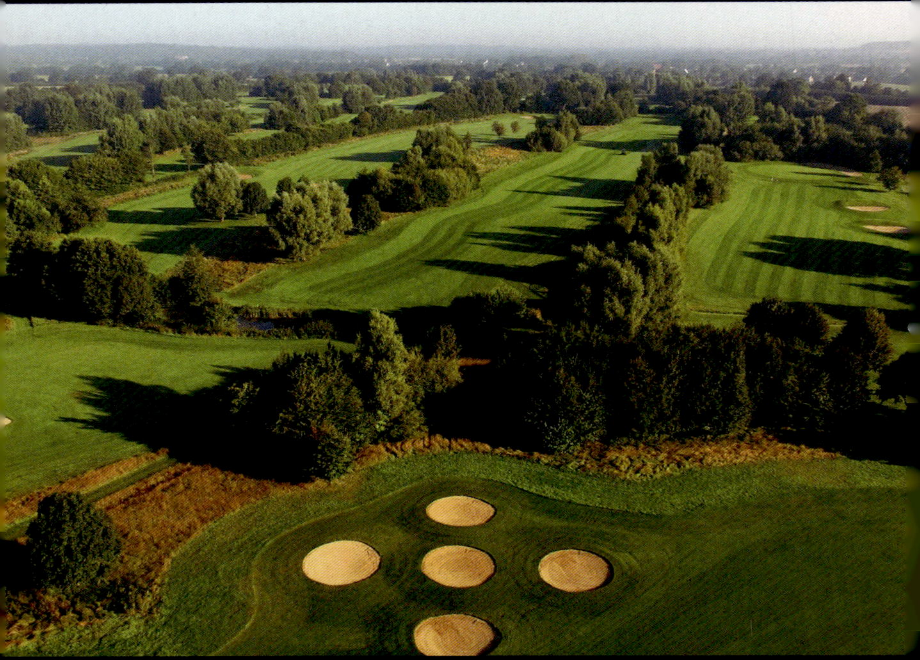

Würfelspiel für Riesen

die angestrebte Verbesserung im Handicap im Sande versiegt. Es könnte doch sein, dass er in diesem Jahr Clubmeister der Senioren wird.

Der gemeine Golfer zittert bei jedem Putt, besonders dem am letzten Loch. Aber die oft ausgesprochene Entschuldigung, wenn der Ball das Loch verfehlt hat, »war ja kein 100.000-Euro-Putt«, ist immer gelogen.

58. GRUND

Weil man bei der Siegerehrung aufgerufen werden kann

Was haben Tauziehen und Dreibeinlaufen gemein? Richtig! Beide Sportarten waren einmal olympische Disziplinen wie das Golfen auch. Zu der Zeit standen noch die ersten sechs auf dem Siegerpodest, weil neben den Medaillengewinnern auch die folgenden Plätze geehrt werden sollten. In der heutigen Zeit zählen bei Leichtathletikveranstaltungen nur noch die Sieger. Da wird der erstplatzierte Läufer so lange auf dem Bildschirm gezeigt, dass man noch nicht mal weiß, wer in welcher Reihenfolge danach ins Ziel gekommen ist. Es spielt keine Rolle, dass dem Neunten auch noch eine Weltklasseleistung gelungen ist. Und dann dieser unselige Medaillenspiegel. Da zählen nur noch die ersten drei Plätze. Als wenn es nicht eine herausragende Leistung ist, in seiner Disziplin neuntbester Sportler der Welt zu sein.

Da kann der Golfer mal wieder richtig stolz auf seinen Sport sein. Denn hier wissen es die Zuschauer noch zu würdigen, wenn ein Profi im Feld von Weltklasse-Golfern »nur« Zehnter wird. Aber natürlich möchte jeder nach einem Turnier auf dem Treppchen stehen. Das gilt auch und besonders für den Amateur.

Um die Zahl der enttäuschten Golfer möglichst niedrig zu halten, lassen sich Golfclubs einiges einfallen. Eine Maßnahme lässt sich am besten mit Inflation der Preise umschreiben. Bei größeren Teilnehmerfeldern wird in vier Handicapklassen gewertet. Dann stehen zumindest schon mal zwölf Spieler auf dem Treppchen. Dazu kommen die »Brutto-Sieger«. Das sind die wirklich besten Spieler, da das Handicap nicht berücksichtigt wird.

Weil das aber noch nicht ausreichend erscheint, werden noch zwei Wettbewerbe nach Geschlechtern getrennt ausgeschrieben. Der Spieler und die Spielerin, die es schaffen, ihren Abschlag an einem gekennzeichneten Par-3-Loch am dichtesten an der Fahne zu platzieren, gewinnen den Preis »Nearest to the Pin«.

Die Longhitter hoffen auf den zweiten Wettbewerb: »Longest Drive«. Wer es schafft, auf der ausgesuchten Bahn den Ball am weitesten zu schlagen, und wenn der dann noch auf dem Fairway landet, gewinnt die Wertung.

Wenn man glaubt, in einer der Wertungen etwas gewonnen zu haben, wartet man mit einer gewissen Spannung auf die Siegerehrung. Wie wird das wohl sein, wenn sein Name aufgerufen wird und die Teilnehmer Beifall klatschen? Welcher Preis wird ihm überreicht werden? Da hofft er auf die Kreativität der Veranstalter, denn von den schrecklich schönen Pokalen hat er schon genug zu Hause stehen.

Aber selbst, wenn er genau weiß, dass er nicht erfolgreich war, wartet er aus Anstand auf die Siegerehrung. Gehört sich einfach, dass er den Siegern seine Referenz erweist. Und er freut sich auf die »Brutto-Rede«. Das ist manchmal ein kleines Highlight, wenn der beste Spieler des gesamten Turniers genötigt wird, ein paar Worte an alle Teilnehmer zu richten. Dann kann er manchmal richtig staunen, welchen Sprachwitz einige Spieler haben. Hätte man ihnen gar nicht zugetraut. Heikel wird die Angelegenheit, wenn der Brutto-Redner in Anbetracht seines Sieges und aufgrund der langen Wartezeit schon drei Weizenbier getrunken hat. Da ist der geneigte Zuhörer froh, wenn die Sätze einigermaßen wohlformuliert und artikuliert werden. Auch wenn sie trotz der Kürze der Rede von einem leichten Lallen untermalt werden.

59. GRUND

Weil der Tag so schön gefüllt ist

Ich kenne keinen Golfer, der in den Sport eingestiegen ist, weil er sich gelangweilt hat, weil er irgendetwas brauchte, um den Tag zu füllen. Alle sind irgendwie aus den unterschiedlichsten Anlässen auf dem Golfplatz gelandet.

Jeder Golfer hat seinen Rhythmus, wann und wie oft er auf den Platz geht. Der eine spielt einmal in der Woche oder nur wenige Male im Jahr. Der andere ist immer, wenn es das Wetter erlaubt, auf der Runde zu finden. Der eine spielt noch mal eben frühmorgens neun Löcher vor der Arbeit. Der andere genießt es, solange es das Licht erlaubt, in den Abend hinein zu spielen.

Jeder echte Golfer sucht jede Gelegenheit, wenn seine Familie, sein Beruf oder sonstige Pflichten es ermöglichen, den Tag auf dem Golfplatz zu verbringen.

Die Sterne stehen gut. Der Golfer hat einen freien Tag. Seine Frau will eine Radtour mit Freundinnen machen. Die Kinder werden von Oma und Opa abgeholt. Ein Ausflug nach Hagenbeck ist geplant. Das soll den ganzen Tag dauern. Das Wetter ist traumhaft. Nach dem gemeinsamen Frühstück kommen die Großeltern, um ihre Enkelkinder mitzunehmen. Seine Frau macht sich mit dem Rad auf den Weg. Nicht ohne mit einem Schmunzeln zu fragen, ob er es denn allein aushalten würde. Die Antwort »Na, und ob!« spart er sich. Er kann sich auf den Weg machen, ohne auf jemanden Rücksicht nehmen zu müssen. Der Golfplatz ruft. Noch schnell ein Telefonanruf bei Rainer, Benno und Toto, ob der Termin um 11.00 Uhr steht, und ab geht die Post. Im Club angekommen, gibt es erst mal einen Caffè Latte. Herrlich, so in Muße auf der Terrasse sitzen zu dürfen und sich auf die Runde zu freuen.

Die zwei Euro für den Ballautomaten werden heute gerne geopfert. Er hat ja Zeit, und schaden kann es auch nicht, ein paar

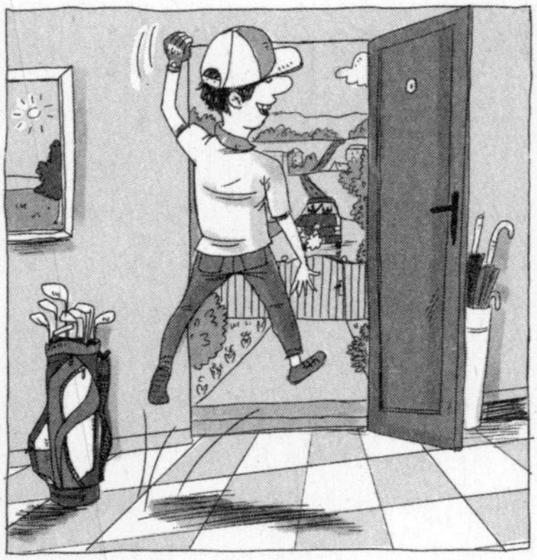

Bälle auf der Driving Range zu schlagen. Schon bei den ersten Schlägen weiß er genau: Das wird ein guter Tag.

An Tee 1 warten schon, pünktlich wie immer, Rainer, Benno und Toto. Ein Scramble wird verabredet, um einen Drink auszuspielen. Das ist nun mal die Spielform, bei der sie den meisten Spaß haben.

Die 18 Löcher lassen keinen Frust aufkommen. Die Stimmung im Flight ist einfach zu gut. Dass er am Ende mit Benno in einem Team auch noch gewinnt, ist das i-Tüpfelchen.

Beim Weizenbier auf der Terrasse wird nicht mit schlechten Schlägen gehadert, sondern die besonders guten werden gewürdigt. Der traumhafte Sonnenuntergang tut das Seine.

Auf dem Weg nach Hause beschleicht ihn das Gefühl eines erfüllten Tages. Vielleicht hat er ja auch noch das Glück und Oma und Opa sind noch nicht zurück und seine Frau hat noch viel Spaß auf ihrer Fahrradtour. Dann könnte er sich aufs Sofa legen, dem Tag ohne Gequatsche nachhängen und in Ruhe seine Wedges polieren.

KAPITEL SIEBEN

Herausforderungen

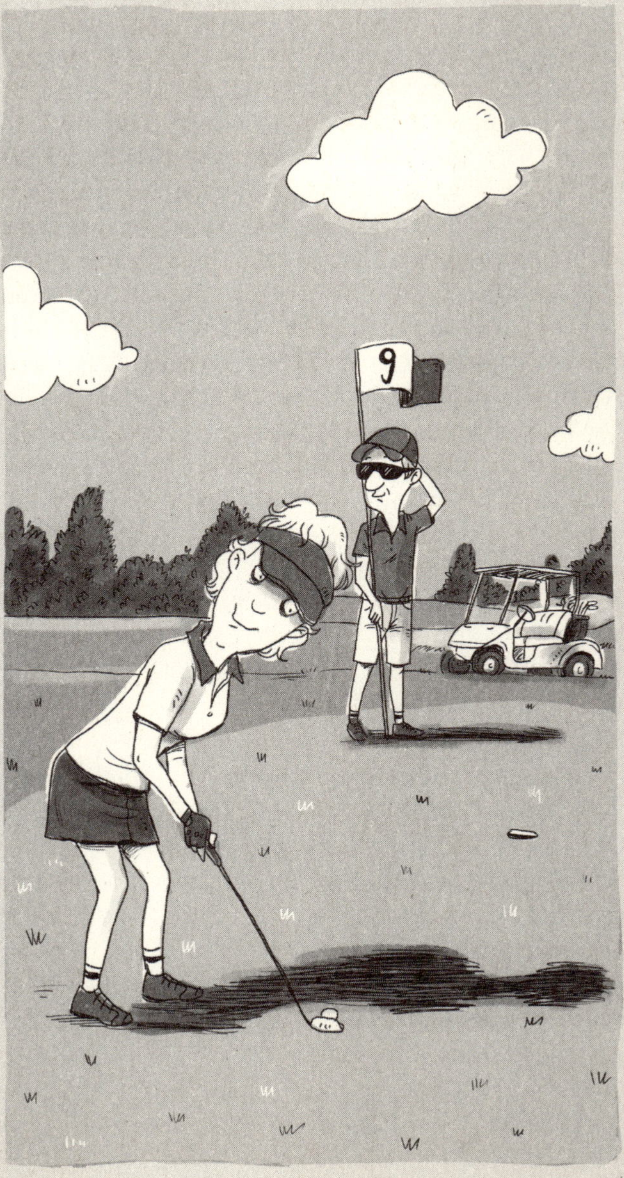

60. GRUND

Weil man ein Handicap haben will

Teekesselchen ist ein altes und in der Schule immer noch beliebtes Spiel. Dabei gilt es, Wörter zu erraten, die zwar gleich geschrieben werden, aber eine unterschiedliche Bedeutung haben. Ein typisches Beispiel für solch ein Homonym ist das Wort »Bank«. Warum unglücklicherweise der Begriff »Handicap« ein solches Homonym ist, lässt sich nicht nachvollziehen. Der Golfer wünscht sich ein Handicap, aber keinesfalls eine Behinderung.

Wenn der Golfer mit seinem Sport beginnt, ist es sein erstes Ziel, die Platzreife zu erlangen. Erst dann darf er alleine über den Heimatplatz gehen und spielen. Mit der bestandenen Prüfung hat er sein erstes Handicap: »-54«. Dieses Handicap wird im vorgabenwirksamen Spiel in die sogenannte Clubvorgabe umgewandelt, denn erst wenn er das Handicap »-36« erreicht hat, erhält er eine Stammvorgabe und darf auf vielen anderen Plätzen spielen. Bei dieser Beschränkung ist es kein Wunder, dass der Golfer ein Handicap haben will.

Schon mit dem Tag, an dem der Spieler sein erstes Handicap bekommt, beginnt die Jagd auf eine bessere Stammvorgabe. Eigentlich merkwürdig, denn mit einem schlechteren Handicap hätte er bei Turnieren, die nach Stableford-Punkten gewertet werden, viel größere Chancen auf einen Sieg. Aber irgendwie treibt ihn sein Ehrgeiz. Früher, beim Tennis oder beim Fußballspielen, ging es vornehmlich darum, zu gewinnen. Beim Golfen ist er auf sich zurückgeworfen. Für sein Spiel ist er ganz allein verantwortlich. Er kann seine Grenzen nur austesten, indem er versucht, das für ihn bestmögliche Handicap zu erreichen.

Das deutsche Handicap-System unterscheidet sich deutlich von dem in den USA und ist nicht unumstritten. Untergraben wird das System von zwei Gruppen, die ihr Handicap manipulieren.

Zur ersten Gruppe gehören die Golfer, die sich ein besseres Handicap erschleichen. Entweder betrügen sie im Turnier, indem sie Regelverstöße begehen, oder sie tragen auf den **EDS-Runden** die von ihnen gewünschte Schlagzahl in der Scorekarte ein.

Die zweite Gruppe hat sich genau das Gegenteil zum Ziel gesetzt. Sie spielen wenige vorgabenwirksame Turniere und diese auch noch absichtlich schlecht. Diese Handicapschoner wollen mit einer Stammvorgabe, die weit unter ihren spielerischen Fähigkeiten liegt, möglichst viele Stableford-Turniere gewinnen.

EDS (»EXTRA-DAY-SCORE«): Man meldet im Golfclub-Büro an, dass man eine EDS-Runde spielen möchte und wer der Zähler ist. Dann kann man sein Handicap verbessern.

61. GRUND

Weil man einmal unter Par spielen und einstellig werden will

Golfer, die in den Sport einsteigen, haben ganz unterschiedliche Ansprüche, unterschiedliche Grade von Ehrgeiz und eine unterschiedliche Wahrnehmung des eigenen Talents. Deshalb sind auch die von ihnen gesetzten Ziele sehr unterschiedlich. Die einen sind froh, wenn sie im ersten Jahr ihr Einstiegshandicap -54 in Turnieren bestätigen können. Die anderen gehen etwas ehrgeiziger an die Sache und wollen die erste magische Grenze unterschreiten, denn vor Jahren durfte man erst auf den Platz gehen, wenn man Handicap -36 hatte. Dann gibt es noch die wirklich Ehrgeizigen und Selbstbewussten. Die sind davon überzeugt, spätestens in drei Jahren die Einstelligkeit zu erreichen. Dazu gehören Jugendliche, die ganz unbedarft in diesem Sport starten und sich auf Grund ihres Alters begründet Hoffnung auf das Erreichen ihres Ziels machen dürfen. Dazu gehören aber auch die Spätstarter, die in den Sportarten, die sie vorher betrieben haben, sehr erfolgreich waren. Einige von ihnen bestätigen das gesetzte Ziel, viele aber sind erstaunt, wie viel schwieriger es ist, im Golfsport erfolgreich zu sein. Die Grenze von Handicap -10 zu knacken, muss einen ganz besonderen

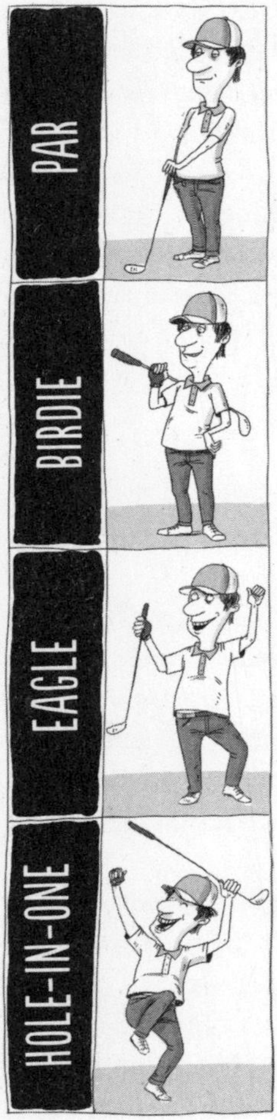

Reiz haben. Wie der Mythos der Einstelligkeit entstanden ist, lässt sich nicht nachvollziehen. Zumal ein Spieler mit Handicap -9 mit seinen Fähigkeiten von einem Profispieler mindestens so weit entfernt ist wie ein Nichtgolfer von einem mit Platzreife. Aber kaum einer kann sich diesem Mythos entziehen. Auf dem Platz heißt es nicht selten: »Guck mal, kennst du den da? Der ist einstellig. Mit dem durfte ich im letzten Turnier zusammen spielen.«

Vielleicht hilft es auch mal im beruflichen Umfeld. Wenn man feststellt, dass auch der Chef Golf spielt, kann es ja vielleicht nichts schaden, wenn man im Small Talk seine Einstelligkeit einfließen lässt. Da ist aber Vorsicht geboten. Wenn der Vorgesetzte nur mit Handicap -28 aufwarten kann, lässt der sich nicht gerne sein eigenes Unvermögen vor Augen halten. Vielleicht käme er ja auch auf die Idee, dass der Mitarbeiter nur einstellig ist, weil er mehr Zeit auf dem Golfplatz als in der Firma verbringt.

Einmal den Platz unter Par spielen. Wenn man das schafft, ist man zwar nicht automatisch einstellig, aber man hat etwas ganz Besonderes vollbracht. Es muss ja nicht gleich der Platzrekord sein, auch wenn der

Golfer hin und wieder auf die Ehrentafel im Clubhaus schielt, auf der dieser in goldenen Lettern mit Score, Datum und Namen des Spielers verzeichnet ist. Je nach Platz liegt das Par zwischen 68 und 73 Schlägen. Wenn der Golfer alle Runden, die er jemals gespielt hat, Revue passieren lässt, müsste eine Runde unter Par doch möglich sein. Er hat alle Löcher mit mindestens Par beendet, auch etliche Birdies waren dabei und selbst an drei Eagles kann er sich erinnern. Da müsste es doch mit dem Teufel zugehen, wenn er nicht in der Lage wäre, das alles einmal an einem Glückstag in einer einzigen Runde zu spielen. Aber es geht seit Jahren mit dem Teufel zu. Es gelingt ihm nicht. Trotzdem verlässt ihn sein Ehrgeiz nicht, auch wenn sich manchmal leise Zweifel einstellen. Seine Hoffnung bleibt, denn die stirbt zuletzt. Bleibt nur noch abzuwarten, ob er zuerst einstellig wird oder den Platzrekord bricht.

62. GRUND

Weil die Löcher beim Putten nicht zu groß sein können

»Nur ein geschenkter Putt ist ein todsicherer Putt.« John Updike

»Golf ist ein Spiel, bei dem man einen zu kleinen Ball in ein viel zu kleines Loch schlagen muss, und das mit Geräten, die für diesen Zweck denkbar ungeeignet sind.« Winston Churchill

»Wenn ich mich über einen Dreiputt aufrege, trete ich einen Schritt zurück und erinnere mich daran, dass es wichtigere Dinge auf der Welt gibt als Golf.« Bernhard Langer[10]

Diese drei Zitate von nicht unbekannten Persönlichkeiten machen deutlich, dass dem Putt eine besondere Bedeutung zugesprochen werden muss. Schlicht gesagt nennt man einen Schlag auf dem Grün zum Loch hin einen Putt. Hierzu verwendet man meistens einen besonderen Schläger, der als Putter bezeichnet wird.

Wenn der Putt denn so einfach wäre wie seine Definition! Sieht doch ganz einfach aus, so eine kleine weiße Kugel aus relativ geringer Distanz in ein Loch zu transportieren. Dass dem nicht so ist, hat viele Gründe.

Das Spiel mit dem Putter ist ein gänzlich anderes als das Spiel auf der Bahn. Der Schläger ist anders, der Schwung, wenn man von einem Schwung reden kann, hat nichts mit dem gemein, was vom Abschlag bis zum Grün gefordert wird.

Wenn der Kopf schon bei den »normalen« Schlägern eine große Rolle spielt, ist er beim Putten von außerordentlicher Bedeutung. Nicht nur beim 100.000-Euro-Putt eines Profis. Ein 30-Zentimeter-Putt zählt genauso viel wie ein Drive über 250 Meter. Viele Golfer, vor allem jene, die nicht so gut putten, finden das ungerecht. Das hilft ihnen aber nicht weiter, denn die Golfregeln sind eindeutig. Ein Putt zählt einen vollen Schlag. Da kann er doch froh sein, dass er nicht Minigolfer geworden ist, dann hätte er nur noch putten dürfen.

Häufen sich bei dem gemeinen Golfer die **Dreiputts**, sucht er seine Chancen in einem Allheilmittel. Ein anderer Putter muss her. Einer, der zwei Ballsymbole auf dem Schlägerkopf eingestanzt hat, damit man die Richtung zum Loch besser findet. Oder einer, der kürzer ist, um den Ball besser führen zu können. Sieht man doch selbst Profispieler, die sehr erfolgreich sind, mit Kinder-Puttern. Oder man probiert es mal mit einem besonders langen Putter, der an der Brust angelegt größere Sicherheit verspricht. Wenn's dann hilft …

Es gibt verzweifelte Golfer, die im Bag einen uralten Driver haben, mit dem sie sich wohlfühlen, aber in ihrem Keller lagern 20 verschiedene Puttermodelle. Jedes Jahr wird das Modell gewechselt. Irgendwann werden sie einen finden, der die Anzahl der Putts auf einer Runde unter 30 senkt.

Natürlich gibt es auch beim Putten Naturbegabungen. Bei allen anderen muss die mangelnde Begabung ausgeglichen werden. Und das geht nur mit Üben, Üben und nochmals Üben. Voller Bewunderung habe ich meine erste Runde mit Peter, unserem damaligen Clubmeister, gespielt. Die Drives waren lang und gerade und die Annäherungen mit ganz viel Gefühl auf den Punkt gespielt. Aber am sensationellsten waren für mich seine Putts. Nach der Runde habe ich ihn gefragt, ob er einen Tipp hätte, mein Puttspiel zu verbessern. »Weißt du«, antwortete er, »in meiner Anfängerzeit habe ich jeden Tag eine halbe Stunde im Wohnzimmer geübt. Da lag nicht so ein künstliches Loch mit Teppich, sondern ich habe die Fußbodenleiste benutzt. Ball an die Leiste legen und mit dem Putter immer wieder das gerade Schlagen geübt.« Muss jeder für sich alleine entscheiden, ob er diese Disziplin aufbringen will, aber belohnt wird er in jedem Fall.

Das Putten passt eigentlich nicht zum restlichen Golfspiel. Da kommt doch schnell der Verdacht auf, dass vor vielen Jahren unbegabte Golfer dafür gesorgt haben, sich einen Ausgleich zu verschaffen. Am Abschlag und auf dem Fairway haben sie keinen Ball getroffen. Deshalb führten sie die schön großen Grüns ein, auf denen sie nur einigermaßen geschickt den Ball schubsen mussten, um ihn ins Loch zu transportieren. Konnte man das einigermaßen, war man nebenbei auch noch im Minigolfen erfolgreich.

Ein Golf-Loch hat heutzutage einen Durchmesser von 108 Millimetern. Das ist so in den Golfregeln festgelegt. Der Ball ist mindestens 42,67 Millimeter breit. Bleibt nicht viel Platz. Der puttende Golfer weiß natürlich, dass der Ball ins Loch passt. Aber die Löcher haben von seinem Gefühl her von Runde zu Runde eine ganz unterschiedliche Größe. Lässt er mal außer Betracht, dass der Greenkeeper sich einen Scherz erlaubt hat, kann es nur an seiner eigenen Wahrnehmung liegen.

Sind die Löcher winzig klein, weiß der Golfer, dass er heute nichts treffen wird. Dreiputts im Schnitt wären schon großartig.

Sind die Löcher riesengroß, fallen schon mal mehrere Einputts auf der Runde. Der Kopf, der Kopf, der Kopf …

Um aus diesem Dilemma herauszukommen, werden Trainerstunden nur zum Putten genommen. Auf dem Putting Green wird mehr Zeit verbracht als auf der Driving Range. Jedes Jahr wird ein neuer Putter angeschafft. Mal ist der kürzer, denn man hat ja auf der PGA Tour (»Professional Golfers' Association«) gesehen, wie einer mit einem Kinder-Putter alles gelocht hat. Mal ist er richtig lang. Mit so einem hat doch John Daly beim letzten Turnier sensationell wenige Putts benötigt. Oder man kauft sich einen richtig teuren Putter, von dem die Werbung behauptet, dass er immer hilft.

Das klappt manchmal auch, weil der Kopf signalisiert: Mit dem Schläger kannst du's!

Hilft aber nicht immer. Deshalb bleibt dem frustrierten Golfer nur, einen Appell an den Golfverband zu richten: Macht die Löcher groß, richtig groß. Aus seiner Sicht spricht nichts dagegen, aus dem gesamten Grün ein einziges Loch zu machen. Spart auch viel Arbeit. Das Grün muss nicht gemäht, gestachelt oder gesandet werden. Außerdem muss die Fahne nie mehr umgesteckt werden. Die Greenkeeper aller Länder stünden hinter so einem Appell.

DREIPUTT: Liegt der Ball auf dem Grün und der Spieler benötigt drei Schläge, um den Ball ins Loch zu transportieren, nennt man das einen »Dreiputt«.

63. GRUND

Weil man zählen können muss

Wenn man Golf spielt, muss man nicht nur die Fähigkeit besitzen, den Ball zu treffen, sondern man muss auch zählen können. Die Kompetenz, eine schlichte Addition vollziehen zu können, sollte jeder Golfer haben, zumal die einzelnen Summanden selten zweistellig sind und die Endsumme äußerst selten die 150 überschreitet. Außerdem gibt es noch die Scorekarte, auf der man die Einzelergebnisse einträgt. Da braucht man nach der Runde nur 18 Zahlen zu addieren, um sein Ergebnis zu ermitteln. Deswegen kann der Nichtgolfer kein Verständnis entwickeln, warum das Zählen zum Problem werden kann.

Auf den ersten Runden ist der Anfänger so auf sein Spiel konzentriert und bemüht, die für ihn sehr komplexen Regeln einzuhalten, dass er Schwierigkeiten hat, sich seine Schlagzahl am Ende einer Bahn zu merken. Kommen noch Strafschläge hinzu, ist er schlichtweg überfordert, dann kann er nur auf die Unterstützung seiner Flightpartner hoffen. Ratsam ist es, wenn er nach dem Einlochen das von ihm gezählte Ergebnis laut mitteilt. Dann können die Mitspieler dabei helfen, die Schlagzahl auf der so eben gespielten Bahn zu bestätigen. Es muss ihm auch nicht peinlich sein, wenn er den einen oder anderen Schlag vergessen hat. Ist für einen Anfänger nur zu verständlich. Viele greifen auch zu einem Hilfsmittel, das sie im Golfshop erworben haben. Ein bisschen fühlen sie sich dann wie im ersten Schuljahr, denn die Perlenkette, auf der sie nach jedem Schlag eine Kugel weiter schieben, erinnert sehr an das Zählenlernen.

Richtig kompliziert wird die Angelegenheit, wenn die sogenannten Stableford-Punkte ins Spiel kommen. Wenn der Spieler Handicap 0 hätte, wäre das Rechnen ja noch einfach, weil die Vorgabe jedes einzelnen Loches auf einer Tafel am Abschlag steht. Hätte er ein Handicap von -18, -36 oder -54, ließe sich das Ganze auch noch bewältigen, aber bei einem »krummen« Handicap von zum Beispiel -49 wird es für den Anfänger richtig schwierig. Er ist schlichtweg überfordert, wenn er wissen soll, wie viele Schläge er an welchem Loch machen darf, um so und so viele Stableford-Punkte zu erhalten. Da greifen einige Golfer schon mal gerne zum Smartphone, auf das sie eine App geladen haben. Die Punkte werden automatisch ausgerechnet, wenn die Grundeingaben stimmen.

Nur blöde, dass das ständige Gefummel am Handy die Mitspieler stört und man keine Ahnung hat, wie die angezeigte Summe zustande kommt.

64. GRUND

Weil man die Linie lesen muss

Die Schlagtechnik beim Putten zu verbessern und das passende Material zu finden, ist das eine. Das Grün richtig lesen zu können, ist das andere.

Man muss die Linie lesen können.

Kein Grün ist wie das andere. Die gepflanzten Gräser sind nicht von der gleichen Sorte, der Rasen ist unterschiedlich gemäht und der Sonnenstand beeinflusst die Ausrichtung der Grashalme. Mit einem sogenannten Stimpmeter kann die Geschwindigkeit auf den Grüns gemessen werden.

Die Größe eines Grüns entscheidet natürlich auch über mögliche Putt-Erfolge. Es gibt Grüns, auf denen der Spieler maximal einen Zehn-Meter-Putt hat, und andere, auf denen man 30 Meter weit entfernt vom Loch liegen kann.

Am meisten macht dem puttenden Golfer aber zu schaffen, dass kein Grün eine ebene Fläche ist. Grüns sind immer onduliert, mal weniger, mal mehr. Sie haben immer mehr oder weniger Gefälle oder Steigungen zum Loch.

Da gilt es, das Grün lesen zu können.

Wie weit muss der Rückschwung und wie hoch muss die Geschwindigkeit des Schlages sein? Wie muss ich mich ausrichten, wenn der Ball in der richtigen Kurve Richtung Loch rollen soll? Auf fremden Plätzen braucht es manchmal einige Löcher, um sich der Schnelligkeit der Grüns anzupassen. Aber um die Breaks berechnen zu können, muss man die Fähigkeit haben, diese zu erkennen. Da hilft es auch nicht, den Platz öfter zu spielen, denn am nächsten Tag kann das Loch an einer ganz anderen Stelle sein.

Bei der Technik, das Grün zu lesen, zeigen sich wieder die verschiedenen Golfer-Typen.

Die einen werfen schon beim Gang zum Grün einen Blick, um sich den Weg zum Loch verinnerlichen zu können. Stehen sie dann am Ball, gibt es nur eine kurze Phase der Orientierung und sie putten.

Die anderen sind die Nachdenklichen, Akribischen. Sie scheuen keine Mühen, die Linie richtig zu lesen. Dazu gehen sie in die Hocke, schreiten hinter das Loch, legen sich manchmal sogar auf den Bauch oder halten den Putter in der Waage, um den Neigungswinkel des Grüns abschätzen zu können. Sie brauchen das einfach als Routine, auch wenn das Ergebnis ihre Mühen selten belohnt.

Alle Putt-Techniken sind keinen Deut wert, wenn man den finalen 20-Zentimeter-Putt auf die leichte Schulter nimmt. Das hat der gemeine Golfer selbst nicht nur im Fernsehen bei den Profis gesehen, sondern auf dem »Monatspreis« miterleben müssen. Sein Flightpartner Stefan hatte auf einem schwierigen Par 4 überraschend mit zwei Schlägen das Grün erreicht. Der erste Putt war gut, aber nicht im Loch. Der Ball lag 15 Zentimeter daneben. Hätte locker ein Birdie werden können. Ein Par war selbstverständlich. Lässig, es waren ja nur noch 15 Zentimeter, nahm Stefan seinen Putter, ein klassisches Modell mit kleinem Kopf und einer Hohlkehle auf der Rückseite. Der Golf-Teufel muss ihn geritten haben, denn er transportierte den Ball mit der Rückhand. Es kam, wie es kommen musste. Die Hohlkehle der Rückseite des Putters hob den Ball über das Loch.

Stefan war nur froh, dass er vor seinem Schlag die Linie nicht gelesen hatte.

65. GRUND

Weil man immer wieder vor der Entscheidung steht: Alles oder nichts?!

Der Golfer freut sich, wenn sein Ball wunderbar platziert auf dem Fairway liegt, sodass er ihn ohne jegliche Not weiter spielen kann. Aber der Ball tut ihm diesen Gefallen aus den unterschiedlichsten Gründen häufig nicht. Die Spielwiesen des gemeinen Golfers sind die Roughs, die Bunker, die Wasserhindernisse und die kleinen Wäldchen. Deshalb steht er häufig vor der Entscheidung: Alles oder nichts?!

Manchmal landet der Ball sogar auf dem Fairway, aber als sei er von magischen Kräften angezogen worden, liegt er genau vor dem Stamm einer mächtigen 100-jährigen Eiche. Dass es sich um einen Solitär handelt, scheint den Golfgott nicht zu interessieren. Der Weg zum Grün ist eindeutig versperrt. Damit heißt es mal wieder: Alles oder nichts?!

Die Optionen sind vielfältig. Man könnte das Eisen 5 nehmen und den Ball schräg am Stamm vorbei nach vorne punchen. Muss man nur aufpassen, dass man den Schläger nicht wie dazumal Tiger Woods um den Baum wickelt. Wäre wirklich schade. Oder man nimmt einen Distanzverlust in Kauf und spielt mit dem Pitcher seitlich zurück. Die dritte Option ist bei den Golfern die unbeliebteste. Man könnte natürlich auch einen Strafschlag in Kauf nehmen und mit zwei Schlägerlängen den Ball droppen, denn dann wäre er frei spielbar. Aus unerklärlichen Gründen wählen 90 Prozent aller Spieler die erste Option, obwohl erfahrungsgemäß die Quote des Misslingens genauso hoch ist. Das muss irgendwie im Gegensatz zum Rest der Menschheit beim Golfer naturgegeben sein: Lieber das Risiko suchen, als den sichereren Weg zu wählen. Wäre einem Jäger in der Steinzeit nie in den Sinn gekommen. Mit dieser Erkenntnis ist ein weiterer Aspekt angesprochen, der sich mit der Evolution des Steinzeitmenschen zum Neuzeit-Golfer beschäftigt.

Ein bekanntes Szenario für »Alles oder nichts?!« ergibt sich auch, wenn der Ball im tiefen Rough landet. Eigentlich ist er im kniehohen Gras nicht spielbar. Man kann froh sein, ihn überhaupt gefunden zu haben. Auch in dieser Situation ist die Entscheidungsfreudigkeit des Spielers gefordert, da es zumindest drei Optionen gibt.

Weil zwei Schlägerlängen nicht reichen, geht man auf der Linie »Ball – Fahne« so weit zurück, dass man ihn so droppen kann, dass er vernünftig spielbar liegt. Aber das kommt natürlich nicht infrage, denn das kostet ja einen Strafschlag.

Man versucht, den Ball aus dem tiefen Gras quer auf das Semi-Fairway zu »hacken«, denn es sind ja nur vier Meter Rough zu überwinden. Der Spieler hat solche Situationen schon oft bei den Weltklasse-Golfern im Fernsehen gesehen. Die schaffen es immer irgendwie, den Ball aus solch einer Lage mit Distanzgewinn Richtung Grün zu transportieren.

An dieser Stelle darf der Leser raten, zu welcher Option der Durchschnittsgolfer greift. Richtig! Natürlich wählt er, um – so könnte man denken – möglichst viele Schläge auf der Scorekarte zu haben, Option drei. Aber, das müsste er eigentlich wissen, er ist kein Profi-Golfer. Beim ersten Versuch berührt der Ball zwei Grashalme, um erneut im Rough zu versinken. Der zweite Schlag ist schlimmer, denn der Ball wird etwas zu steil getroffen, um als Folge davon die Lieblingsbeschäftigung eines erdgrabenden Tieres zu übernehmen. Dank seiner Mitspieler wird zwischen den Halmen ein kleiner weißer Punkt entdeckt, der nach Ausgrabungen mit der Pitchgabel als sein Ball identifiziert werden kann. Kleinmütig und frustriert, denn es handelt sich um ein Zählspiel, kommt dem Golfer ein gequältes »Ich nehm einen Strafschlag« über die Lippen.

Erwartungsvolle Vorfreude kommt bei den Flightpartnern auf, wenn der Ball ihres Mitspielers im Wasserhindernis landet. Es könnte ja sein, dass er zwar im Wasser liegt, aber noch spielbar ist. Beim Erreichen des Teiches zeigt sich, dass er zwar zwei Zentimeter unter der Wasseroberfläche liegt, aber eindeutig identifiziert werden kann. Die Vorfreude der Beobachter hat nichts mit Häme zu tun, denn das ist nicht die Art eines fairen Golfers. Sie wissen um die »Alles oder nichts?!«-Mentalität ihres Mitspielers. Sie erwarten ein Spektakel und werden nicht enttäuscht. Die verschiedenen Optionen, die ihm zur Verfügung stehen, sind für unseren Protagonisten nicht existent. Rechter Schuh und Socke werden ausgezogen und das Hosenbein wird hochgekrempelt. Dann wird mit dem linken Fuß sicherer Stand gesucht und der rechte, barfüßige wird in den kalten Teich gesetzt. Auf einen Probeschwung wird verzichtet, denn sonst könnte er sich vielleicht noch einen Strafschlag einhandeln. Der Schläger gleitet trotz des Widerstandes durch das Wasser, trifft den Ball und landet einen Meter neben der Fahne auf dem Grün. Mit einem glücklichen Grinsen wendet er sich seinen Mitspielern zu, die Beifall klatschen. Erst dann nimmt er wahr, dass er die Runde nicht fortsetzen kann. Er ist durch und durch nass und mit Schlamm besudelt. Aber das nimmt er gerne in Kauf, denn »Alles oder nichts?!« hat sich endlich mal gelohnt.

66. GRUND

Weil es langsame Golfer gibt

Die Golfregeln schreiben ein zügiges Spiel vor. Auf vielen Scorekarten werden Richtzeiten angegeben. Üblicherweise sollen 18 Löcher in vier Stunden bewältigt werden. Beim Speed-Golfen schaffen die Besten eine volle Runde in 60 Minuten.

Zum Leidwesen vieler Golfer gibt es aber auch Spieler, die es darauf anzulegen scheinen, die Runde auf keinen Fall unter sechs Stunden zu spielen. Nur hereinbrechende Dunkelheit kann sie von diesem Vorhaben abhalten. Diese Rekordsüchtigen, 18 Löcher müssen doch noch langsamer zu spielen sein, sind eine echte Plage auf den Golfplätzen dieser Welt.

Jede Chance wird genutzt, dass ihr Spiel nicht zu schnell wird.

Nicht dass sie ohnehin mindestens zehn Schläge bis zum Erreichen des Grüns brauchen – jeder hat mal angefangen –, wird nach jedem Ball zehn Minuten gesucht. Im Wasserhindernis gelandete Bälle werden unter Einsatz ihres Lebens und mit großem Zeitaufwand mit Hilfe der Ballangel gerettet. Da möchte mancher, der das beobachtet, ausrufen: »Wenn ihr euch keine Bälle leisten könnt, schenk ich euch welche.«

Schon beachtenswert, wie solche Golfer in sich ruhen. Die Bewunderung der nachfolgenden Flights hält sich allerdings in Grenzen. Das Gebot des »Durchspielen-Lassens« ist ihnen fremd. Um sich jedem Stress zu entziehen, haben die Langsamen einen einfachen Trick. Nur nicht umdrehen, immer so tun, als sei man ganz alleine auf dem Platz. Dazu sind sie auch in der Lage, wenn an Tee 1 zehn Flights auf ihren Abschlag warten. Eine Vermutung liegt nahe. Als Autofahrer sind sie auch diejenigen, die mit Tempo 80 über die Autobahn tuckern. Irgendwann einmal die Schlange hinter sich wahrnehmend, fragen sie ihre Mitfahrer: »Ist ja merkwürdig, vorne ist doch alles frei?«

Bleibt den »Normalos« unter den Golfern nur, sich in Gelassenheit zu üben. Kann man doch das schöne Wetter genießen. Das sonst übliche Kurzgespräch zwischen dem letzten Grün und dem nächsten Grün wird dann eben zu einem halbstündigen Plausch ausgedehnt. Nur nicht zu einem dreisten »Fore!« (siehe Grund 36: *Weil man »Fore!« rufen darf*) hinreißen lassen. Ist ja keiner in Gefahr. Sind ja nur die eigenen Nerven.

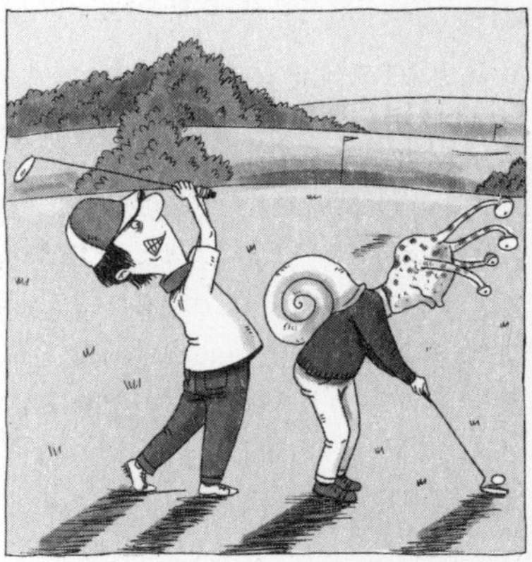

Weil man Muskelkater bekommt

Alle haben ihn schon mal gehabt, oft wird von ihm geredet: der Muskelkater. Woher der Begriff kommt, wissen die meisten nicht. Wahrscheinlich ist es eine Verballhornung der Wörter »Muskel« und »Katarrh«. Wie der Muskelkater physiologisch entsteht, interessiert die Betroffenen weniger als die Frage, wie sie ihn am besten wieder loswerden. Fest steht, dass eine Massage kontraproduktiv ist, aber eine Wärmebehandlung sehr wohl helfen kann.

Der geneigte Leser wird sich fragen, was das Thema Muskelkater in einem Buch zu suchen hat, das sich mit dem Golfsport beschäftigt.

Ganz einfach. Was vor allem Nicht-Golfer nicht glauben werden: Vom Golfspielen kann man Muskelkater bekommen.

Nicht wissenschaftlich fundiert ist die Aussage, dass Golfen nach Stabhochsprung und Eiskunstlaufen die komplexeste Sportart ist. Das glaubt der Golfer gerne, denn gibt es ihm doch eine gute Begründung für seine miserablen Leistungen. Sollte einmal festgestellt werden, dass Hammerwerfen oder ähnlich komplexe Sportarten noch schwieriger sind als das Golfspiel, bleibt doch eine Tatsache bestehen: Beim Golfspielen werden 124 Muskeln beansprucht.

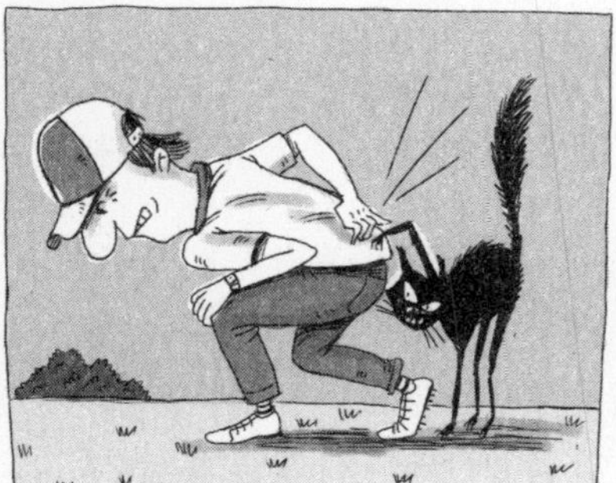

Das spürt jeder Golfer, wenn er eifrig trainiert. Besonders betroffen sind die Anfänger. Die spüren Muskeln, von denen sie gar nicht gewusst haben, dass sie in ihrem Körper sind. Wenn man es übertreibt, schmerzen die Unterarme, der Nacken, die Rippen … Dann begreift der Golfer, warum Profis intensives Krafttraining machen. Mit zunehmendem Training wachsen zwar keine Muskelberge, die auch nur beim Schwung stören würden, aber der Körper gewöhnt sich. Der Körper hat gelernt, die für ihn ungewohnten Bewegungen anzunehmen. Bleibt nur zu hoffen, dass das Muskelgedächtnis Schritt hält, damit man irgendwann nicht mehr über jeden Schlag nachdenken muss.

Den Körper in einer neuen Bewegung zu spüren, kann dem eigenen Wohlbefinden nur dienlich sein. Und das ist immer gesund.

Apropos Gesundheit. Wenn ein Nichtgolfer schon nicht an Muskelkater beim Golfen glaubt, sollte er wenigstens hinnehmen, dass dieser Sport außerordentlich gesundheitsfördernd ist. Er sollte sich vor Augen führen, dass ein Golfer auf einem 18-Löcher-Kurs im Schnitt acht Kilometer in einem Tempo zurücklegt, das dem von Stöckern gestützten Walkern in nichts nachsteht. Dazu kommen die Schläge, die nicht nur Muskeln bewegen, sondern auch große Konzentration erfordern.

Während einer Runde werden circa 1500 Kilokalorien verbraucht, ein Tennisspieler kommt nach zwei Stunden gerade mal auf 960 Kilokalorien. Der Cholesterinspiegel sinkt um 15 Prozent. Das Körpergewicht verringert sich um circa ein Kilo.[11]

Die körperlichen Risiken, vom Muskelkater einmal abgesehen, halten sich in Grenzen. Die größten Gefahren bestehen darin, zu dicht neben einem schwingenden Golfer zu stehen. Das kann schon mal die neue Brücke kosten. Im schlimmeren Fall gehört es sich ja wohl, den armen Menschen im Krankenhaus zu besuchen. Als Aufmerksamkeit könnte man ja Blumen mitbringen, die man auf dem Golfplatz gepflückt hat.

Oder man kann von einem Ball getroffen werden, weil irgendein vertrottelter Golfer wieder mal vergessen hat, »Fore!« zu rufen.

68. GRUND

Weil einem Bunker das Leben schwerer machen

Im ursprünglichen Sinn des Wortes sollen Bunker das Leben nicht schwerer machen, sondern die Insassen vor Gefährdung schützen.

Warum der Begriff »Bunker« Eingang in die Golfersprache gefunden hat, lässt sich nur vermuten. Die ersten Golfplätze entstanden in Dünenlandschaften. Auf diesen gab es natürliche Sandkuhlen. In denen fanden Tiere Schutz. Zum Dank höhlten sie diese Gruben immer weiter aus, so durften sich die Golfer über »Bunker« freuen.

Solche Plätze sind auch heute noch weit verbreitet. Sie werden »Links Course« genannt. Golfplatzarchitekten entdeckten schnell, dass sich auch andere Landschaften für das Golfen eignen.

Weil sie den spielstrategischen Wert von Bunkern erkannten, hielten diese Einzug auf fast allen modernen Plätzen.

Das löste unter den Golfern eine sehr geteilte Freude aus.

Profis lieben Bunker, weil sie ihnen doch immer wieder die Gelegenheit geben, zu beweisen, mit welch traumwandlerischer Sicherheit man einen Ball aus dem Hindernis transportieren kann.

Amateure mögen Bunker nicht. Ihnen fehlt die traumwandlerische Sicherheit.

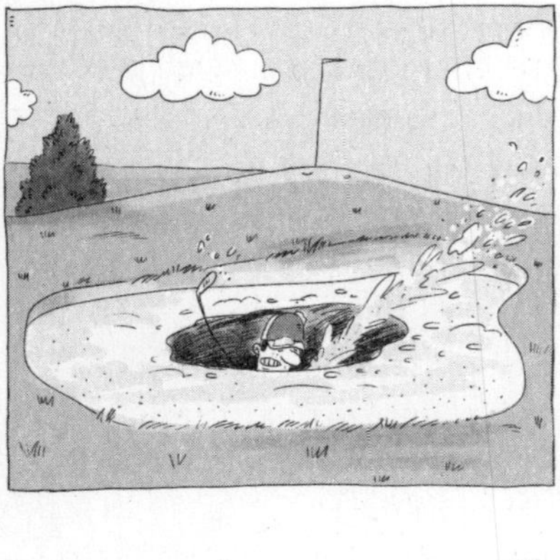

Fairwaybunker, die sich links oder rechts des Fairways befinden, machen dem normalen Golfer das Leben schwer, liegen sie doch immer auf Höhe der Landezone seiner Abschläge. Besonders beliebt sind gaaaanz lange Fairwaybunker. Wenn der Ball gerade so den Anfang des Bunkers erreicht, könnte man ja seitwärts rausspielen. Aber wer will schon als Weichei dastehen? Da kann es schnell passieren, dass der sture Spieler drei Schläge braucht, um sich 30 Meter dem Ziel zu nähern.

Damit aber nicht genug. Hat man endlich Sicht auf die Fahne, die das Loch kennzeichnet, sieht man auch den oder die Grünbunker. Hinterhältig verteidigen sie das Grün. Besonders hinterhältig dann, wenn sie auch hinter dem Grün lauern. Wenn der Ball auf dem harten Grün nicht beißt, darf der Golfer wieder versuchen, mit aller ihm zur Verfügung stehenden technischen Raffinesse das Sandhindernis regelkonform zu verlassen. Ist der Bunker tief genug und von seinen Mitspielern nicht einzusehen, greift manchmal einer zu einem alten Golf-Betrug: Der Schläger wird abgelegt, mit der Linken nimmt man eine Handvoll Sand, mit der Rechten hält man den Ball. Dann braucht man nur noch Sand und Ball gleichzeitig aufs Grün zu werfen, und die Bewunderung der Mitspieler ist einem gewiss.

Apropos »tief genug«. Wirklich tief sind nur sogenannte Topfbunker. Als wenn das Spiel nicht ohnehin schon schwer genug wäre, haben manche Plätze Topfbunker, die nicht selten so tief und steil sind, dass sie mit einer Treppe oder Leiter versehen sind.

Flightpartner Michael wird sich nicht gerade gerne an den 16. Juli 2012 erinnern. Abschlag am 13. Loch, bis dahin hatte er richtig gut gespielt. Der Abschlag ist lang und gerade. Mit dem zweiten Schlag könnte er das Grün erreichen. Aber die Vision, auf dem Par 4 weiter zu glänzen, findet ein jähes Ende. Der Ball landet in einem der drei Topfbunker, die das Grün verteidigen.

Michael ist noch nicht frustriert, sondern voll konzentriert. Ein Übungsschlag außerhalb des Bunkers, dann werden im Bunker die Füße eingegraben, der Stand ist leicht geöffnet wie das Schlägerblatt seines Sandeisens. Hilft alles nichts. Der Ball kommt nicht über die Bunkerkante. Nächster Versuch. Gleiches Ergebnis. Das geht so weiter. Bis ein Mitspieler ihm – Belehrungsregel hin, Belehrungsregel her – einen Tipp gibt: »Du kannst auch nach hinten rausspielen.« Dankbar und erfolgreich nimmt Michael diesen Tipp an. Aber die 19 Schläge muss er trotzdem auf seiner Scorekarte eintragen. Er nimmt es mit Humor. Hat er doch eine schöne Geschichte zu erzählen und die anderen haben etwas zu lachen.

69. GRUND

Weil man die perfekte Runde nicht spielen kann

Auch wenn irgendwelche Kommentatoren es vereinzelt behaupten, die perfekte Golfrunde gibt es nicht. Das unterscheidet diesen Sport zum Beispiel vom Darts. Bei diesem immer beliebter werdenden Spiel, bei dem man mit Pfeilen auf eine Scheibe wirft, gibt es nur ein Ziel. Der Dartspieler muss sich mit möglichst wenigen Würfen von 501 auf Null herunterarbeiten. Schafft das einer, was äußerst selten ist, mit neun Würfen, hat er einen »Neun-Darter« erzielt. Der ist nicht zu toppen. Besser geht nicht. Das ist perfekt.

Beim Golfen ist das anders. Jede Runde auf jedem Platz der Welt kann immer noch besser gespielt werden.

Selbst wenn einem Profi das schier Unmögliche gelänge.

Er spielt alle Par-3- und Par-4-Löcher mit einem Hole-in-one und die Par-5-Löcher schließt er mit einem Albatros ab. Dann hat er zwar den niedrigsten Score erreicht, der möglich ist, aber er weiß genau, dass er kein perfektes Golf gespielt hat.

Weil der Amateur ahnt, dass die perfekte Runde nicht gespielt werden kann, erfindet er für sich neue Definitionen, damit er dem Anspruch an Perfektion gerecht werden kann. Ist doch ein schönes Gefühl, etwas Perfektes zu leisten.

Da darf ein Spieler mit Handicap -36 schon einmal von einer perfekten Runde schwärmen. Dem einstelligen Handicaper geht es nicht anders, wenn er die Runde Par spielt. Anderen reicht es schon, wenn sie ihr Angst-Wasserhindernis mit einem Schlag überwunden haben. Da kann man im Clubhaus doch schwärmen.

Wer nicht lernt, die eigenen Ansprüche den vorhandenen Fähigkeiten anzupassen, wird zu einem der ewigen Nörgler. Deren Lieblingsspruch, »Gestern hab ich so gut gespielt!«, können die Flightpartner nicht mehr hören. Ähnlich geht es den Super-Ehrgeizigen. Nie sind sie mit einer Runde zufrieden. Denen möchte man am liebsten zurufen: »Mann, wie bist du denn drauf, die perfekte Golfrunde gibt es nicht! So, und nun hör auf zu lamentieren und gib endlich mal einen aus. Kann mich nicht erinnern, dass du das schon mal gemacht hast.«

Wenn der dann sauer reagiert, sollte man sich andere Partner suchen. Davon gibt es im Club ja genug.

Ehrgeiz muss schon sein, sonst könnte man sich ja gleich auf die Parkbank setzen und Spatzen füttern. Es kommt eben immer auf das richtige Maß an.

KAPITEL ACHT

Gemeinschaft und Gesellschaft

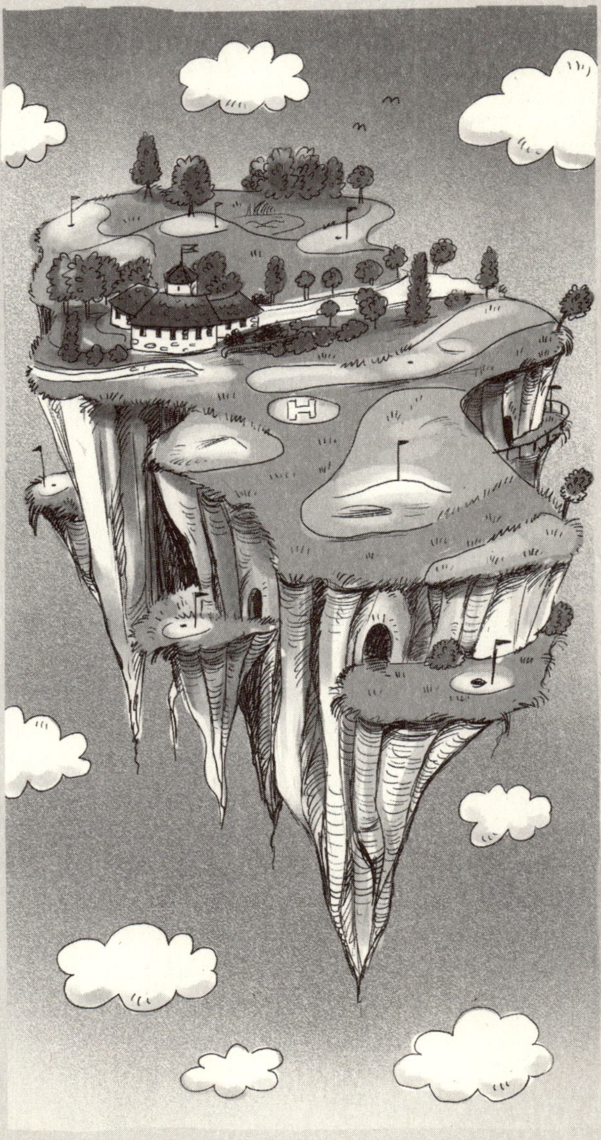

Weil man Zeit mit seinem Kind verbringen kann

Golf ist ein Zeitfresser. Während der Golfer auf dem Platz ist, liest er nicht, arbeitet nicht und vernachlässigt seine Familie. Es sei denn, er hat das Glück und die eigene Familie spielt auch Golf. Man muss ja nicht immer zusammenspielen, aber das Verständnis für die eigene Sucht ist da. Dass die Jahresbeiträge für das Spielrecht ein ordentliches Loch in das Budget reißen, wird dann in Kauf genommen.

Die Kinder sind zwar nicht mit dem gleichen Ehrgeiz wie man selbst bei der Sache, aber man muss neidlos anerkennen, dass sie viel schneller lernen. Während er selber Monate brauchte, um den Ball einigermaßen zu treffen, haben sie schon nach wenigen Trainingseinheiten einen wundervoll geschmeidigen Schwung. Man ist ja selber schuld, dass man erst viel zu spät mit diesem Sport angefangen hat.

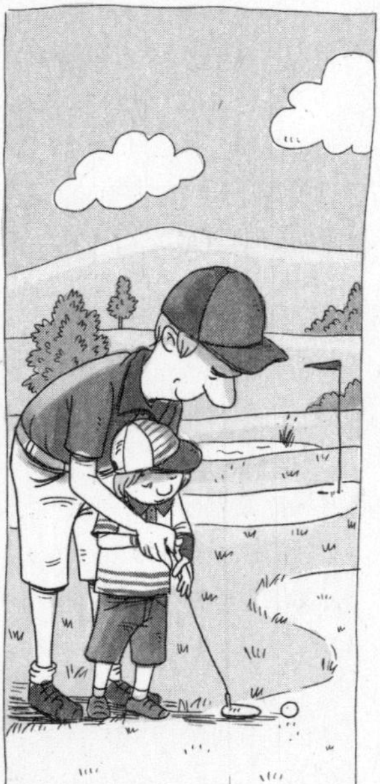

Schnell lernt der Vater, dass es nicht ratsam ist, mit beiden Kindern gemeinsam auf die Runde zu gehen, denn der durchaus vorhandene Ehrgeiz bei Tochter und Sohn ist einem spannungsfreien Spiel nicht immer zuträglich. Da bietet es sich eher an, mit einem von beiden alleine auf die Runde zu gehen. Schließlich soll das Vergnügen an erster Stelle stehen.

Das Wetter ist traumhaft und sein Kind hat in den Semesterferien mal wieder die Zeit gefunden, mit dem Vater Golf zu spielen. Auch wenn der Nachkomme selten auf den Golfplatz kommt, kann er mit dem »Alten« gut mithalten. Natürlich wird um einen Drink gespielt, weil einfach mehr Zug in das Spiel kommt. Das Kind ist einverstanden, weiß es doch ohnehin, dass der Vater bezahlt. Auf der Runde ist genügend Zeit für vielfältige Gespräche. Vier Stunden gemeinsamer Austausch vergehen wie im Flug. Selten kann der »Alte« die Zeit so genießen wie auf der gemeinsamen Golfrunde mit seinem Kind.

71. GRUND

Weil deutsche Medien ihr Interesse am Golfsport gut verstecken

Deutsche Medien zeichnen sich nicht gerade dadurch aus, dass sie ausführlich über den Golfsport berichten. Dazu gehört auch das Fernsehen. Wer für Übertragungen von Golfturnieren nicht bezahlen möchte, kann einmal in der Woche bei einem Sportsender zu später Tageszeit Aufzeichnungen von großen Turnieren sehen. Lange kann er da nicht zuschauen, denn man zeigt eigentlich ausschließlich genial puttende Golfer. Bei den öffentlich-rechtlichen Sendeanstalten ist die Übertragungsrate praktisch auf null gesetzt.

Die Tageszeitung hat für den Golfer auch nur Kargheit in der Berichterstattung zu bieten. Wenn es hoch kommt, wird in acht Zeilen über das letzte Turnier berichtet, in dem Martin Kaymer weit hinter Rory McIlroy gelandet ist.

Wer aber seine Zeitung anders liest, wird durchaus Interessantes finden. Interessant deswegen, weil er von den dort verbreiteten Aussagen Brücken schlagen kann zu seinem Lieblingssport.

Da gibt zum Beispiel der Neurobiologe und Philosoph Gerhard Roth eine seiner Erkenntnisse zum Besten:

Wer in seinem Leben etwas ändern will, muss gegen große innere Widerstände angehen. 80 Prozent der Menschen halten gern an Ge-

wohnheiten fest, weil sie das Gefühl dafür belohnt. Von Ritualen abzuweichen ist eine Qual – je älter wir sind, umso mehr. Viele Menschen fühlen sich gut dabei, wenn sie alles so machen wie immer. Dann werden hirneigene Botenstoffe, sogenannte Opioide, ausgeschüttet.[12]

Mit Begeisterung liest der ältere Golfer diese Erkenntnis. Jetzt kann er mit gutem Gewissen auf Trainerstunden verzichten, weil er ja für seinen alten Schwung belohnt wird. Von nun an freut er sich über die Opioide, die ihn überschütten werden. Was auch immer die sein mögen.

Manchmal begegnen dem Zeitung lesenden Golfer kurze Sinnsprüche, die auch als Aphorismen bezeichnet werden.

»Wen das Glück in die Höhe wirft, den will es werfen.«

Ohne lange nachzudenken, erinnert er sich sofort an das letzte Birdie, das er gespielt hat. Mit viel Dusel war der Putt nach zweifacher Umkreisung des Loches doch noch in dasselbe gefallen. Das Birdie war perfekt. Die verständliche Freude hielt nicht lange an, denn das nächste Loch war eine Katastrophe. Oder wie soll man eine Zehn auf einem Par 4 bezeichnen?

Als der Golfer an seinem Angstloch steht, erinnert er sich an die nach dem Frühstück gelesene Zeitung. Dort wurde auf Seite 1 ein Spruch des Aphoristikers Heinrich Nüsse zitiert:

»Die meisten Menschen haben ihre Achillesferse woanders.«

Das Studium des von ihm bevorzugten Presseorgans hilft auch manchmal, Wissenslücken zu schließen.

Mit Karl-Heinrich spielt er öfter. Nicht wegen seines Vornamens, sondern weil er ein netter Kerl ist. Aber er spielt grottenschlechtes Golf. Er hat es in zehn Jahren nicht geschafft, sich auf ein Handicap unter -40 herunterzuspielen. Das macht das Spiel nicht gerade schneller, aber was wirklich nervt, ist der ständig gleiche Spruch von Karl-Heinrich: »Ich versteh das nicht. Gestern hab ich noch richtig gut gespielt.«

Weil er genau weiß, dass Karl-Heinrich nicht die Wahrheit sagt, sucht er eine Bezeichnung für ihn.

Die Tageszeitung ist ihm gnädig. Ein ausführlicher Artikel beschäftigt sich mit Menschen, die dem Zwang unterliegen, dauerhaft zu lügen. Nun weiß der lesende Golfer, dass Karl-Heinrich offenbar unter Pseudologie leidet.

Nun sage noch einer, dass die deutsche Presse nicht über Dinge berichtet, die den Golfsport betreffen. Sie weiß es nur gut zu verstecken. Das muss der Golf spielende Leser wissen.

72. GRUND

Weil Profis ihr Geld nicht nur mit Preisen verdienen

Immer wieder staunt der Amateur, wie sich die Preisgelder im professionellen Golf entwickelt haben. Auf der US-Tour der PGA sind Siegprämien von über einer Million Dollar zur Regel geworden. Sponsoren und der Verkauf von Übertragungsrechten ermöglichen diese Summen. Den ganz Großen werden horrende Gelder dafür gezahlt, dass sie überhaupt antreten. Legenden des Golfsports wie Sam Snead oder Ben Hogan, die schon vor Jahren verstorben sind, würden aus dem Staunen nicht herauskommen.

Schon lange werden nicht nur Punkte- sondern auch Geldranglisten geführt. Damit ist für die Öffentlichkeit offenkundig, wie viel Preisgeld sich der einzelne Golfer in einem Jahr erspielt hat. Nicht so durchsichtig ist, was die Besten der Welt an Werbeprämien erhalten. Da kann nur geschätzt werden. Bei dem zur Zeit Größten der Zunft, Tiger Woods, wurde vor der Scheidung ein Vermögen

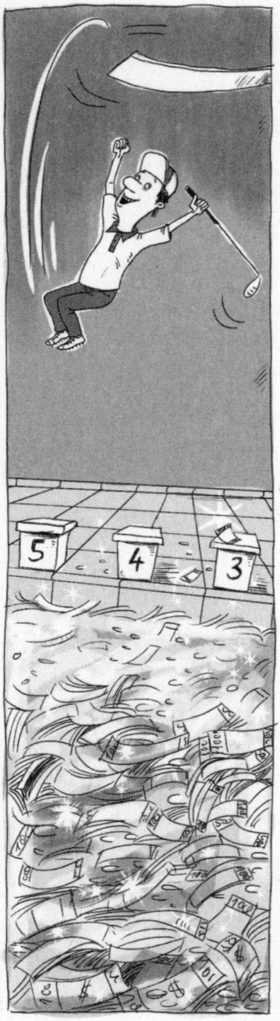

von einer Milliarde Dollar kolportiert. Da kann sich jeder seine eigenen Gedanken über die Höhe von Woods' Werbeeinnahmen machen. Um diese Summe zu erreichen, hätte er 1.000 hoch dotierte Turniere gewinnen müssen.

Dass Golfer mit Werbung viel Geld verdienen, ist bekannt. Weniger bekannt sind ihre vielfältigen Betätigungsfelder abseits des Spiels.

Der Südafrikaner Ernie Els hat sich wie unsere »Wer wird Millionär?«-Ikone Günther Jauch dem Weinanbau verschrieben. Seine Produkte haben großen internationalen Erfolg. Den kundigen Golfer wundert es nicht, dass auf den Etiketten ein »Big Easy« prangt.

Nick Faldo ist nicht nur als Fachkommentator tätig und hat eine eigene Golf-Modemarke entwickelt, sondern zeichnet auch verantwortlich für das Design von zahlreichen Golfplätzen. Der reiselustige Golfer wird auch in Deutschland auf mehrere »Faldo-Plätze« stoßen.

John Daly ist eine der spektakulärsten Erscheinungen auf den Golfplätzen dieser Welt, auch wenn er sich selten in die Siegerlisten eintragen darf. Seine Bekleidung und sein Gebaren kennzeichnen ihn als echten Exzentriker. Weithin unbekannt in unseren Landen sind seine geschäftlichen Tätigkeiten und sein uneigennütziges Engagement. Einen großen Teil der Gewinne aus seiner Modefirma und dem Design von Golfplätzen spendet er für wohltätige Zwecke.

Der Umtriebigste von allen aber ist sicher Gary Player. Der 1935 in Südafrika geborene Player stellt nicht nur gerne seine für einen fast 80-Jährigen unglaubliche Fitness zur Schau, sondern er ist auf vielen Feldern tätig. Er hat als Golfplatzarchitekt über 300 Projekte weltweit begleitet und über 30 Golfbücher mitgestaltet, handelt mit Immobilien und betreibt eine Akademie. Zudem kümmert er sich um Lizenzierungen, die Organisation von Veranstaltungen und hat, man höre und staune, nebenbei noch ein sehr erfolgreiches Gestüt. Dieser offensichtlich rastlose und überaus erfolgreiche Geschäftsmann hat außerdem noch die Kraft und die Zeit gefunden, die »Player Foundation« zu gründen. Die unterstützt mit ihrem Millionenvermögen bedürftige Kinder, Schüler und Studenten.

73. GRUND

Weil Nichtgolfer eine andere Sicht auf die Dinge haben

Weil dem Autor diese Sicht verschlossen ist, hat er seinen besten Freund Diedel, einen bekennenden Nichtgolfer, gebeten, seine Sicht kundzutun:

Ein normaler mitteleuropäischer Mensch, der mit Golfspielen wenig am Hut hat, kommt nicht umhin, hin und wieder auch mal etwas von dieser Parallelwelt mitzukriegen. So auf dem Flughafen von Palma de Mallorca kurz nach der Landung. Die Leute sind in froher Erwartung, ihre Habseligkeiten vom Laufband nehmen zu können. In dieser Zeit des Wartens tritt so etwas wie Ruhe ein, denn ohne ihre Utensilien wird in den nächsten Tagen oder auch Wochen nicht viel passieren können. Endlich setzt sich das Laufband unter leichtem Motorengeräusch in Gang und bringt die unterschiedlichen Taschen und Koffer zum Vorschein, die merkwürdigerweise fast alle in Schwarz gehalten sind und nun auf den Eigentümer warten. Da muss man schon mal genauer hinsehen. Nur ab und zu taucht etwas Exotisches auf, das die Aufmerksamkeit der Wartenden auf sich zieht. Das kann ein Hundekäfig, ein Sonnenschirm, ein Surfbrett oder eine Golftasche sein, aus der gefühlte 50 Schläger herausragen. Einige der Schläger sind mit einem samtigen Säckchen bekleidet. So sollen sie wohl vor Hitze, Regen oder Blessuren geschützt werden. Es wird sich bestimmt um wertvolle Gerätschaft handeln. Zu diesen Golftaschen greifen dann, er wusste es ja vorher, grauhaarige Herren mit leichtem Bauchansatz. Aus ihrer Seitentasche des Jacketts ragen die *Frankfurter Allgemeine* oder die *Financial Times* hervor. Sie tragen die Gelassenheit, die Aura eines wohlhabenden Privatiers vor sich her. Sie brauchen nicht die 14 Tage Sonne am Strand von Cala Millor, um zu Hause nachzuweisen, dass man sich erholt hat. So was haben solche Leute nicht nötig. Sie sind immer im Urlaub.

Lauscht man ihren Gesprächen, so drehen sich diese häufig um Tiere. Einen »Igel« hätte der eine noch vor seinem Ableben gern geschafft. Mal sehen, vielleicht gelingt es ja diesmal. Nicht auszudenken, wenn er mal einen »Albatros« schlagen könnte. Da wäre seine Glückseligkeit schon eigentlich erreicht. Danach könnte er dann das Golfspielen aufgeben, mehr geht nicht, höchstens noch ein »Hol in wann«.

Kaum, dass sie ihr Päckchen auf die Räder gestellt haben, entschwinden sie auch schon wieder in der Weitläufigkeit des Flughafens. Der Beobachter kann sicher sein, dass er diese Spezies auf der Insel nicht mehr zu sehen kriegt, auf keinem Marktplatz, an keinem Strand, in keiner Cala oder vor der Kathedrale von Palma, bestenfalls erst wieder beim Abflug von der Insel, wenn sich zufällig die Wege wieder kreuzen sollten.«

Der Autor verspricht zwar, die Einlassungen, obwohl sie von Vorurteilen nur so strotzen, ungefälscht zu übernehmen, aber er wird in seinen Bemühungen nicht nachlassen. Wäre doch gelacht, wenn dieser Nichtgolfer nicht auch zu überzeugen wäre.

74. GRUND

Weil Golfer nicht nur an sich denken

Von vielen Profi-Golfern ist bekannt, dass sie sich sozial engagieren. Sie opfern viel Zeit und Geld, um dort zu helfen, wo sie es für am dringendsten erachten. Die Vielfältigkeit ihres Engagements erstreckt sich von der Unterstützung krebskranker Kinder bis zum Bau und Unterhalt ganzer Schulen (siehe Grund 72: *Weil Profis ihr Geld nicht nur mit Preisen verdienen*).

Das soziale Engagement der Golf spielenden Amateure geschieht oft im Verborgenen und wird erst dann bekannt, wenn sie als Mitglieder wohltätiger Organisationen Turniere veranstalten, deren Erlös Bedürftigen zugute kommt. Stellvertretend für alle diese Organisationen werden die »GOFUS« vorgestellt.

Weil viele aktive und ehemalige Fußballprofis zum Golfsport gefunden haben, lag es nahe, dass sich die golfenden Fußballer zu einem Netzwerk zusammenschlossen und sich »GOFUS« nannten.

Diese Gemeinschaft zählt mittlerweile fast 500 Mitglieder. Den Fußballprofis haben sich auch Trainer, Sportjournalisten, Fußballmanager und Vertreter aus der Wirtschaft angeschlossen. Die Liste der Namen liest sich wie das *Who's who* des deutschen Fußballs. Trainer wie Michael Skibbe, Michael Frontzeck und Peter Neururer engagieren sich ebenso wie die aktiven Spieler Frank Rost und Christoph Metzelder. Ihnen stehen die »Legenden« in nichts nach. Klaus Fischer, Uwe Seeler, Franz Beckenbauer, Willi Lippens und viele andere genießen das Vergnügen, gemeinsam Golf zu spielen und gleichzeitig viel Gutes zu tun. Die Vereinigung ist äußerst schlagkräftig. Das zeigt sich hin und wieder in den gespielten Scores der gemeinsam ausgetragenen Turniere, aber auch, und das ist viel wichtiger, in den Auswirkungen ihres Engagements.

Die gesammelten Gelder kommen dem Projekt »PLATZ DA!« zugute und werden eingesetzt, um Spiel- und Bolzplätze dort zu bauen, wo sie dringend benötigt werden. Außerdem werden Praktikums- und Ausbildungsplätze akquiriert und auf der eigenen Ausbildungsbörse veröffentlicht.

Bei dieser gelungenen Verbindung von sportlichem Vergnügen und Wohltätigkeit verwundert es nicht, dass sich auch Prominente abseits des Fußballplatzes zu den GOFUS hingezogen fühlen. Jan Josef Liefers, Michael Stich, Helmut Zerlett und Sonja Zietlow können stellvertretend für die vielen anderen genannt werden.

Wenn man etwas von dem Glück zurückgeben kann, was einem erst ermöglicht hat, den besten Sport der Welt zu betreiben, sollte man sich nicht zurückhalten, anderen zu helfen. Schön, dass es so viele Golfer gibt, die das begriffen haben.

75. GRUND

Weil man rauchen darf

Auch wenn man sich in der heutigen Zeit nicht traut, eine Lanze für die Raucher zu brechen, muss doch festgehalten werden, dass ein Drittel der Deutschen diesem Laster frönt. Wenn also ein Golfclub ein absolutes Rauchverbot auf seinem Platz erlassen würde, könnte das eine Hilfe für die Süchtigen sein oder einen gehörigen Aderlass in der Mitgliedschaft bedeuten.

Stupidedia gibt auf ihrer Internetseite eine, sicher nur den Nichtraucher amüsierende, Beschreibung des Rauchers:

Als Raucher bezeichnet man eine Unterart der Menschen (lat. smokus maximus), die es lieben, getrocknetes und verfaultes Kraut in Papier einzuwickeln, dieses dann in den Mund zu stecken und anzuzünden. Der entstehende Rauch, welcher vergleichbar ist mit dem Gas aus Vulkaneruptionen, wird tief eingeatmet und so lange wie möglich in der Lunge gehalten, bis der Kopf ultraviolett anläuft.[13]

Wenn Rainer und sein Golfpartner über den Golfplatz wandern und genüsslich eine Zigarre rauchen, sind sie sich bewusst, dass es nicht gesundheitsfördernd ist. Sicher aber ist, dass sie dort im Freien keinen mit ihrer Sucht beeinträchtigen. Keiner beschwert sich. Höchstens kommt mal eine Bemerkung wie »Lass mich mal schnuppern. Hab selber mal geraucht«. Wenn sich mal ein Flightpartner verspätet hat, findet er die beiden problemlos. Die Qualmwolke ist nicht zu übersehen.

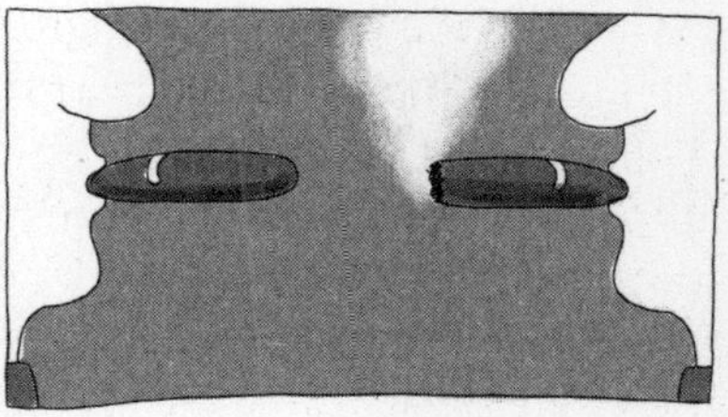

Zu den prominentesten Rauchern unter den Profigolfern gehören Darren Clarke und Miguel Ángel Jiménez. Jiménez bevorzugt nicht nur Ferraris und einen edlen Rioja, sondern auch gute Zigarren. Bei kaum einer Fernsehübertragung sieht man ihn ohne das gerollte Tabakkraut im Mund. Dieser Lebensstil hat ihn aber nicht daran gehindert, etliche Turniere auf der European Tour zu gewinnen. Der letzte Sieg machte ihn mit 48 Jahren zum ältesten Spieler, der je ein Turnier in dieser Spielserie gewonnen hat.

Was für ein liberaler Sport Golf doch ist: Nichtraucher müssen nicht, aber Raucher dürfen.

76. GRUND

Weil Golf und die neuen Medien zusammenpassen

Was unter dem Begriff »neue Medien« zu verstehen ist, hängt von dem Zeitpunkt der Betrachtung ab. Es ist noch gar nicht so lange her, dass Radio und Fernsehen in diese Kategorie fielen. In den 90er-Jahren zählten CD und DVD dazu, nun alles, was sich übers

Internet schicken, streamen und uploaden lässt. Die digitalisierte Form der Speicherung und Übermittlung im Zuge des World Wide Web wurden zu den Stellvertretern der neuen Medien. Heute speichert man seine Daten in der iCloud oder Dropbox.

Der Golfsport hatte seine ersten Begegnungen mit den Medien, als Bücher über diesen Sport verfasst wurden und Zeitungen anfingen, über das Spiel zu berichten. Bald folgten Fotos und Radioübertragungen von den großen Turnieren. Das Fernsehen hatte anfangs große Schwierigkeiten, den Ball im Flug einzufangen. Normal- und Super-8-Kameras wurden im privaten Gebrauch von Videokameras abgelöst. Der Golftrainer konnte jetzt zum ersten Mal seinem Schüler noch während der Stunde seine Fehler aufzeigen. Digitale Kameras folgten. Mit viel weniger Aufwand und geringeren Kosten war der Golflehrer in der Lage, seinem Schüler zu zeigen, wie er sich seinen Schwung wünschte. Da brauchte er nur den idealen Schwung auf den Bildschirm zu projizieren und den Schwung seines Schützlings darüberzulegen. Dann sah der Schützling ziemlich schnell, wie weit er vom perfekten Schwung entfernt war.

Mit dem Internet, dem Inbegriff der neuen Medien, eröffnen sich auch dem Golfer neue Welten. Jetzt ist er unabhängig vom Fernsehen. Er ist nicht mehr auf das Bezahlfernsehen angewiesen, sondern kann sich auf den verschiedensten Seiten des WWW im Livestream die aktuellen Turniere ansehen. Er kann das neueste über die Weltrangliste und Interna der Großen des Sports erfahren.

Das Schönste aber im Internet sind für den Golfer die MEMS. Die meisten wissen nicht, was das ist, laden sie aber ständig herunter. Es sind nichts anderes als die Videoschnipsel, die sich der WWW-Junkie fast täglich ansieht. Ob es sich um Kurzfilme über den perfekten Schwung oder witzige Begebenheiten auf dem Golfplatz handelt, er sucht ständig nach Neuem. Wenn er dann dazu neigt, die Fundsachen an alle Adressen weiterzuleiten, die ihm zur Verfügung stehen, sind nicht alle Empfänger begeistert.

Dass kein internetaffiner Golfer einen Golfshop betritt, ohne sich vorher im WWW schlau gemacht zu haben, versteht sich von alleine.

77. GRUND

Weil man in einem Flight spielt

Natürlich kann man auch ganz alleine über den Golfplatz gehen. Wenn der Platz leer ist und man als Einzelspieler den Spielfluss nicht behindert, steht dem nichts entgegen. Für manche Golfer ist es das pure Vergnügen, frühmorgens ohne Mitspieler ein paar Löcher zu spielen. Sie genießen es, auf sich zurückgeworfen und ohne Gespräche führen zu müssen, ein paar Löcher zu spielen. Das hat für sie schon meditative Züge.

Meist aber freut sich der Golfer, dass er in einem Flight spielen darf. Er möchte das gemeinsame Spiel und den Austausch mit anderen nicht missen.

Man gibt sich gegenseitig Tipps, wenn man regelmäßig zusammenspielt. Das ist dann nie oberlehrerhaft, sondern immer mit dem Gespür, ob der »Belehrte« auch etwas hören möchte. Wenn ein Mitspieler einen wirklich schlechten Lauf hat, wird nicht noch hämisch nachgetreten, sondern es wird versucht, ihn aus diesem Loch herauszuholen. Fehlschläge werden mit Humor verarbeitet. Wenn Heinz seinen Ball mal wieder in ein Wäldchen verzogen hat, hört man von Benno nur ein trockenes »Knick, Knack«. Das ist irgendwie netter, als ein »Da weiß ich aber nicht, ob wir den finden …«. Als Toto, für ihn ganz unüblich, mit seinem Abschlag noch nicht mal drei Meter überwindet, bekommt er von Rainer den entsprechenden Kommentar. »Weißt du, was Sam Snead dazu gesagt hätte?« Natürlich hat Toto keine Ahnung. »Manch ein Golfer steht zu nah am Ball – auch nachdem er geschlagen hat.«

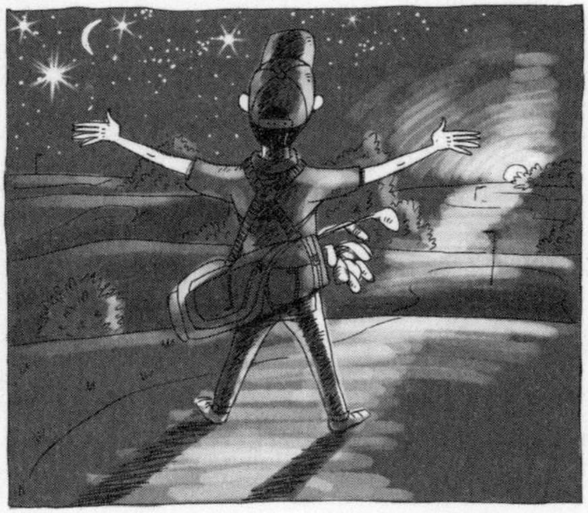

Man kann auf der gemeinsamen Runde auch vieles rund um den Golfsport lernen, was man noch nicht wusste.

Da weiß Heinz von dem »Slumdog-Golfer« zu erzählen, über den der *SPIEGEL* auf mehreren Seiten berichtet hat. Der Inder Anil Mane lebt in einem Slum in Mumbai. Sein Talent wurde durch Zufall entdeckt und er spielt seit zwei Jahren als Golfprofi in einem Land mit mehr als eine Milliarde Einwohnern, aber nur zwei öffentlichen Golfplätzen.[14]

Toto hat im Internet gelesen, dass es ein neues Traumpaar gibt. Tiger Woods ist mit der Skirennläuferin Lindsey Vonn zusammen. Benno meint, dass das ja nicht so selten sei. Spitzengolfer träfen oft auf Weltklassesportlerinnen. Ihm fallen immerhin Rory McIlroy und Caroline Wozniacki, Chris Evert und Greg Norman sowie Ana Ivanović und Adam Scott ein. Alle drei sind oder waren Tennisspielerinnen. Warum sich gerade Damen aus der einen Ballsportart zu Herren aus einer anderen Ballsportart hingezogen fühlen, wird nicht ausdiskutiert.

Privates und Berufliches wird auch ausgetauscht, aber am schönsten ist es, dass besonders gelungene Schläge gemeinsam bejubelt werden. Wenn einer aus der Runde einen richtig guten Score spielt, gibt es keinen Neid, sondern man zeigt seine Anerkennung.

Der gemeine Golfer ist froh, in einem Flight spielen zu dürfen. Der passionierte Einzelspieler weiß gar nicht, was ihm alles entgeht.

78. GRUND

Weil man viele Kontakte knüpfen kann

Facebook ist in aller Munde, denn es ist das soziale Netzwerk, dem man sich entweder nur anschließen oder aus grundsätzlichen Gründen verweigern kann. Andere Netzwerke wie zum Beispiel Xing versuchen, eine spezielle Klientel für sich zu gewinnen. Natürlich denkt derjenige, der sich bei einem Netzwerk registriert, manchmal darüber nach, warum der ganze Service kostenlos ist. Aber eigentlich ist ihm das auch ganz egal. Was kein Geld kostet, kann auch keinen Schaden anrichten.

Über den, der darüber grübelt, ob und welchem Netzwerk im Internet er beitreten soll, kann der gestandene Golfer nur schmunzeln. Er gehört doch schon lange einem sehr effektiven Netzwerk an. Es soll nicht wenige geben, die einem Golfclub nicht wegen des geliebten Sports beitreten, sondern weil sie die für sie wichtigen Beziehungen pflegen oder neue anbahnen wollen. Dazu gehören nicht nur Politiker und Wirtschaftsmagnaten, sondern auch »Normalos«, die sich für zu erbringende Dienstleistungen Vergünstigungen versprechen.

Natürlich hat ein Golfclub keine mehrere Hundert Millionen Mitglieder, aber die Kontakte sind viel direkter und intensiver als auf einer Internetplattform. Wenn der Flight gemeinsam am Abschlag wartet, kann man schon mal durchblicken lassen, dass man Außendienstmitarbeiter in Norddeutschlands größtem Caravanverkaufscenter ist. Abschläge beim Kaufpreis sind möglich. Man kennt sich ja schließlich vom Golfen. Wenn der potenzielle Verkäufer während der Runde einen Regelverstoß des potenziellen Käufers bemerkt, wird er geflissentlich darüber hinwegsehen.

Wenn ein Kommunal- oder Landes- oder Bundespolitiker mit einem politischen Kontrahenten gemeinsam über die Runde geht, wird sich manches klären lassen, was in harschen Reden noch nach Unvereinbarkeit klang.

Und dann gibt es noch die, die offensichtlich obskure Geldanlagen an den Mann bringen wollen. Während des Spiels sprechen sie kein Wort von ihrem Geschäft, aber nach der Runde beim gemütlichen Bier offenbaren sie ihre wirklichen Absichten. »Man wäre blöd, wenn man da nicht zuschlagen würde.«

Diese Auswahl der Kontakte, die sich auf einem Golfplatz ergeben, sind nur auf den eigenen Profit begrenzt. Es gibt aber auch Möglichkeiten, die völlig abseits des modernen »Networking« stehen.

Man kann einen zukünftigen Lebenspartner kennenlernen oder einfach nur Freundschaften gewinnen, die weit über das gemeinsame Golfspielen hinausgehen.

79. GRUND

Weil Choleriker selten Golf spielen

Choleriker sind leicht erregbare Menschen, die zu Wutausbrüchen neigen. Ihre Mitmenschen interessiert es nicht, dass sie auch willensstark und entschlossen sind. Die sind einfach von den Anfällen genervt. Cholerische Ausbrüche machen ihnen Angst. Sie fragen sich, warum sie weiterhin den Umgang mit einem solchen Menschen pflegen sollten.

Burkhard Heidenberger schreibt zum Thema »Lebensgenuss & -vereinfachung«:

Cholerischen Menschen genügt oft ein nichtiger Grund, um aus der Haut zu fahren. Wutausbrüche und Beleidigungen stehen dabei häufig an der Tagesordnung. Solche Wutausbrüche stellen für Menschen im Umfeld des Cholerikers eine große Belastung dar.« Das gilt laut Heidenberger besonders dann, wenn es sich um einen Vorgesetzten handelt. »Betritt dieser Vorgesetzte den Raum, so zieht es manchen Mitarbeitern den Magen zusammen. Spannung liegt in der Luft. Aber auch in der Partnerschaft sind Choleriker alles andere als harmoniefördernd und nicht selten der Grund für eine Trennung.[15]

Aber wie geht man mit einem Choleriker auf dem Golfplatz um? Falls möglich sollte man vermeiden, mit solch einem Menschen in einem Flight zu spielen. Das lässt sich in Turnieren natürlich nicht immer umgehen, aber man kann zumindest die Möglichkeit der Konfrontation auf ein Minimum beschränken.

Wenn man aber trotzdem gezwungen ist, mit einem anerkannten Choleriker zusammenzuspielen, sollte man im Falle eines Ausbruchs gelassen bleiben, denn der Erregte beruhigt sich meist erstaunlich schnell.

Dem von cholerischen Anfällen Betroffenen gegenüber sollte man ein strittiges Verhalten nicht rechtfertigen. Das bringt den zum Wutausbruch Neigenden genauso auf die Palme wie sarkastische Bemerkungen.

Wenn man erkannt hat, dass der Mitspieler »krank« ist, hilft einem das, eigene Schuldgefühle zu vermeiden.

Wenn der cholerische Mitgolfer mit dem Schläger wirft oder sich zu übelsten Schimpfwörtern hinreißen lässt, gilt es, klar Stellung zu beziehen. Sonst kommt der Choleriker noch auf die Idee, dass sein Wutausbruch berechtigt sei.

»Der Umgang mit Cholerikern ist immer schwierig und für jede Beziehung, ob privater oder geschäftlicher Natur, eine Belastung. Cholerikern selbst ist häufig gar nicht bewusst, was sie mit ihrer Verhaltensweise alles zerstören und sich dabei auch noch selbst hinderlich sind.«[16]

Da hat der Golfer Glück. Entweder trifft er auf Choleriker, die den Sport aufgeben, weil sie ihn nicht ertragen können. Oder, und das wäre das Schönste, der Sport lehrt die Aufbrausenden, dass es ihnen guttut, ihr Verhalten zu ändern.

80. GRUND

Weil man nach einer gespielten Runde Romane erzählen kann

»Golf erzählen ist viel schöner als Golf spielen.« DIETER RIVOLA

»Gehört er zu den Golfern, die nach jeder Runde jedem Menschen jeden Schlag erzählen, oder gehört er zu den anderen? – Welchen anderen ...?« BERNHARD VON LIMBURGER[17]

Es gibt wohl keinen anderen Sport, bei dem der Spieler sein Gespieltes so ausführlich nachbetrachtet wie das Golfen. Fußball-Fanatiker geben nicht nur während der Fernsehübertragung ihre fachmännischen Kommentare ab. Sie sind ja alle potenzielle Trainer.

Nach dem Spiel, beim Bier, kann die eigene Sichtweise schon mal hitzig vertreten werden. Der Golfer aber, wenn er denn normal ist, spricht stundenlang und minutiös über seine letzte Runde. Sein Sprachduktus bewegt sich meist im konditionalen Bereich: »Hätte, wäre, wenn«.

»Wenn ich den Ball an der 17 nicht ins Rough geschlagen hätte, hätte ich noch den Puffer geschafft.«

»Hätte ich den Ball an der 12 gefunden, hätte ich ein Par gespielt.«

»Wäre der Putt an der 18 gefallen, hätte ich ein Birdie gespielt.«

»Vom Vorgrün chippe ich den Ball so geil, dass er genau die Richtung hat. Trifft der doch genau die Fahne und lippt dann aus. Wär glatt noch ein Bogey gewesen.«

Aber natürlich hadern Golfer nach der Runde nicht nur. Sie schwärmen auch von besonders geglückten Schlägen.

»Weißt du, was ich an der langen 16 gespielt habe? Ein Par. Ein Par!«

»Du kannst dir nicht vorstellen, was mir an der 8 gelungen ist. Da liege ich im Grünbunker in einem Spiegelei und hau das Ding doch wirklich so raus, dass es tot an der Fahne liegt.«

Eigentlich interessiert sich keiner für die Berichterstattungen. Das weiß der Erzählende eigentlich auch. Es muss aber irgendwie in der Psyche des Spiels liegen, dass alle Golfer das Bedürfnis haben, ausführliche Nachbetrachtungen anzustellen. Alle Golfer?

Hat man das Vergnügen, am Damennachmittag im Clubhaus zu sitzen, versteht man sein eigenes Wort nicht. Alle scheinen gleichzeitig zu reden. Wenn man sich aber Mühe gibt, kann man den Gesprächen folgen. Noch nie hat man da ein »Hätte, wäre, wenn« gehört. Irgendwie müssen die Frauen einen Trick gefunden haben, das Spiel anders zu verarbeiten.

KAPITEL NEUN

Der Frust

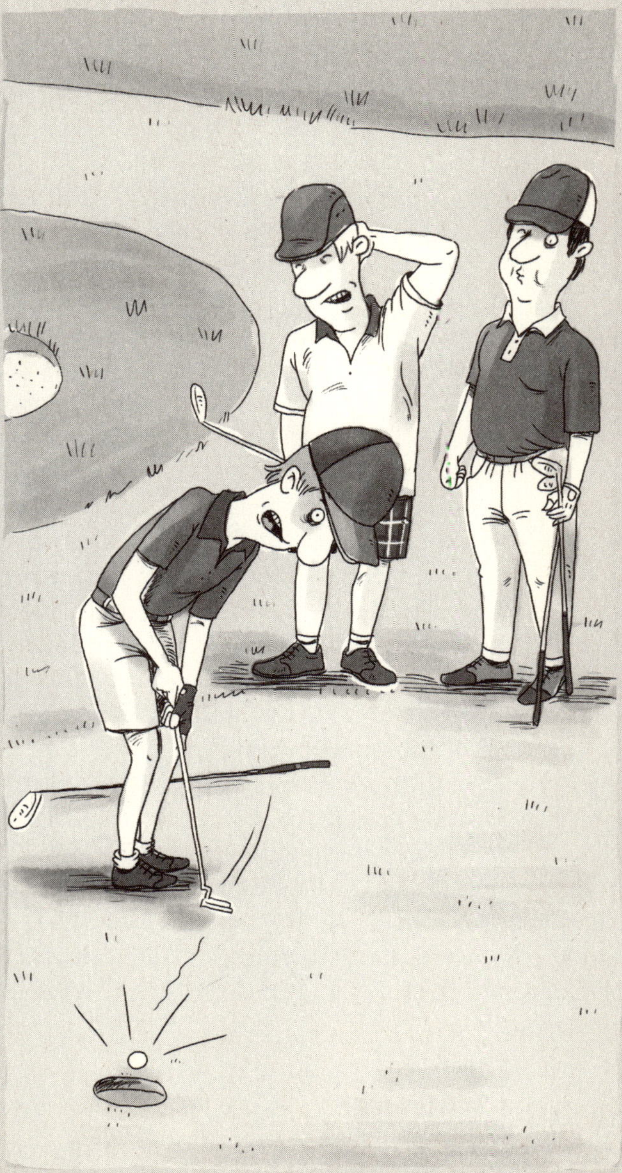

81. GRUND

Weil man die Hoffnung nie aufgibt

»Ich gehöre zu den Unglücklichen, denen im Laufe des Lebens Gewissheiten nicht zuwachsen, sondern denen sie abhanden-kommen.« SVEN-ERIC BECHTOLF[18]

Dieser Aphorismus von dem Schauspieldirektor Sven-Eric Bechtolf könnte für Golfer geschrieben sein. Hat er doch am Anfang seiner Golferkarriere die Gewissheit, in wenigen Jahren einstellig zu sein. Im Laufe der Jahre kommt ihm diese Gewissheit jedoch aus unerfindlichen Gründen abhanden. Das macht ihn aber nicht unglücklich. Da muss man sich eben neue Ziele setzen. Hat man Handicap -23,6, ist es doch auch ein Ziel, das in diesem Jahr zu halten. Irgendwann stößt man eben an seine Grenzen. Das heißt ja nicht, dass man keine Trainerstunden mehr nimmt oder nicht mehr auf die Driving Range geht. Dann ist immer was drin. Das hat man im letzten Jahr doch bei Arnold gesehen. Der hat sich von zweistellig auf -7,6 heruntergespielt.

Das blöde Handicap. Man gibt doch vor allem auf jeder einzelnen Runde die Hoffnung nicht auf. Liegt man an Loch 9 acht Löcher hinten, ist die Wahrscheinlichkeit zu gewinnen so hoch wie ein Sechser im Lotto. Trotzdem gibt man doch nicht auf.

Hat man den ersten Abschlag so verzogen, dass er im Aus landet, lässt sich die ganze Runde immer noch retten.

Fliegt der Ball in Richtung eines seitlichen Gehölzes, trifft er bestimmt einen Ast so glücklich, dass er auf das Fairway zurückspringt. Ein echter Golfer hört nie auf zu träumen.

Ein Golfspieler gibt auch nie die Hoffnung auf, dass ein ständig quasselnder Mitspieler irgendwann einmal den Mund hält.

Wenn er eine gute Schlussrunde bei den Clubmeisterschaften gespielt hat, glaubt er, in diesem Jahr die Meisterschaften gewinnen zu können.

Als er nach ungefähr 150 gespielten Runden wieder einmal Training nimmt und der Trainer ihn fragt, wie oft er schon gespielt habe, ist er nahe dran, die Hoffnung aufzugeben. Als er sich dann beim Video-Training auf dem Bildschirm sieht, stellt er sich die Frage selbst.

Die Hoffnung auf was auch immer verliert ein Golfer nie. Sonst könnte er nicht weiterspielen.

82. GRUND

Weil man hofft, ein Hole-in-one zu spielen

Ein Hole-in-one zu spielen, ist ein Höhepunkt in der Karriere eines jeden Amateurgolfers. Welch ungläubiges Staunen, wenn sich der Ball nach 125 Metern am Fahnenstock entlanghangelt und im Loch verschwindet oder auf dem Grün auftrifft und wie von Zauberhand bewegt seinen Weg ins ersehnte Ziel findet. Auch wenn der Glückliche nach dem Turnier obligatorisch alle Teilnehmer zu einem Drink einladen muss, kann das seine Freude nicht schmälern. Dieses Glücksgefühl kann ihm keiner mehr nehmen. Davon kann er noch seinen Enkeln erzählen. Er ist glücklich, wenn auch nicht so glücklich wie nach einer richtig guten Runde, denn er weiß, wie viel Glück mit im Spiel war. Auch ein Spieler mit Handicap -54 kann ein Hole-in-one spielen.

Aber dennoch, die Statistik spricht für ihn, denn die Wahrscheinlichkeit, auf einem Par 3 mit einem Schlag das Loch zu erreichen, liegt nur bei 1 zu 12.500.

Schade, dass er nicht Profigolfer ist, dann hätte er vielleicht ein Auto gewonnen. Zumal die Chancen eines Weltklassegolfers, ein Hole-in-one zu spielen, bei 1 zu 2.500 stehen. Dem Veranstalter, der den Preis ausgelobt hat, tut das nicht weh, wenn ein Spieler die teure Nobelkarosse mitnehmen darf. Denn er hat sich erstens da-

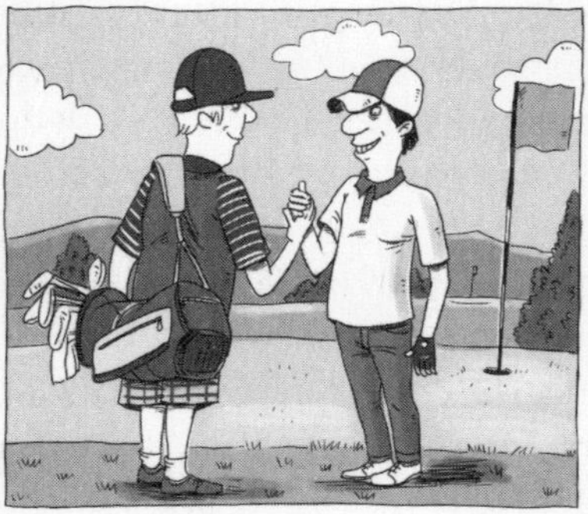

gegen versichert und zweitens beträgt der Preis nur einen Bruchteil dessen, was er Tiger Woods zahlen muss, damit er überhaupt antritt.

Ein Blick in die Geschichte des Hole-in-one lässt einen einige Kuriositäten entdecken.

Erst 2001 gelang es einem schottischen Spieler, im Rahmen der US-amerikanischen PGA Tour auf einem Par 4 ein Ass zu erzielen. Auch blinde Golfer haben in Turnieren schon Asse gespielt. Aber eines der spektakulärsten Hole-in-one erzielte im Jahre 2002 Mike Crean, denn ihm gelang in Denver auf einem 466 Meter langen Par 5 ein **Double Albatros.**

Ob Glück oder nicht: Jeder Golfer hofft, in seinem Leben einmal ein Hole-in-one zu spielen.

DOUBLE ALBATROS: vier Schläge unter Par.

83. GRUND

Weil man nach zehn Jahren weiß, dass man nie einstellig wird

Kein Golfer denkt darüber nach, dass der Begriff der Einstelligkeit eine ganze Menge mit Mathematik zu tun hat. Wenn nicht irgendein genialer Kopf das Dezimalsystem erfunden hätte, was bei zehn Fingern doch so nahe lag, würden wir heute im Siebener- oder Sechsersystem rechnen. Dann wäre es noch schwieriger, einstellig zu werden. Wahrscheinlich also war der Erfinder des Zehnersystems Golfer. Welch ein Glück für den Golfer, dass sich mit dem Vormarsch des Computers nicht auch im Alltag das Zweiersystem durchgesetzt hat. Sonst würde er mit seiner Einstelligkeit erst prahlen können, wenn er alle seine Runden einen über Par spielt. Dieser mathematische Exkurs ändert nichts daran, dass es für einen Golfer ein erstrebenswertes Ziel ist, ein Handicap unter Zehn zu erreichen.

Der Anfang eines Golferlebens ist schwer. Nie hätte er gedacht, dass dieser Sport so schwer zu beherrschen ist. Doch dann kommen immer öfter die Momente, in denen er denkt: »Jetzt kann ich's!« Der arme Tor. Er weiß noch nicht, dass es keinen gibt, der es wirklich »kann«. Das Handicap sinkt bei einer Vielzahl von Turnieren immer weiter. Natürlich gibt es auch Rückschläge, aber die Tendenz ist eindeutig. Das Handicap wandert unter die -20. Damit brechen Zeiten an, die mit denen, als er sich danach sehnte, endlich Handicap -36 zu erreichen, nicht vergleichbar sind. Jetzt will der Ehrgeizige nach den Sternen greifen und einstellig werden. Ohne realistische Einschätzung der eigenen Begabung wird dieses Ziel formuliert. Je nach Typ spricht er darüber mit seinem Trainer, damit der weiß, dass er sich Mühe geben muss, oder er behält es lieber für sich.

Die Golferjahre gehen dahin. Verbesserungen sind da, aber irgendwie beißt sich der ehrgeizige Golfer bei allen Aufs und Abs die Zähne daran aus, die Grenze von Handicap -12 zu knacken. Langsam, ganz langsam dringt etwas in sein Bewusstsein. Die -10 ist für ihn nicht zu knacken. Da kann er noch so viel trainieren, noch so viele Turniere spielen, der ganz große Sprung wird ihm nicht gelingen.

Auch wenn ihn diese ernüchternde Erkenntnis erst nach zehn Jahren erreicht, spürt er doch etwas wie Befreiung. Jetzt kann er frei aufspielen, denn der Handicapdruck ist weg. Irgendwie auch ein schönes Gefühl, anerkennen zu können, dass andere etwas besser können als man selbst. Das macht vieles leichter. Nicht nur beim Golfen. Trotzdem hört er sich immer wieder zur eigenen Motivation zu Hause seinen Lieblingssong an:

*»You can get it if you really want,
You can get it if you really want,
You can get it if you really want.
But you must try , try and try, try and try,
you'll succeed at last.«*

84. GRUND

Weil die Trainerstunde einen noch schlechter macht

Irgendwie läuft es nicht rund. Irgendwie könnte man noch besser werden. Irgendwie kommt einem der Gedanke, dass man mal wieder eine Trainerstunde nehmen sollte. Kann ja nicht schaden. Zur Vorbereitung auf die Saison böte sich zum Training die Frühlingszeit an, aber da ist es kalt und ungemütlich. Deshalb bucht man den Trainer doch lieber in der Frühsommerzeit, auch wenn die ersten Turniere bald stattfinden.

Der erste Termin, den der Trainingswillige bekommen kann, ist Mitte Mai. Etwas aufgeregt, aber froh gestimmt, hat der Golfer seine Trainerstunde. Zur Begrüßung fragt ihn der Pro, was ihn nach drei Jahren zu ihm führe. Na ja, druckst er herum, irgendwie sei er nicht so richtig besser geworden. Da müsse doch noch was zu machen sein. Es hätte aber keinen Zweck, seinen Schwung total umzustellen, dafür wäre er zu alt. Der sehr nette, auch allen schwierigen Fällen gegenüber offene Trainer möchte es doch etwas genauer wissen. Woran es denn besonders hapere, fragt er nach. Alle seine Golffreunde hätten in den letzten drei Jahren ihr Handicap verbessert, nur er nicht, ist seine Antwort. Diese Aussage scheint für den Trainer nicht sehr hilfreich zu sein. »Dann schauen wir doch mal. Nimm dein Eisen 7 und mach mal ein paar Schläge.« Verkrampft, so unter Beobachtung, fühlt sich der Golfer daran erinnert, als er das erste Mal vor der Klasse ein Gedicht vortragen musste. Aber irgendwie bringt er fünf Schläge hinter sich, bis ihn der Pro unterbricht. »Okay, ich habe genug gesehen«, ist sein Einstieg in die eigentliche Trainerstunde. Er müsse die Handwinkel gleich zu Beginn des Rückschwungs abwinkeln, dann würde sein Schlag gerader und länger werden, ist der zentrale Hinweis, den der Übende bekommt. Bis zum Ende der 45 Minuten wird daran gefeilt. Der Golfer hat ein gutes Gefühl. Er nimmt etwas mit, was er für hilfreich hält.

Nachdem er dem Trainer seinen Obolus in die Hand gedrückt hat, geht er gleich auf die Runde, um das soeben Gelernte unverzüglich umzusetzen. Aber er spielt so schlecht wie seit Jahren nicht mehr. Sein Kopf ist nicht frei. Es rattert in seinem Hirn: »Früh abwinkeln, früh abwinkeln.« Völlig gefrustet fährt er nach der Runde nach Hause. Auch bei seinem ersten Turnier geht ihm der Trainer-Tipp nicht aus dem Kopf. Das Ergebnis ist erschreckend. Er flucht über die Trainerstunde, die ihn schlechter gemacht hat. Er flucht auf den Trainer.

Der arme, völlig unschuldige Trainer. Stattdessen hätte der Golfer nach der Unterrichtsstunde ja auch auf die Driving Range gehen können, um zu üben, immer wieder zu üben. Er weiß doch ganz genau, dass man 1.500 Schläge benötigt, damit das Muskelgedächtnis alles Notwendige gespeichert hat. Aber ist ja einfacher, auf den Trainer zu schimpfen. Vielleicht hat er mitfühlende Golffreunde, die ihm aus eigener Erfahrung raten, mit dem Training zu beginnen und es nicht nur bei einer Stunde zu belassen.

Weil die Angabe der Fahnenposition nicht unbedingt hilfreich ist

Viele Golfplätze bieten ihren Spielern einen tollen Service. Sie teilen ihnen mit, wo die gegenwärtige Fahnenposition ist. Da weiß der Spieler genau, wo sich das Loch auf dem Grün befindet, selbst wenn er bei einem Annäherungsschlag keine Sicht auf die Fahne hat. Die Angaben sind so exakt, dass man auf den Meter genau weiß, wo das Loch ist. Bei Plätzen mit solch einem Service braucht man noch nicht einmal einen Blick auf die neu angeschaffte Uhr mit GPS zu werfen. Das spart Zeit, denn die Lesebrille muss nicht aus dem Bag gefummelt werden.

Wichtig für den gemeinen Golfer ist die Erkenntnis, dass sein Spiel von den Informationen nicht positiv beeinflusst wird. Sie helfen ihm einfach nicht. Bei seinem Spielvermögen ist er froh, wenn er aus 100 Metern Entfernung das Grün überhaupt trifft. Da ist ihm doch völlig egal, wo die Fahne steht. Natürlich ist er begeistert, wenn der Ball durch Zufall neben der Fahne landet, aber er weiß genau, dass es sich um einen Glücksball handelt.

Weil er seine eigenen Fähigkeiten einzuschätzen weiß, fühlt er sich von der Angabe der Fahnenposition nicht gut informiert, sondern unter Druck gesetzt. Die schönsten Ausreden sind zwecklos, wenn der Ball auf dem großen Grün 20 Meter neben der Fahne landet.

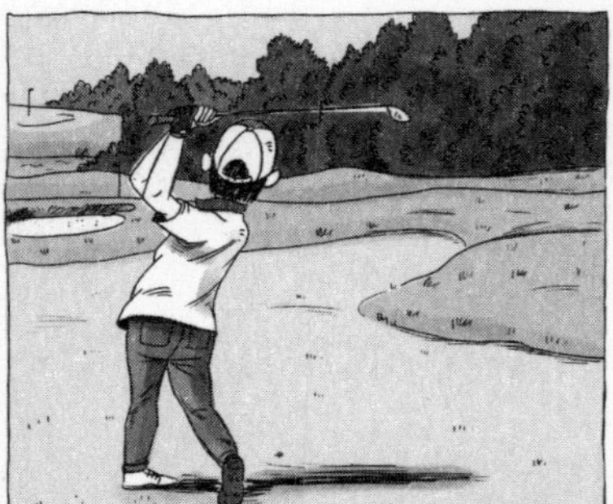

Mit zunehmender Routine stellt er fest, wie gut es seinem Spiel tut, wenn er die Angaben einfach ignoriert. Und siehe da: Er trifft das Grün immer öfter. Zwar landen die Bälle nicht immer sicher für einen Ein-Putt, aber er ist nicht mehr so versessen darauf, den Ball mit hohem Risiko neben der Fahne zu platzieren.

Er hat sich einfach dafür entschieden, dass ihn die Angabe der Fahnenposition nicht mehr stört. Das kann sich ja auch mal wieder ändern. Wenn die Zeit gekommen ist und die Hacker seiner Golfervergangenheit angehören, will er wieder wissen, wo die Fahne genau steht. Und diese Zeit wird kommen. Oder?

86. GRUND

Weil zwischen Luftschlag und Divot nur Millimeter liegen

Den Begriff »Luftschlag« kennt der Nichtgolfer nur als Synonym für einen Angriff von Kampfflugzeugen oder aus dem Boxsport, wenn verzweifelte Gegner versuchen, einen der Klitschkobrüder zu treffen.

Der Golfer aber kennt den Begriff aus eigener leidvoller Erfahrung. Der Ball ist aufgeteet, mit dem Driver wird ein angekündigter Probeschwung ausgeführt, um locker zu werden und das notwendige Distanzgefühl zu entwickeln. Der Spieler tritt noch mal zurück, um die Schlagrichtung zu überprüfen. Dann stellt er sich neben den Ball. Der Rückschwung fühlt sich gut an. Müsste eigentlich ein richtig guter Abschlag werden, aber als er nach dem lockeren Durchschwung nach unten blickt, weil er das vertraute Treffgeräusch vermisst, liegt die kleine weiße Kugel immer noch auf dem Tee. Der perfekte Luftschlag ist vollzogen. Peinlicher geht's ja gar nicht, aber er gehört auch nicht zu den Golfern, die sich mit einem angeblichen zweiten Probeschlag herausreden. Seine Flightpartner sind die einzigen Zuschauer und ignorieren das Geschehen voller Mitgefühl. Ist ihnen schließlich auch schon passiert.

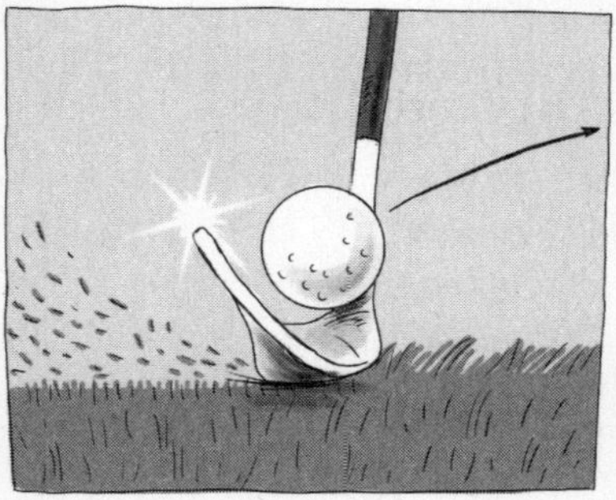

Wie ist so was nur möglich? Da spielt man schon jahrelang Golf und bringt es tatsächlich fertig, den Ball gänzlich zu verfehlen. Da kann er ja gleich nach Hause gehen und versuchen, mit einem Eierlöffel einen Fußball zu treffen.

Das Pendant zu einem Luftschlag ist der zu fett getroffene Ball. Bei solch einem Schlag redet man sich gerne ein, dass ja jeder gute Spieler ein Divot schlägt. Nur hat diese Art von Divot nichts mit einem guten Golfschlag zu tun, obwohl der Kern des Begriffs getroffen wird: Eine Grassode wird herausgeschlagen. Die ist so gewaltig, dass sie, wie in Schottland früher üblich, zum Dachdecken verwendet werden könnte.

Ein gut geschlagener Ball wird vom Schlägerkopf getroffen, um erst dann den Boden zu berühren und das sogenannte Divot aus dem Boden zu schlagen. Am Abdruck kann man dann gut erkennen, ob die Schwungebene in Ordnung war. Ob gutes oder schlechtes Divot, der Etikette bewusste Golfer wird das Divot immer aufsammeln und zurücklegen.

Wenn der gemeine Golfer die Wahl zwischen Luftschlag oder einem zu fett getroffenen Ball hätte, würde er immer das Letztere wählen, denn der ist lange nicht so peinlich und bringt wenigstens etwas Distanzgewinn. Und wenn es nur ein paar Zentimeter sind.

87. GRUND

Weil es den Birdie-Fluch gibt

Man kann sich beim Golfen auf vieles verlassen, nur nicht auf den eigenen Schwung. Zu den verlässlichen Erkenntnissen gehört, dass sich jeder Platz jeden Tag anders spielt. Auch kann sich der Golfer gewiss sein, dass er nie die perfekte Runde spielen wird, weil es sie nicht gibt. Ebenso weiß er mit absoluter Sicherheit, dass er beim Kanonenstart mindestens fünf Stunden Spielzeit einplanen muss. Und kein Spieler wird so vermessen sein, nur einen Ball mit auf die Runde zu nehmen, denn mit höchster Wahrscheinlichkeit wird ihn die kleine weiße Kugel irgendwann auf der Bahn verlassen.

Zu den erstaunlichsten Verlässlichkeiten aber gehört ein Phänomen, das gemeinhin als »Birdie-Fluch« bezeichnet wird.

Hier sind jetzt nicht die Profi-Golfer gemeint, für die Birdies und Eagles eine Selbstverständlichkeit, beziehungsweise ein Muss sind, um überhaupt eine Siegchance zu haben. Nein, hier ist die Rede von einem Phänomen, unter dem viele Durchschnittsgolfer zu leiden haben.

Der Golfer, der mit einem mittleren Handicap antritt, spielt so selten das Birdie, dass er nach der Runde seinen Flightpartnern gerne einen Drink ausgibt. Kommt es aber zu diesem seltenen Ereignis, dass er die Runde mit einem unter Par beendet, weiß er instinktiv, was ihn auf der nächsten Bahn erwartet. Der »Birdie-Fluch« wird ihn ereilen.

Noch der Glückseligkeit nachsinnend, spielt er die nachfolgende Bahn grottenschlecht. Als wenn sich der Golfgott am letzten Loch verausgabt hätte, gelingt ihm nichts mehr.

Als wenn er das Golfspielen auf einen Schlag verlernt hätte. Der Grad der Verlässlichkeit, mit dem dieses Phänomen auftritt, lässt ihn manchmal darüber nachdenken, einen Psychotherapeuten aufzusuchen. Er kennt da einen, der auch Golf spielt.

Weil Wutausbrüche immer wieder vorkommen

Golf sei ein Demut lehrender Sport, heißt es. Um zu begreifen, dass dieses Spiel nicht beherrschbar ist, braucht man einige Zeit. Bei vielen dauert dieser Erkenntnisprozess Jahre. Andere hören ganz auf zu spielen, weil sie das Spiel eben nie begreifen werden.

Obwohl es die Etikette strengstens verbietet, sieht man immer wieder randalierende Golfer: laut fluchende, Schläger herumschleudernde Golfer.

Solche Momente sind für die Flightpartner manchmal belustigend, häufig sind sie der eigenen Spielqualität abträglich. Dann hat man nur die Möglichkeit, erzieherisch auf den Mitspieler einzuwirken oder, im schlimmsten Fall, der Spielleitung das unstatthafte Verhalten mitzuteilen.

Oder der Golf-Gott persönlich kommt zu Hilfe.

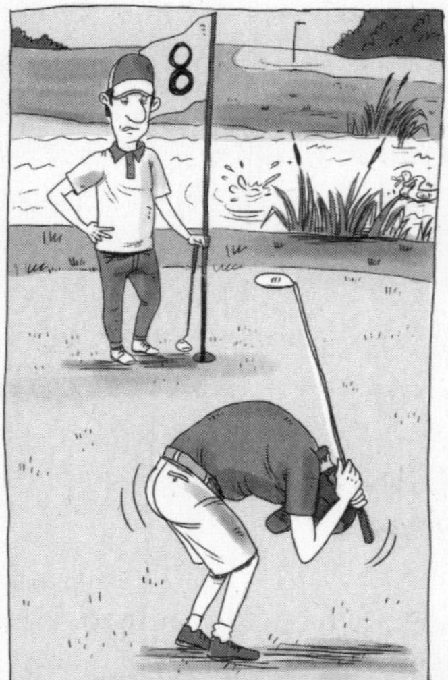

Am 20. August 2012 schlug ein 22-jähriger Jungspund, dessen Name aus Gründen der Diskretion verschwiegen werden soll, auf einer achten Bahn ab. Natürlich hatte der jugendliche Ehrgeizling das Ziel, dieses wirklich schwere 400 Meter lange Par-4-Loch mit Par, zumindest aber mit einem Bogey abzuschließen.

Der Abschlag gab seinen Absichten recht. Ein Drive über 250 Meter.

Nun galt es nur noch, den in 80 Metern befindlichen, quer zur Bahn laufenden Bach zu überwinden, um das Grün direkt angreifen zu können oder sogar direkt zu erreichen.

Gedacht, getan, und der entsprechende Schläger wurde gegriffen.

Mag es nun der Wind gewesen sein, ein zu fett geschlagener oder getoppter Ball, das Unglück nahm seinen Lauf: Der Ball plumpste ins Wasser.

Ungläubig seinen Flightpartnern folgend, die den Ball ganz bescheiden, den eigenen Fähigkeiten entsprechend, vor das Wasserhindernis gespielt hatten, musste er, der noch in diesem Jahr einstellig werden wollte, feststellen, dass der Ball wirklich im Wasser gelandet war.

Was auch immer vorher in ihm gebrodelt hatte, nun rastete er vollends aus. Er begnügte sich nicht damit, mit den Füßen auf den Boden zu stampfen oder laut zu fluchen, um seinem Frust den entsprechenden Ausdruck zu verleihen. Er warf sein komplettes Golf-Bag in den Graben, als könnten die armen Schläger etwas für sein Malheur!

Damit war die Runde also schon nach acht Löchern für ihn beendet. Auf dem Parkplatz jenes Golfplatzes – an einen gemütlichen Drink mit den Flightpartnern war nicht zu denken – schlug der Golf-Gott dann erbarmungslos zu. Außer sich, ohne offensichtlichen Adressaten, schrie der ungehaltene Jungspund: »Wo sind meine Autoschlüssel?«

89. GRUND

Weil man denkt, dass man nach einem Jahr einstellig ist

Die Beweggründe, warum jemand mit dem Golfen beginnt, sind vielfältig. Die Wege, wie man in den Sport einsteigt, sind eigentlich immer gleich. Am Anfang steht für alle deutschen Golfer die

Platzreifeprüfung. Die machen einige während des Urlaubs, aber die meisten zu Hause in einem Golfclub in der Nähe ihres Wohnsitzes. Da fast alle Clubs darauf angewiesen sind, neue Mitglieder zu gewinnen, werden immer häufiger einwöchige Kurse für wenig Geld angeboten. Die Folgen dieser unzureichenden Vorbereitung sind auf den Plätzen zu beobachten.

Der »Neugolfer« merkt natürlich schnell, was ihm alles an Fähigkeiten und Regelkenntnissen fehlt. Aber nette und hilfsbereite Golfer mit ausreichender Erfahrung gibt es überall. Die geben dem Anfänger Sicherheit.

Diese neu gewonnene Sicherheit führt schnell zu euphorischen Gedanken. Bei den ersten Schlägen hat der Neugolfer noch gedacht, dass er den Ball nie richtig treffen wird. Wochen später traut er sich schon, an seinem ersten Turnier teilzunehmen. Er spielt sich von Handicap -54 auf Handicap -46 herunter. Das Ergebnis beflügelt ihn so sehr, dass er sich noch am Tag der Siegerehrung zum nächsten Turnier anmeldet. Wieder läuft es fabelhaft. Er gewinnt in seiner Handicap-Klasse und bekommt einen kleinen Pokal. Schon auf der Fahrt nach Hause weiß er, wo die Trophäe ihren Platz im Wohnzimmer finden wird.

Jetzt kommt die Euphorie ins Spiel. So schnell, wie er Handicap -38 erreicht hat, müsste es bei seiner Begabung doch ein Leichtes sein, in einem Jahr einstellig zu werden. Kann man doch auch schnell hochrechnen. Nach sechs Monaten hat er sich um 16 Punkte unterspielt. Es muss einfach nur genauso weitergehen, dann ist er in zwölf Monaten locker bei einem Handicap unter -10. Dann gehört er zu den Golfern, die aus dem Mittelmaß herausragen. Wenn ihn dann einer von seinen ebenfalls Golf spielenden Kollegen in der Firma während der Mittagspause anspricht, was denn sein Handicap mache, kann er mit unterdrücktem Stolz seine Einstelligkeit bekannt geben.

Bei 99,9 Prozent aller Golfer erfüllt sich dieser Traum allerdings nicht. Die Realität holt sie sehr schnell ein. Die heutigen Golfeinsteiger wissen ja auch nicht, dass man vor ein paar Jahren auf vielen Plätzen nur mit Handicap -28 spielen durfte. Da hätten sie mit all ihrer Euphorie bei einem Handicap von -38 noch nicht einmal auf die Runde gehen dürfen. Sie ahnen auch nicht, dass jede Unterspielung immer schwieriger wird.

Wenn dann den Golfanfängern die Augen geöffnet werden, hilft ihnen nur, was das Wichtigste beim Golfen ist, nämlich sich in Demut zu üben. Die Alternative ist ja nur, die Schläger in die Ecke zu stellen. So muss man sich eben neue Ziele setzen. Oder man macht sich die langfristigen Ziele, was das Handicap betrifft, gar nicht zu eigen. Das Golfspielen an und für sich bereitet doch Freude genug. Mit dieser Erkenntnis kommt die Verbesserung des Handicaps viel leichter daher. Dann steht für ihn das Erreichen der Einstelligkeit nicht mehr im Mittelpunkt, aber ausgeschlossen ist sie damit nicht. Es muss ja nicht in einem Jahr sein.

Gutes tut sich der Golfer an, wenn er nach Jahren über seine Anfänge nachdenkt und vor sich hin schmunzeln kann über seine grenzenlose Naivität zu Beginn seines Golferlebens.

90. GRUND

Weil man lieber auf dem Fairway als im Rough landet

Wenn ein Golfer die Luftbildaufnahme eines Golfplatzes betrachtet, ist er nicht nur von der ganz eigenen Ästhetik fasziniert, sondern er kann die Strukturen gut erkennen. Er ist erstaunt darüber, welch großen Prozentanteil der Gesamtfläche die Fairways ausmachen. Die Roughs sind zwar zu erkennen, bilden aber keinen großen Bestandteil des Platzes.

Am Abschlag stehend bietet sich ihm ein ähnliches Bild. Ein breites Fairway wird von einem schmalen Streifen Semirough gesäumt, das ins eigentliche Rough übergeht.

Jedes Mal wieder ist er erstaunt, wie oft er nicht in der Lage ist, den Ball auf der großen, breiten, kurz gemähten Wiese zu platzieren. Stattdessen landet sein Abschlag häufiger im Rough, als es die Wahrscheinlichkeitsrechnung erlaubt. Mathematik interessiert den Golfer eigentlich nur wenig, aber auf missliche Balllagen kann er gut verzichten.

Wie viel lieber würde der Golfer doch auf dem Fairway landen als im Rough. Diese Quälerei bei den Versuchen, den Ball aus dem tiefen Gras zu transportieren, verhindert nur einen guten Score und bringt ihn manchmal an seine Grenzen.

Auf dem Fairway ist alles so schön einfach. Der Ball liegt ohne jegliche Behinderung oberhalb der kurz gemähten Grasnarbe. So wie es sich auch der Fußballspieler beim Elfmeter wünschen würde. Warum er trotzdem den nächsten Schlag ins Rough befördert, könnte nur er selbst wissen. Aber er kann es sich auch nicht erklären. Er weiß nur, dass er es nicht macht, um das Spiel abwechslungsreich zu gestalten. Auch wenn er mit jedem Schlag auf dem Fairway landen würde, wäre das Spiel immer noch spannend genug.

KAPITEL ZEHN

Die Freude am Spiel

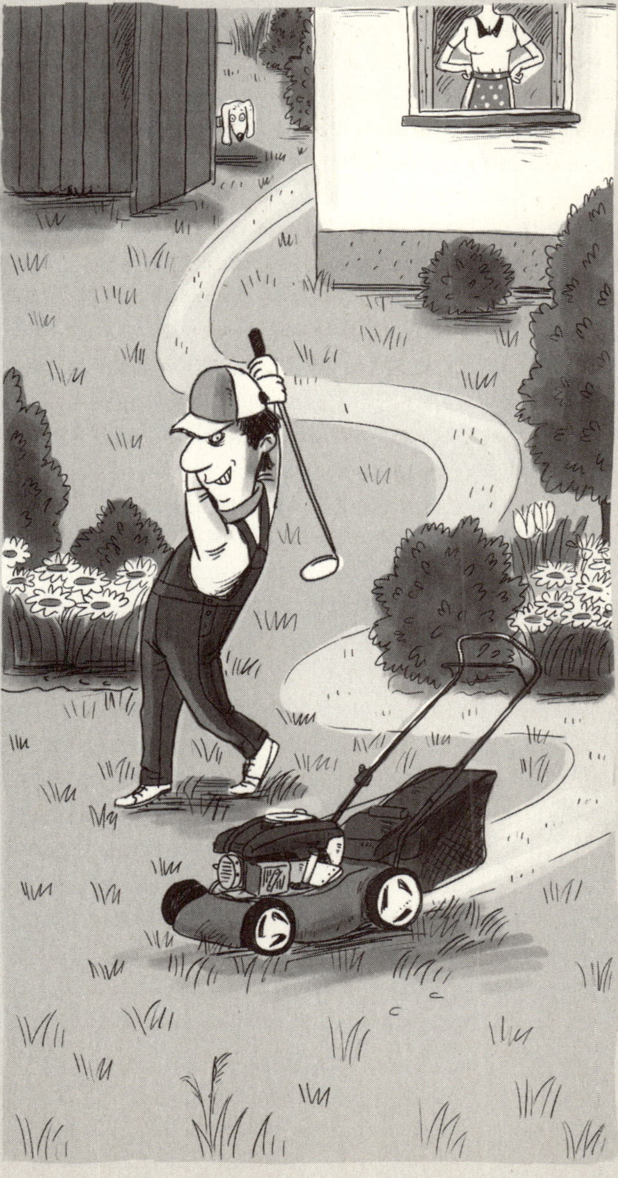

91. GRUND

Weil man sich vor der Gartenarbeit drücken kann

Es ist Ende März. Das Wetter ist traumhaft. Der Garten ruft. Der Golfplatz lockt. Die Entscheidung fällt schwer. Natürlich müssen die Sträucher geschnitten, die Beete von Unkraut befreit und der Rasen gemäht werden. Auf der anderen Seite ist der Golfplatz das erste Mal seit Wochen wieder geöffnet. Die Situation hat deshalb tragische Dimensionen, weil die Entscheidung des Golfers in jedem Fall falsch ist. Seine Gattin braucht ihn ohne Worte nur mit diesem speziellen Blick anzusehen, damit er weiß, was sie von ihm erwartet. Das Telefon klingelt. Rainer ist dran. »Na, wann starten wir?«

Auf dem Golfplatz dauert es geschlagene fünf Bahnen, bis er sein schlechtes Gewissen abgelegt hat. Er fängt an, das Spiel zu genießen. Wäre aber auch zu schade gewesen, heute nicht zu spielen. Nur der Greenkeeper, den er beobachtet, wie er in den Beeten das Unkraut zupft, lässt ein momentanes Unbehagen aufkommen.

Als er nach Hause kommt, muss er wahrnehmen, dass seine Frau den Rasen mäht. Nur ein »Bring wenigstens die Beutel mit dem Gras nach vorne!« hört er als Begrüßung. Beim abendlichen Essen gelobt er Besserung. Wer's glaubt, wird selig, und die anderen kommen auch in den Himmel.

Irgendwann auf der Runde spricht er sein »Gartenproblem« an. Rainer meint, das Problem sei doch ganz einfach zu lösen. Er hätte einen ganz tollen Gärtner, der aus Usbekistan stammt. Dem drücke er zehn Euro für die Stunde in die Hand und alles sei erledigt. Das sei ein tolles Gefühl. Man kommt vom Golfen zurück und der Garten ist tippi-toppi. Benno sieht das pragmatischer. »Ich hab das getestet. Wenn du den Rasen lange genug in Frieden lässt, ist sowieso nur noch Moos drauf.«

Wenn der Golfer ganz ehrlich zu sich ist, dann muss er feststellen, dass die Gartenarbeit schon immer mehr Pflicht als Freude war. Da fällt es nicht schwer, sich vor dieser Arbeit zu drücken, indem er auf den Golfplatz geht. Das einzige Problem ist die eigene Frau. Irgendwie muss die doch zu überreden sein, auch mit dem Golfen anzufangen.

92. GRUND

Weil geflügelte Worte das Golfspiel im Kern treffen

Denjenigen, die noch zögern, mit dem Golfsport zu beginnen, kann man nur raten: »Probieren geht über Studieren.« Dieses geflügelte Wort lautete zwar im Alten Rom etwas anders (»Erfahrung ist die beste Lehrmeisterin.«), hat aber abgewandelt heutzutage unbestritten immer noch seine Gültigkeit. Wer das Experiment nicht wagt, wird sich niemals auf dem Golfplatz wiederfinden.

Der Golfer, der am Beginn seiner Karriere steht, hat noch keine Ahnung, wie gut oder schlecht er den Sport einmal beherrschen wird. Möchte er Gewissheit haben, fragt er seinen Trainer. Der kennt ihn ja am besten und wird ihm vielleicht diplomatisch antworten: »Prognosen sind schwierig, besonders wenn sie die Zukunft betreffen.«

Auf der Runde, wenn der Platz wegen des schönen Wetters richtig voll ist, kommt es vor, dass der Golfer länger warten muss, als er es gewohnt ist. Wenn er von Natur aus auch noch zur Ungeduld neigt, fängt er schon mal an, sich zu beschweren. Da ist es weniger hilfreich, wenn ein Flightpartner anfängt, »Probier's mal mit Gemütlichkeit«, zu singen. Das fehlte auch noch, dass er sich mit seinen fast 70 Jahren ein Motto aus dem *Dschungelbuch* zu eigen machen soll. Mit einem Song von den Stones wäre er vielleicht zu beruhigen: *You Can't Always Get What You Want!*

Welches Motto passt besser zu vielen Golfrunden als »Pleiten, Pech und Pannen«? Auch wenn Max Schautzer in seiner Fernsehsendung nicht vornehmlich an Golf dachte, wird jeder leidgeprüfte Golfer zugeben, dass ihn der Titel an sein eigenes Spiel erinnert. In Anlehnung an den Stabreim »Pleiten, Pech und Pannen« antwortet er auf die Frage, wie denn das Turnier am Vortage verlaufen sei: »Gestern ganz gruselig gegolft.«

Dem Größten seiner Zunft gebührt die größte Aufmerksamkeit. Gleich mehrere geflügelte Worte passen zum Spiel und zur Karriere von Tiger Woods. Als der die Spitze der Weltrangliste nach unglaublichen 281 Wochen abgeben musste, war das für ihn ein »Pfahl im Fleisch«. Es ist nicht überliefert, ob ihm in den folgenden Jahren das Wort der Lateiner »per aspera ad astra« zugegen war, sicher aber ist, dass er nach dem Motto »Pardon wird nicht gegeben« handelte. Das bekamen die Konkurrenten zu spüren. Zweieinhalb Jahre nach seinem »Absturz« führte er die Weltrangliste wieder an. Damit hatte wohl keiner gerechnet. Tiger Woods war »wie Phönix aus der Asche gestiegen«.

Ob Amateur oder Profi, viele geflügelten Worte sind, ohne dass die Urheber es wussten, für das Golfspiel formuliert worden.

93. GRUND

Weil Bäume manchmal sehr freundlich zu einem sind

Viele Golfer nehmen auf Privatrunden gerne einen Mulligan in Anspruch. Wenn der erste Abschlag misslingt, dürfen sie straffrei noch einen Ball schlagen. Schließlich haben die Tennisspieler ja auch einen zweiten Aufschlag. Zwei Arten von Mulligans haben sich durchgesetzt. Entweder hat man nur am ersten Abschlag einen zweiten Versuch oder es gibt einen sogenannten Wander-Mulligan. Dann kann der Spieler für sich entscheiden, wann er den zweiten Abschlag in Anspruch nehmen will. Er kennt seine »Angstbahnen«, an denen er sich auf einen schlechten Abschlag verlassen kann.

Oft sind das Bahnen, die wenige Meter vom Abschlag entfernt von Bäumen umsäumt sind. Vom Gefühl her sind solche Bahnen nicht breiter als die schmalste Allee Deutschlands.

Am Abschlag solcher Bahnen gibt es nur zwei Möglichkeiten: Entweder trifft der Golfer das Fairway oder der Ball landet in den Bäumen. Trifft die kleine weiße Kugel die Bäume, muss entweder ein Mulligan genommen werden oder die Bäume sind freundlich zu ihm und der Ball springt auf das Fairway zurück. Was macht der Golfer dann? Er freut sich über sein Glück. Der Mulligan-Hasser ist da streng: »Wenn du schon einen Mulligan genommen hättest, müsstest du wenigstens so korrekt sein und den Ball in den Wald zurückwerfen.«

Wer so was sagt, der hat vom Sinn des Mulligans überhaupt nichts verstanden.

Da gehen die Meinungen wohl auseinander.

Was nicht nur den abschlagenden Golfer fasziniert, ist die Vielzahl der Geräusche. Ein in ein Wäldchen geschlagener Ball macht »knick, knack«, »ding, dong« oder »tock, tock, tock, tock« oder noch einmal »tock«. Klingt dann als wäre ein Specht am Hämmern. Da denkt man doch glatt an die Überschrift in der Tageszeitung: »Spechte hämmern Heiratsanträge«. Das Spechtmännchen setzt seinen Schnabel nämlich auch ein, um seine Herzdame zu finden. Er sucht sich einen Ast, der besonders gut klingt, und trommelt in einem bestimmten Rhythmus darauf. Hat das Spechtfräulein den Antrag angenommen, trommelt das Paar abwechselnd weiter.

Da hätte sich Mathias, der seiner Angebeteten einen romantischen Antrag auf dem Putting Green machte, noch Spektakuläreres einfallen lassen können. Bahn 16 bietet eine wunderschöne Allee. Da hätten doch beide abschlagen können. Beide hätten den Abschlag und dann das Gesicht verzogen.

Das nachfolgende »tock, tock, tock« wäre wirklich ein toller Heiratsantrag gewesen.

Ob das allerdings seine Angebetete verstanden hätte?

Wenn nicht, hätte er ja immer noch einen verbalen Antrag hinterherschieben können. Nun ist es zu spät. Die beiden sind verheiratet.

94. GRUND

Weil man immer an der frischen Luft ist

Frische Luft tut jedem gut. Diese Plattitüde hat jeder schon am eigenen Leib erfahren. Aber warum das so ist, darum scheint sich die Wissenschaft erst jetzt zu kümmern. Zumindest bei Mäusen führt erhöhte Frischluftzufuhr zu einer wesentlich gesteigerten Gedächtnisleistung. Das haben Mütter doch schon immer gewusst, sonst würden sie doch nicht gebetsmühlenartig wiederholen »Geh doch mal nach draußen spielen!«. Aber wissenschaftlich untersucht oder nicht, verspürt jeder, wie wohl es tut, an der frischen Luft zu sein. Bei welchem Wetter auch immer.

Natürlich kann man einfach spazieren gehen oder im Garten arbeiten, aber Spaß bringen soll es ja auch. So bietet es sich für den Frischluftfanatiker an, seine Leidenschaft mit Sport zu verbinden. Hallensportarten wie Tischtennis oder Squash kommen für ihn nicht infrage. Auch Snooker oder Darts können nur in geschlossenen Räumen gespielt werden.

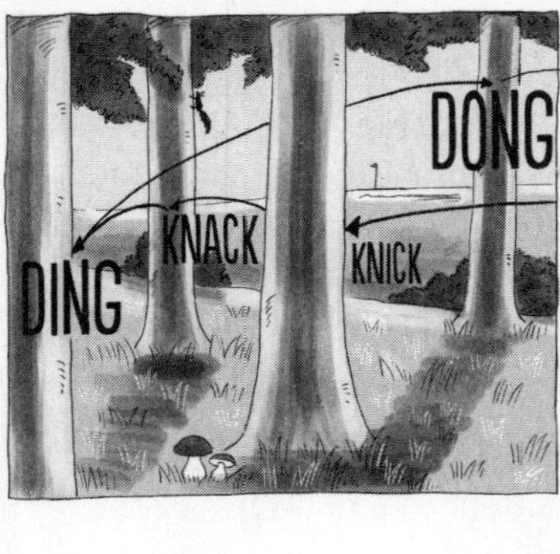

Da ist der leidenschaftliche Golfer wieder einmal richtig froh, zu diesem Sport gefunden zu haben. Zumal ja die »frische Luft« ein gutes Argument gegenüber seiner Gattin ist, wenn es ihn mal wieder auf den Platz zieht.

Auf der Runde kann er die frische Luft in vollen Zügen genie… kann den Wind spüren, die Kälte, die Wärme oder auch den Regen. Er fühlt sich eins mit der Natur. Es sei denn, er fängt an, mit den Widrigkeiten zu hadern. Dann ist er selbst schuld, denn wo sonst bei unserer urbanen Dichte kann ein Sportler so direkt die Jahreszeiten und das Wetter spüren. Und wenn er auch noch anfängt, sich über unangenehme Gerüche zu beschweren, weil der Bauer auf dem benachbarten Feld die Gülle ausfährt, dann soll er sich doch gleich beim örtlichen Kegelklub anmelden. Wenn er aber das Privileg, seinen Sport an der frischen Luft ausüben zu dürfen, als Geschenk annimmt, wird er die positive Wirkung spüren. Er muss nur aufmerksam nach der Runde in sich hineinhorchen. Und das mit der gesteigerten Gedächtnisleistung wird auch noch kommen. Wäre doch gelacht, auch wenn er keine Maus ist.

95. GRUND

Weil es Par 3 gibt

Profis mögen Par-3-Löcher nicht. Es sei denn für ein Hole-in-one wird eine Nobelkarosse ausgelobt. Die kurzen Bahnen, deren Länge zwischen 100 und 200 Metern schwanken kann, bieten einem Profi wenig Chancen, die so sehr benötigten Birdies oder Eagles zu spielen. Das liegt einfach daran, dass man das Grün auf einem Par 3 im besten Fälle »in Regulation« erreichen kann. Besser als mit einem Schlag geht nicht. Ein Par 5 hingegen ist so angelegt, dass man, um »in Regulation« zu spielen, drei Schläge benötigen darf. Das schaffen Profis nicht selten mit zwei Schlägen. Wird ein erfolgreicher Putt nachgesetzt, ist das gewünschte Eagle gespielt.

Der Amateur, es sei denn, er gehört zu den ganz guten, freut sich über jedes Par-3-Loch. Zwar spielt er die auch nicht immer so, dass er seinen eigenen Ansprüchen gerecht wird, aber die Chancen sind

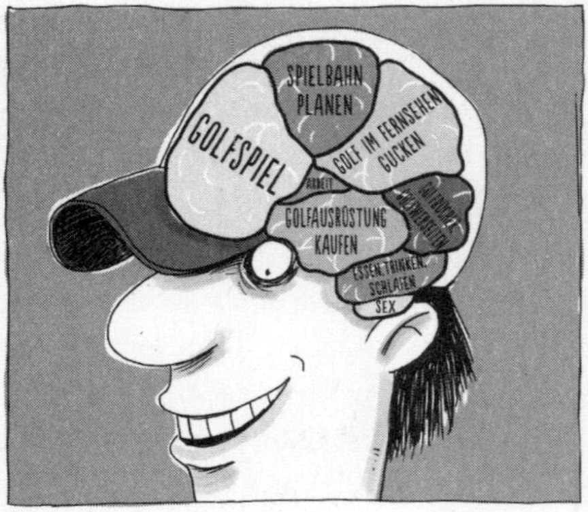

einfach größer. Auf den 500 Meter langen Bahnen ergeben sich einfach zu viele Möglichkeiten, den Ball nicht richtig zu treffen. Lässt man einmal das Putten beiseite, nutzt der Amateur normalerweise auf der Bahn viele Chancen, um Fehler zu produzieren. Neben die kleinen Katastrophen wie zu fette oder getoppte Schläge treten die größeren Katastrophen. In geradezu Score vernichtender Manier wird der Ball ins Hindernis gespielt. Um ganz sicher zu sein, keinen Distanzgewinn zu erzielen, sliced er den Ball ins Aus. Dann ist der Spieler gleich noch mal dran.

Deshalb liebt der Amateur Par-3-Löcher. Selbst wenn der Abschlag misslingt, ist er immer noch mit dem dritten Schlag auf dem Grün. Kalkuliert er noch zwei Putts mit ein, ist das Double Bogey (siehe Grund 105: *Weil ein Double Bogey genauso befriedigend sein kann wie ein Eagle*) geschafft. Und das ist für einen durchschnittlichen Amateur keine Katastrophe, sondern ein annehmbares Ergebnis.

Die Psyche und der Kopf des gemeinen Golfers spielen natürlich auch eine beträchtliche Rolle. Beim Abschlag an einem Par-5-Loch treibt den Spieler der Gedanke an die vielen möglichen Fehlschläge um. Kein Wunder, wenn es dann häufig zur selbsterfüllenden Prophezeiung kommt.

Selbstverständlich gibt es auch Ausnahmen von dieser Normalität. Auch ein Par 3 kann sich zu einem Angstloch entwickeln.

Golffreund Benno hatte an der Bahn 9, einem nur 123 Meter langen Par 3, das von einem Wasserhindernis bewacht wird, etliche Runden hintereinander keinen Erfolg. Wie ein Automat schlug er den Ball vom Abschlag weit links hinter das Grün. Auch ein Schlägerwechsel war nicht erfolgreich. Nach der neunten misslungenen Runde ließ er sich frustriert zur folgenden Aussage hinreißen: »Wenn ich im Lotto gewinne, kauf ich das verdammte Loch und lasse es zu einem Dogleg nach links umbauen.«

96. GRUND

Weil es den Scramble gibt

Die Kreativität von Golfern zeigt sich vor allem in ihrem Erfindungsreichtum. Weil ihnen das klassische Loch- oder Zählspiel zu langweilig war, entwickelten sie zahlreiche Spielvarianten. Ein paar Beispiele gefällig?

»Eclectic« ist eine Variante des Zählspiels, bei der mehrere Runden gespielt werden. Manchmal zieht sich das Turnier über eine ganze Saison. Zum Schluss zählt jeweils das beste Ergebnis, das an den einzelnen Löchern erzielt wurde. Diese Spielform macht deswegen so viel Spaß, weil das Endergebnis immer großartig ist. Da kann auch ein nicht so guter Golfer auf ein Ergebnis unter Par kommen.

Der »Vierer« ist die klassische Form des Lochspiels. Zwei Spieler treten gegen zwei andere Spieler an. Der Ball muss abwechselnd geschlagen werden. Der Vierer ist auch Bestandteil der deutschen Meisterschaften. Viele sind der Meinung, dass dies die schwierigste Spielform ist, denn man muss starke Nerven haben. Man muss die eigenen Fehler und die des Mitspielers ertragen können, ohne dass gehadert wird.

In Deutschland weitgehend unbekannt, dafür aber trotzdem sehr unterhaltsam, ist eine andere Lochspiel-Variante: »Battle Golf«.

Hat man ein Loch gewonnen, darf man dem Gegner einen Schläger aus dem Bag entfernen oder sich einen vorher weggenommenen

Schläger zurückholen. Aus verständlichen Gründen sollte Battle Golf nicht mit einer anderen sehr beliebten Spielform, dem Ein-Schläger-Turnier, kombiniert werden.

Wenn Damen- oder Herrenrunde lustbetonte Turniere spielen wollen, haben sie die Auswahl zwischen »Bindfadenspiel«, »Flaggenwettspiel«, »Bingo Bango Bongo« und vielen anderen Varianten.

Wenn mit Toto, Rainer und Benno gespielt wird, bevorzugt man eine Spielform vor allen anderen. Es wird geliebt, »Scramble« zu spielen.

Im Turnier tritt man zu viert oder zu zweit als Team an. In Privatrunde kämpfen zwei Paare gegeneinander. Nach jedem Schlag sucht sich das Team den vermutlich besten Ball aus, und beide spielen dann von dessen Lage weiter. Viele lieben diese Variante des Wettkampfs, weil sie so entspannt gespielt werden kann. Keiner muss sich über den eigenen oder einen Ball des Partners ärgern, da es immer eine doppelte Chance gibt. Nicht nur bei einem Abschlag, der tief im Rough gelandet ist, sondern auch beim Putten. Kann man doch als Zweiter sehr schön die Linie lesen. Das Schönste aber ist, dass man tolle Ergebnisse erzielen kann. Das Team kann erreichen, was der Einzelne sonst nie schafft: eine Runde in Par zu spielen.

97. GRUND

Weil Urlaub und Golfen fabelhaft zusammenpassen

Urlaub und Golfen passen immer dann zusammen, wenn der Partner zumindest auch das Bedürfnis verspürt, in den Ferien über fremde Plätze zu wandern. Sollte das nicht der Fall sein, kann nur angeraten werden, entweder alleine zu fahren oder auf den Golfurlaub ganz zu verzichten, denn nichts ist stressiger, als über den Platz zu hetzen, weil die Gattin vermutlich ungeduldig im Hotel wartet. Wenn man sich aber einvernehmlich für einen Golfurlaub entschieden hat, muss die nächste wichtige Entscheidung getroffen werden: Wohin? Dank der Tatsache, dass die Angebote von Jahr zu Jahr umfangreicher werden, ist der Findungsprozess nicht leicht.

Skandinavien reizt mit sehr gepflegten Golfplätzen und einem niedrigen Greenfee.

Das eigene Heimatland darf nicht vergessen werden, denn es gibt so viele Regionen, in denen man als Deutscher noch nicht gewesen ist.

Viele Golffreunde schwärmen von dem Golfparadies Portugal. Die Algarve ist vom Greenfee her zwar nicht billig, aber dafür hat man eine enorme Auswahl an Plätzen.

Oder was spricht eigentlich gegen einen Pauschalurlaub in der Türkei oder Tunesien?

Der auch Golf spielende Sohn drängelt schon lange, einmal die Geburtsstätte seines Sports in Schottland zu besuchen. St. Andrews ist zwar richtig teuer, aber einmal im Leben, so sein Argument, müsse man den Platz gespielt haben.

Man könnte ja auch, wenn schon, denn schon, nach Florida oder Mauritius zum Golfen fliegen.

Nach wochenlangen Diskussionen wird eine Entscheidung getroffen. Es soll nach Portugal in die Nähe von Faro gehen, denn an der Algarve sollen schon im Frühjahr milde Temperaturen herrschen. Nach dem Flieger und der Unterkunft werden die Startzeiten auf den verschiedenen Plätzen von zu Hause aus gebucht. Der Reisetermin liegt in den ersten beiden Märzwochen, denn dann ist die Hoffnung groß, dass man den Minusgraden und dem Schnee entfliehen kann.

Ab geht es mit dem Flieger nach Lissabon, um nach dreistündiger Autofahrt mit dem Leihwagen über die nahezu leere Autobahn das Golfresort zu erreichen. Das für zehn Tage gemietete Appartement macht einen großzügigen und gepflegten Eindruck. Nur vom Wetter hat man sich mehr erwartet, denn das Thermometer zeigt nur

14 Grad an. Erstaunlich, wie schnell Ansprüche wachsen, denn zu Hause waren es fünf Grad unter null. Das kann einem aber nicht die Vorfreude auf die erste Golfrunde am kommenden Tag vermiesen.

Nach dem Frühstück geht es zur gebuchten Startzeit im Resort »Pinta« auf die erste Golfrunde, um sich als Erstes darüber zu freuen, dass man einen zweiten Pullover mitgenommen hat. Da kann man nur staunen, dass die zahlreichen Engländer und Schotten dem Wetter in kurzen Hosen und Poloshirt trotzen. Der Platz ist schön angelegt und gepflegt. Ungewohnt sind nur die Hunderte von Apartmenthäusern und kleinen Villen, die alle Bahnen säumen. Das eigene Spiel ist durchwachsen, wie zu Hause. Man könnte die vielen Fehler ja auf die geliehenen Schläger schieben, aber die sind richtig gut. Was gar nicht klappen will, ist das Putten. So was von schnellen Grüns hat man noch nicht erlebt. Auch wenn im Aushang zu lesen war, dass die Grüns ein »Stimpmeter« von zwölf haben – im Heimatclub sind es sechs – spielen der Kopf und die Muskeln nicht mit. Die Folge sind etliche Vier-Putts. Das kennt man von sich gar nicht. So schafft man es noch nicht mal, die Runde unter hundert zu beenden. Ein Score aus der eigenen Anfängerzeit. Aber Spaß hat es trotzdem gemacht. Viel wichtiger für das eigene Wohlbefinden ist der Rat, den man von Freunden bekommen hat. Man müsse unbedingt am Abend im Nachbardorf essen gehen, denn das »Donato« sei ein echter Geheimtipp. Das »geheim« kann man streichen, denn der Laden ist proppenvoll, aber man ist doch dankbar, denn die Weine sind gut und nicht teuer, und die im Tontopf gegarten Pulpos mit Schnecken und Muscheln sind hervorragend.

In den nächsten Tagen werden die Plätze »Alto«, »Vila Sol«, »Gramacho«, »Silves« und noch einmal »Pinta« gespielt. Am Abschiedsabend fährt man ins kleine Städtchen Estombar, um im »Carnecho« Tapas zu essen. Das wird zu einem kulinarischen Highlight der zehn Tage. Zum köstlichen Acht-Gänge-Menü gibt es Wein und Wasser bis zum Abwinken. Eine Fadosängerin singt traurige Lieder von Männern, die vom Fischfang nicht mehr nach

Hause zurückgekommen sind. Das ist zwar traurig, kann aber die gute Stimmung am Tisch nicht verderben. Die Laune wird noch besser, als die Rechnung bezahlt werden muss. Gerade mal 25 Euro kostet der Abend pro Person.

Wieder wohlbehalten zu Hause gelandet, darf man missmutig und bei eisigen Temperaturen das Gepäck ins Haus tragen. Die wichtigste Erinnerung kann einem keiner nehmen:

Urlaub und Golfen haben fabelhaft zusammengepasst.

98. GRUND

Weil es Bänke auf dem Golfplatz gibt, die zum Dichten einladen

Manchmal ist der Golfer ja auch ganz allein auf der Runde. Bei herrlichstem Sonnenschein stört ihn nichts, auch nicht der unglaublich langsame Vierer-Flight vor ihm. Hinter ihm kommt ja keiner, der drängelt.

Da kann er sich doch in aller Muße auf eine der Bänke setzen und den Tag genießen. Um sich die Zeit zu vertreiben, greift er sich einen Bleistift, den er immer dabeihat, um die Scorekarte ausfüllen zu können. Der Zettel mit der Platzbelegungsübersicht ist auch schnell gefunden. Die Rückseite kann genutzt werden. Da macht man doch mal den Ringelnatz, das ist ihm ja auf großen Geburtstagen auch immer gelungen. Gedacht, getan. Er schreibt ein Gedicht.

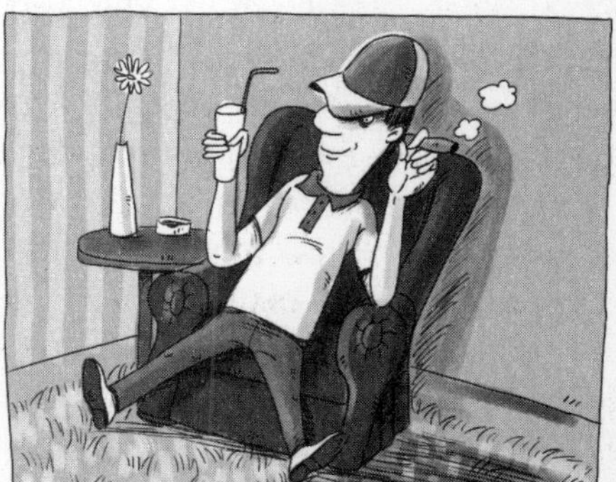

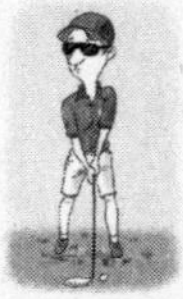

Ein ganz normales Golfturnier

Häufig trifft der Golfer einen Ball.
Manchmal ist das nicht der Fall.
Das macht den Spieler gar nicht froh.
Braucht doch zu viel Schläge, sowieso.

Wird der Abschlag gut getroffen,
Kann er auf 'ne gute Runde hoffen.
Wäre doch wirklich auch gelacht,
wenn ihm sein Handicap zu schaffen macht.

Mit sechs Schlägen bezwingt er seine erste Bahn.
Das gibt ihm Kraft und auch Elan.
Schnurgerade ist der Abschlag an der Zwei.
Schon dünkt er sich ganz vorne mit dabei.

Der Ball, der traumhaft auf dem Fairway ruht,
Macht dem Golfer weiter Mut.
Dann folgt, was man einen Luftschlag nennt.
Den Übungsschlag hat er verpennt.

Der Hacker, den er jetzt noch schlägt,
Den Ball wohl sieben Meter trägt.
Zwei weitere Versuche benötigt er,
Dann muss der letzte für das Grün noch her.

Das Golfen, seine Leidenschaft,
Ihm beim Putten Leiden schafft.
Zwar hat er einen Putter von der Marke Ping,
Aber es will nicht rein, das blöde, weiße Ding.

Man kann es schon erahnen.
Genauso geht's auf den andren Bahnen.
Da kann er sich die Haare raufen.
Das Turnier, das ist gelaufen.

Aus Anstand bleibt er bis zur Siegerehrung,
Drohn ihm doch weder Federn noch die Teerung.
Hoch die Tassen, hoch die Tassen,
So nimmt er sein neues Handicap auch ganz gelassen.

Braucht er vom Golfspiel mal 'ne Pause,
Fragt er sich auf dem Weg nach Hause.
Diesen Gedanken lässt er ganz schnell sein,
Fallen ihm doch 111 Gründe dagegen ein.

Was auch immer ihn geritten hat. Nach der Runde auf der Terrasse des Clubhauses trägt er sein Elaborat vor. Schließlich erzählt Georg ja auch immer Witze.

Das hätte er mal lieber lassen sollen. Die einzige Reaktion kommt von Rainer: »Von mir aus.« Aus den Gesichtern der anderen lässt sich nur eines schließen. Keiner hätte gedacht, dass er etwas noch schlechter beherrscht als das Golfspiel.

99. GRUND

Weil jeder Platz jeden Tag anders ist

Für Außenstehende und für Schönwettergolfer (siehe Grund 21: *Weil es Schönwettergolfer und die Winterrunde gibt*) ist es unverständlich, dass es Spieler gibt, die ihren Heimatplatz dreimal in der Woche oder öfter spielen. Das muss doch auf die Dauer langweilig werden. Sie erkennen nicht, dass ein Golfplatz etwas völlig anderes ist als eine genormte Minigolfanlage. Jeder Platz ist jeden Tag anders.

Natürlich ändern sich die Strukturen eines Platzes nicht. Die Länge der Bahnen ist immer die gleiche. Hindernisse, Biotope und Roughs verändern ihre Lage nicht. Auch die Grüns sind immer an derselben Stelle und behalten ihre Größe. Nur die Abschlagmarken werden regelmäßig ein paar Meter nach vorn oder nach hinten verschoben und die Fahnenpositionen werden verändert. Warum bietet dann jeder Platz dem Golfer auf jeder Runde neue Reize?

Zum einen liegt das im sprichwörtlichen Sinn in der Natur der Sache. Das Wetter und die Jahreszeiten spielen eine entscheidende Rolle. Es macht einen gewaltigen Unterschied, ob man bei angenehmen Temperaturen und Windstille spielt oder ob man mit Kälte und Sturm zu kämpfen hat. Wetter und Jahreszeiten sind auch für den Zustand des Platzes verantwortlich. Wie schön ist es, wenn es die Nacht zuvor geregnet hat und die Bälle »beißen« und nicht unkontrolliert über das Grün rollen. Genauso schön ist es aber auch, wenn es wochenlang trocken war. Der Drive hat solch einen langen Roll, dass sich der Golfer verwundert die Augen reibt. Er wusste noch gar nicht, dass er so weit schlagen kann. Wenn er in seinem Übermut glaubt, dass diese »Überlänge« auf die zuvor genommenen Trainerstunden zurückzuführen ist, wird er schnell eines Besseren belehrt, als Regengüsse die Fairways aufweichen. Seine Bälle haben wieder die normale Länge. Manchmal bleibt der Ball sogar in seiner eigenen Pitchmarke liegen.

Der entscheidende Grund aber, warum jeder Platz jeden Tag anders ist, wird der gemeine Golfer nicht gerne hören. Jeder Platz behält seinen Reiz, weil die eigene Unfähigkeit den Spieler in immer andere Situationen zwingt. Kein Spieler auf der Welt ist in der Lage, eine Runde wie die andere zu spielen. Der Score mag zwar der gleiche sein, aber nie liegen die Bälle an denselben Stellen. Bei jedem Schlag muss der Spieler anders taktieren als in den zuvor gespielten Runden. Das macht den ungeheuren Reiz dieses Sports aus.

Golf kann nicht langweilig werden, wenn der Spieler gelernt hat, dass sein eigenes Unvermögen ihn dazu zwingt, immer neue Herausforderungen anzunehmen. Wenn es darum geht, den Heimatplatz immer wieder aufs Neue zu genießen, kann er sich doch nur darüber freuen, dass es perfektes Golf nicht gibt.

100. GRUND

Weil man auch noch mit 100 Jahren Golf spielen kann

Welcher Golfer träumt nicht davon? Mit 100 Jahren noch über den Platz zu gehen. Das wäre doch ein tolles Zeichen für Körper und Seele, wenn man schon die Gnade hat, so alt zu werden.

Es gibt einige Beispiele, dass es sich bei diesem Traum nicht zwangsläufig um eine Utopie handeln muss. Hatte doch letztes Jahr ein Hundertjähriger, nicht der, der aus dem Fenster stieg, ein Hole-in-one gespielt. Ein schönes Beispiel schilderte die *Berliner Zeitung* in ihrer Ausgabe vom 23.6.2007:

Es war nicht so einfach, mit diesem Mann einen Termin zu finden. »Ich habe mir gerade einen neuen Driver gekauft und bin viel unterwegs.« Alfred Koch, der Mann mit dem neuen Schläger, ist Deutschlands ältester aktiver Golfer. Am Sonnabend wird er 100 Jahre alt.

Jeden Mittwoch Seniorenrunde. Früher hatte er mal Handicap-8. Heute spielt er -29,1, das heißt, er braucht an guten Tagen knapp über 100 Schläge für den 72er Platz.

Seine Gattin, die auf den prominenten Namen Marianne Koch hörte, ist im Jahr 2001 gestorben; gemeinsam haben sie vier Kinder, zehn Enkel und 20 Urenkel.

Angefangen mit dem Schlägerschwingersport hat Prof. Dr. med. Alfred Koch im Jahr 1951 nebenan in Burgsteinfurt.

Sensationell ist dies: »Ein paar Mal vor einigen Jahren« habe er sein Lebensalter in Schlägen gespielt. Also mit 97 eine 97er Runde.

»Ich weiß, das schaffen nur ganz wenige auf der Welt.« Eine 55 hat noch niemand erzielt, eine 75 mit 75 schafft kaum noch jemand, und wer wird schon fast 100 und schwingt sich im angeblichen Altherrensport überhaupt noch über die Fairways? Im Garten hat der Heesters des Golfspiels ein Netz aufgehängt, da übt er Abschläge von einer kleinen Kunstrasenmatte. Wusch, fliegt wieder ein Ball ins Netz. Kochs Schwung ist nicht mehr dynamisch, aber immer leicht und rhythmisch.

Der weißhaarige Mann, seit 35 Jahren Pensionär, redet wie ein Wasserfall, meist witzig und voller Anekdoten.

Als junger Fußballer bei Münster 08 spielte er einmal gegen den großen Ernst Kuzorra (»Später haben wir bei 08 den Schalker Kreisel nachgespielt«), 1936 war er Sportarzt im Olympischen Dorf in Berlin, in den 50ern landete er in Argentinien nach einem Vortrag auf der Jacht des Präsidenten Juan Perón. Bei einer Golfrunde in Augsburg, vor 40 Jahren, wurde ihm ein kleiner strohblonder Caddie vorgestellt. »Bernhard Langer hieß der Bursche.« Nur, alles im Leben gelang auch Alfred Koch nicht. Einmal traf er als Kapitän der deutschen Senioren-Nationalmannschaft bei einem Länderspiel auf den König von Belgien – »ein sehr freundlicher Mann, der bot mir gleich eines seiner Brote in Pergamentpapier an.« Das Spielergebnis hat Koch nicht geschmeckt: Er unterlag im majestätischen Matchplay Mann gegen Mann haushoch.[19]

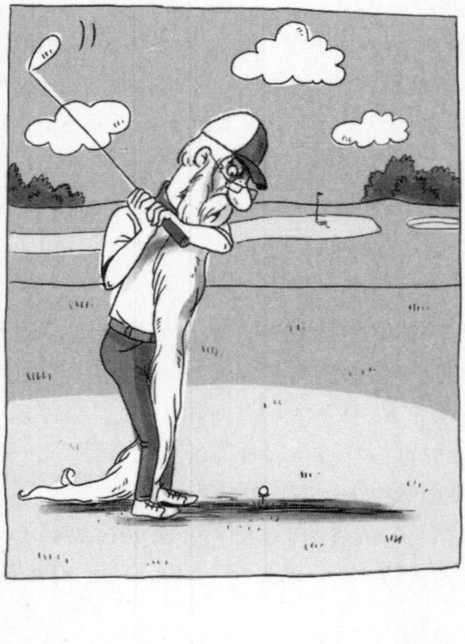

Bleibt noch anzumerken, dass Alfred im Gründungsjahr des Deutschen Golfverbandes geboren wurde.

2012 fand der inzwischen 105-jährige älteste Golfer Deutschlands wieder Erwähnung in der Presse.

Einzige Einschränkung: Herr Koch geht nicht immer 18 Löcher, manchmal reicht es nur noch für neun.

101. GRUND

Weil Golf die gesündeste Form von Sucht ist

Sucht ist bekanntermaßen kein positiv besetzter Begriff. Sie ist auch kein Randproblem. Viele Menschen leiden unter ihrer Abhängigkeit von Suchtmitteln oder unter zwanghaftem Glücksspiel und/ oder pathologischem Internetgebrauch.

Auch Golf kann zur Sucht werden. Mit den Folgen, dass Familie, Gartenarbeit, Hausarbeit, Freunde usw. vernachlässigt werden. Manchmal wird auch der Beruf vernachlässigt. Dann wird während der Runde schon mal geflucht, dass man per Handy erreichbar ist. Meine Güte, geht es denn nicht mal ohne ihn, muss man denn wegen jeder Lappalie belästigt werden? Nur Unfähigkeit um einen herum.

Aber wenn schon süchtig, dann wenigstens gesund.

Diesen Widerspruch gilt es zu klären.

Helmut Böhmer, Manager der Golfakademie Paderborn, beschreibt die positiven Effekte des Golfspielens folgendermaßen:

Fettverbrennung: Eine 18-Loch-Runde dauert in der Regel vier Stunden und kostet den Körper mindestens 1.200 Kalorien. Sie ist auch für Menschen mit Bluthochdruck geeignet, weil die niedrige, aber konstante Belastung ideal für Herz und Kreislauf ist.

Muskeltraining: Bei einem korrekten Abschlag spannen sich 124 von insgesamt 434 Muskeln – Training von Kopf bis Fuß.

Stressabbau: Entspannung und Bewegung in der Natur sind gut fürs Gehirn. Während unser Alltag das Nervensystem überfordert, vermuten die Paderborner Forscher beim Golfen eine Erhöhung der Leistungsbreite des Gehirns.

Konzentrationsfähigkeit: Mentale Stärke ist für einen Golfer ungemein wichtig. Hitzköpfe werden zwangsläufig gekühlt, weil mit Erregung kaum ein Ball ins Loch rollt. So ist jeder Schlag und jede Runde auch ein gutes Training für die Psyche.[20]

Wenn also ein Golfer süchtig nach seinem Sport ist, darf er neben dem Gefühl der Fremdbestimmtheit das außerordentlich schöne Gefühl haben, für sich und seine Gesundheit etwas Gutes zu tun.

Natürlich sind nicht alle Golfer süchtig nach ihrem Sport. Aber dem Süchtigen sei gesagt: Du bist nicht allein. Schau dir einfach die vielen Golflegenden an, die bis ins hohe Alter nicht loslassen konnten. Der wirklich von seinem Sport angefressene Golfer will auch noch mit 100 Jahren spielen. Wenigen gelingt das, aber ein beeindruckendes Beispiel findet sich ja im vorigen Kapitel.

KAPITEL ELF

Erlebnisse

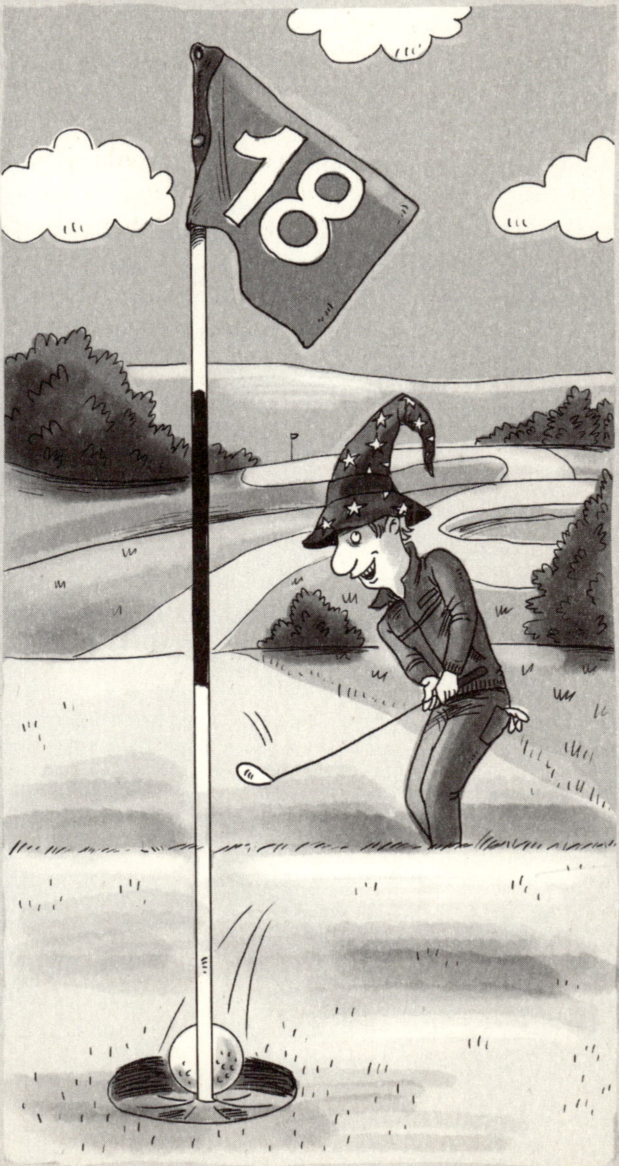

102. GRUND

Weil man so oft gute Schlechte hat

Den perfekten Golfschlag gibt es nicht. Selbst wenn der Golfer auf einem Par 3 ein Ass spielt, war jede Menge Glück mit im Spiel. Manchmal hat er richtig gute Schläge, aber die Zahl der schlechten ist, wenn es gut geht, genauso hoch.

Was aber seinen Score häufig rettet, sind schlecht getroffene Bälle, die aber trotzdem wie von Zauberhand ihren Weg Richtung Grün nehmen. Das sind die guten Schlechten.

Die Bahn ist eigentlich nicht schwer. Ein Par 4 mit einer Länge von 270 Metern lässt sich doch locker bewältigen. Wenn da nur nicht die Riesen-Eiche wäre. Die steht da mitten auf dem Fairway dumm herum. Man könnte ja auch versuchen, den Baum zu treffen, das würde einem nie gelingen. Aber nein, der Drive wird schon genug Höhe haben, noch nicht mal die Eichenblätter streifen und so perfekt liegen, dass man nur noch einen Pitcher benötigt, um vielleicht das Birdie zu spielen. Natürlich wird der mächtige Stamm der Eiche getroffen. Wenn ein Golfball auf senkrecht wachsendes Naturholz trifft, gibt es mehrere Möglichkeiten. Die unwahrscheinlichste ist, dass der Baum gefällt wird. Im wahrscheinlichsten Fall wird der Stamm frontal getroffen und der Spieler hat einen gewissen Distanzverlust zu verzeichnen. Immer noch besser, als unspielbar direkt am Baum zu liegen. Manchmal aber trifft der Ball so glücklich, dass der Ball für dieses Dogleg genau richtig liegt. Das ist dann ein guter Schlechter.

Des Golfers Ball liegt auf einem Par 5 mit dem dritten Schlag mitten auf der Bahn. Noch 140 Meter sind bis zur Fahne zu überwinden. Mit Handicap -38 geht man doch lieber auf Nummer sicher. Es reicht doch auch, wenn man den Ball sicher vor das Grün legt. Eisen 9 wird gegriffen. Der Stand ist etwas unglücklich, aber nach dem Probeschwung fühlt man sich schon viel sicherer. Trotzdem wird der Ball getoppt. Ein wirklich misslungener Schlag, aber der Ball rollt und rollt. Noch nie hat er mit einem Eisen 9 so weit geschlagen. 30 Zentimeter neben der Fahne bleibt der Ball liegen. Das ist ein guter Schlechter.

Die ersten acht Löcher sind gut gelaufen. Eine Handicap-Verbesserung scheint in greifbare Nähe gerückt zu sein. Nur jetzt nicht versagen. Loch 9 ist ein läppisches Par-3-Loch mit einer Länge von 123 Metern. Blöderweise hat man vor drei Jahren den Teich vor dem Grün vergrößert, aber mit einem Eisen 8 müsste das Grün gut zu erreichen sein. Der Ball wird beim Abschlag fett getroffen. Das Divot droht weiter zu fliegen als der Ball. Bangend dem Ball nachschauend, erkennt der Golfer, dass die Länge des Schlages zwar nicht für das Grün, dafür aber für den Teich reicht. Das ist der Moment, in dem der Golf-Gott eingreift. Der Spieler fühlt sich an Kinderzeiten erinnert, als er Steine über das Wasser ditschen ließ. Genauso verhält sich sein Ball. Er kommt doch noch irgendwie auf das Grün. Kann er vielleicht sogar noch »Nearest to the Pin« gewinnen. Das ist ein guter Schlechter.

Wenn es gute Schlechte gibt, muss es zwangsläufig auch schlechte Schlechte geben. Was das ist, erklärt am besten ein Golferwitz.

Ein Golfer erwacht aus dem Koma. Am Bett steht sein Arzt und teilt ihm mit, dass er schwere Knochenbrüche, Blutergüsse am ganzen Körper und einen Milzriss hat. Er möchte wissen, wie das passiert ist. Der Golfer weiß es nicht. Er weiß nur noch, dass er mit seiner Frau gemeinsam Golf gespielt hat. Sie waren auf Loch 6 und hatten ihre Bälle beide zu lang auf eine Kuhweide geschlagen. Sie suchten ihre Bälle und da sah er etwas Weißes im Hintern einer Kuh. Dort ist er hingegangen, hat den Schwanz der Kuh angehoben und auf dem Ball das Monogramm seiner Frau erkannt. Dann hat er sich zu seiner Frau umgedreht und gerufen: »Hey, der sieht aus wie deiner!« Er kann sich nicht mehr erinnern, was dann passierte.

103. GRUND

Weil es Golf-Filme gibt

Winter. Ein langer Winter. Nicht nur, dass durch die Zeitumstellung die Möglichkeit, am Abend Golf zu spielen, nicht mehr gegeben ist, ist der Golfplatz von Schnee bedeckt. Der Golfer kommt für mehrere Tage, Wochen, ja gar Monate nicht auf den Platz. Entzugserscheinungen sind die unausweichliche Folge. Eine Golfreise in wärmere Gefilde könnte helfen (siehe Grund 97: *Weil Urlaub und Golfen fabelhaft zusammenpassen*). Das hilft aber auch nur für zwei Wochen, denn nicht jeder kann es sich leisten, vier Monate in Südafrika zu überwintern. In seiner Verzweiflung treibt es den Golfer in die Videothek oder in das Internet. Er begibt sich auf die Suche nach einem Golffilm. Davon gibt es einige. Die Auswahl ist nicht riesig, aber eine Entscheidung sollte natürlich mit Bedacht getroffen werden. Auch wenn er Entzugserscheinungen hat, sollte der Film schon ein Mindestmaß an Niveau haben, und wenn nicht, dann zumindest unterhaltsam sein.

Um dem suchenden Golfer in seiner Not zu helfen, gibt es eine ganz persönlich gefärbte Empfehlungsliste:

Das größte Spiel seines Lebens, 2005

Der Film basiert auf einer wahren Begebenheit und erzählt die Geschichte eines Amateurgolfers, der zu Beginn des 20. Jahrhunderts als erster Amateur überhaupt die U.S. Open gewinnen kann. Dass ihm dies mit einem zehnjährigen Caddy gelang, hat der Regisseur Bill Paxton überzeugend umgesetzt.

Die Legende von Bagger Vance, 2000

Dieser Streifen begeistert nicht nur, weil Robert Redford Regie führte und die Hauptdarsteller Will Smith, Matt Damon und Charlize Theron überzeugen. Die Story zieht den Zuschauer in den Bann:

Ein Ex-Golfer kehrt nach dem Ersten Weltkrieg traumatisiert zurück. Er hat seinen Golfschwung verloren. Da er seiner Verlobten helfen möchte, lässt er sich zu einem Golfturnier überreden. Bei den Versuchen, seinen Schwung wiederzufinden, taucht ein geheimnisvoller Mann namens Bagger Vance auf, der dem Kriegsveteranen dabei hilft, das Golfen aufs Neue zu lernen. Köstlich in einer Nebenrolle: Jack Lemmon.

Tin Cup, 1996

Wer nach einer schönen Liebesgeschichte sucht, sollte sich diesen Film über einen aussortierten Golfpro, der nicht immer die besten Entscheidungen auf und neben dem Golfplatzes trifft, unbedingt anschauen. Die Hauptdarsteller Kevin Costner und Rene Russo sind genauso hervorragend wie die Dialoge und der Titelsong *A Little Bit Is Better Than Nada*. Kurioserweise heißt die Titelfigur Roy McAvoy. Wer denkt da nicht an Rory McIlroy? Allerdings war der, als der Film auf den Markt kam, erst sieben Jahre alt.

Happy Gilmore – Ein Champ zum Verlieben, 1996

Adam Sandler spielt Happy Gilmore, ein mit Aggressionsproblemen geplagter Eishockeyspieler, der aus Frustration und wegen finanzieller Sorgen Golfer wird. Einer der Höhepunkte des Films sind die 400 Meter langen Abschläge, die Gilmore nicht aus dem Stand, sondern mit Anlauf gelingen (durchaus empfehlenswert, das selber auszuprobieren). Der Streifen endet mit einem wirklich spannenden Shootout, bei dem alles auf das Putten ankommt.

Caddyshack – Wahnsinn ohne Handicap, 1980

Der Urvater aller Golffilme ist aus dem Jahr 1980. Er beschäftigt sich mit einem mittellosen Caddy, der sich einen alles entscheidenden Sieg im wahrsten Sinne des Wortes »erzittert«. Im Mittelpunkt steht aber die eskalierende Auseinandersetzung zwischen einem Platzwart und einem Nagetier, das den Golfplatz zu zerstören droht.

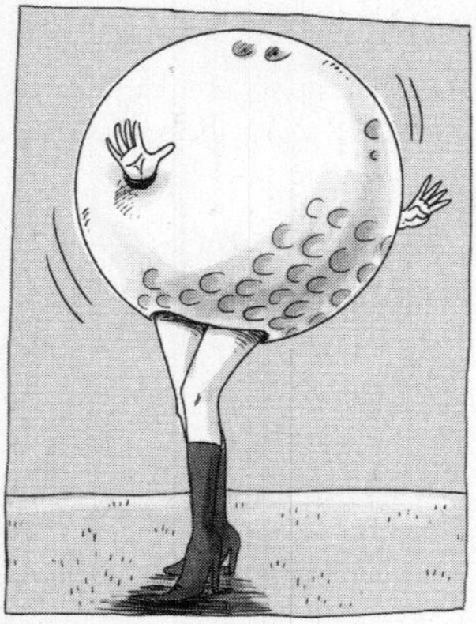

Wen dieser Film begeistert hat, darf sich auch gleich noch den Nachfolger *Caddyshack II* anschauen. Auf eigenes Risiko, denn der Film wurde mehrfach für die Goldene Himbeere nominiert.

Leider muss davor gewarnt werden, dass am Ende eines solchen Filmabends die Entzugserscheinungen vom Golfen nicht gemildert, sondern meist nur noch verstärkt werden. Wer möchte es denn nicht Adam Sandler sofort nachmachen und den Golfball mit großem Anlauf weiter denn je schlagen. Oder wie der Held in *Tin Cup* seinem Angstloch entgegentreten. Dafür muss der Golfer allerdings noch lange auf den Sommer warten. Vielleicht genießt er doch lieber noch einen Golffilm, auch wenn lange kein neuer mehr erschienen ist.

104. GRUND

Weil man Oberlehrer trifft

Die Chance, auf dem Golfplatz auf einen echten Oberlehrer zu treffen, ist sehr gering, denn der offizielle Titel aus dem Schulbereich ist schon seit Jahrzehnten abgeschafft. Die Chance, auf einen Oberlehrer im übertragenen Sinn zu treffen, ist nicht ganz so gering. Solche schulmeisternden Persönlichkeiten gibt es in allen Lebensbereichen. Sie haben für ihre Mitmenschen immer ein gewisses Reizpotenzial. Natürlich will jeder immer dazulernen. Wenn aber stets ungefragt mit dem Brustton der Überzeugung die absolute

Wahrheit verkündet wird, nervt das diejenigen, die sich die Belehrungen gezwungenermaßen anhören müssen.

Beim Golfen hat jeder Spieler gerne Menschen um sich, die zwar zuhören können, aber einen nicht ständig mit ihren Weisheiten zutexten. Natürlich gibt es auch manchmal Fragen, was die Regelkunde anbelangt, denn immer sind Unsicherheiten da, wenn besonders knifflige Situationen das eigene Wissen überfordern. Dann ist man froh, einen Spieler im Flight zu haben, der als »Regelpapst« gilt.

Wenn man aber das Pech hat, mit einem »Oberlehrer« im Flight zusammenzuspielen, kann die Runde anstrengend werden. Das sind, um einen Berufsstand in Schutz zu nehmen, der es in der öffentlichen Wahrnehmung nicht immer leicht hat, beileibe nicht immer studierte Pädagogen. Das sind einfach Leute, deren Sozialisation nicht optimal verlaufen ist. Sie leiden ganz einfach an einer mangelnden Selbstwahrnehmung. Stets glauben sie, ihre profunden Regelkenntnisse mitteilen zu müssen. Wenn es um ein Spiel im Turnier ginge, könnte man ja noch damit leben. Wenn man aber in einer Privatrunde spielt, nervt die Besserwisserei. Dass man nicht betrügt und daher immer regelkonform spielt, versteht sich von alleine.

Wenn aber der Ball in der Mitte eines Weges liegen bleibt, der einen »Freedrop« erlaubt, muss nicht mit dem Driver abgemessen werden, auf welcher Seite des Weges gedroppt werden muss.

Wenn der Ball innerhalb eines »Maulwurfsfeldes« landet, wird der Oberlehrer eine Stelle suchen, an der man den Ball irgendwie schlagen kann. Die anderen Mitspieler hätten auch nichts dagegen gehabt, wenn der Spieler den Ball außerhalb der »Wüste« gedroppt hätte.

Wenn der Abschlag in einer Anpflanzung landet und nach der Identifizierung festgestellt wird, dass er mit einem Strafschlag nicht in zwei Schlägerlängen gedroppt werden kann, muss der Spieler auf der Linie »Ball – Fahne« zurückgehen. Der Oberlehrer reagiert auch in der Privatrunde gnadenlos. Er weiß auf den Zentimeter und die Gradzahl genau, wo der arme Golfer den Ball fallen lassen darf.

Dass es ihn nicht unbedingt bei den Mitspielern beliebt macht, scheint ihn nicht zu kümmern. Er ist nur dem verpflichtet, was man als die Wahrheit eines Oberlehrers bezeichnen könnte.

105. GRUND

Weil ein Double Bogey genauso befriedigend sein kann wie ein Eagle

»Bogey«, »Birdie« und »Eagle« sind Begriffe, die der Golfspieler oft in den Mund nimmt. Viele wissen nicht, ob es eigentlich der, die oder das Bogey heißt. Und kaum einer weiß, woher die Begriffe überhaupt kommen. Ich auch nicht. Da hilft nur Recherche.

Bogey wurde im Schottischen ein Spitzenspieler genannt. Wenn einer in der Lage war, die Runde mit 18 über Par abzuschließen, gehört er zu den Besten. Die Plätze wurden gepflegter, die Schläger erlaubten mehr Weite und Gefühl. Das führte dazu, dass ein Bogey-Score für immer mehr Spieler selbstverständlich wurde. Deshalb führte man den Begriff »Bogey« als Synonym für einen Schlag über Par ein.

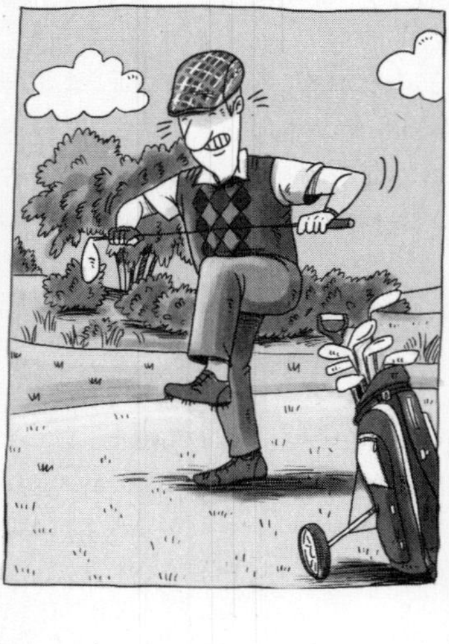

Auf der Profi-Tour gibt es ein ähnliches Problem. Es werden sagenhafte Scores gespielt; weil die Spieler immer athletischer geworden sind und die Technologie immer weiter voranschreitet, werden die Schläge immer länger. Drives über 300 Meter sind keine Seltenheit. Dem versucht man zu begegnen, indem man die Hindernisse noch gemeiner gestaltet und die Bahnen immer länger macht.

Wollte ein Engländer etwas als hervorragend bezeichnen, sagte er auch »bird«. Damit bürgerte sich ein, einen Schlag unter Par als Birdie zu bezeichnen.

Um auch dem Ereignis, das bei Amateur-Golfern selten vorkommt, einem Ergebnis von zwei Schlägen unter Par, einen Namen geben zu können, erinnerte man sich an den »König der Lüfte«, den Adler. Damit war der Begriff »Eagle« geboren. Für einen Schlag drei unter Par blieb dann nur noch der größte Vogel der Welt. Der Albatros.

Damit sind nicht nur ein paar Fachbegriffe geklärt, sondern es wird auch deutlich, wie sich die Ansprüche verändert haben. Heutzutage macht ein gespielter Double Bogey keinen Golfer glücklich. Möchte man meinen.

Aber was empfindet ein Spieler mit Handicap -54, wenn er ein Double Bogey spielt? Die Frage kann leicht beantwortet werden. Es macht ihn selig. Hat er doch seine Stableford-Punkte im Hinterkopf, denn spielt er auf allen 18 Löchern jeweils zwei über Par, ist ihm ein neues tolles Handicap gewiss.

Und der Profi? Für den ist es ein befriedigendes Gefühl, wenn er zum Sieg am letzten Loch ein Eagle spielen muss und ihm das gelingt. Während der Runde hakt er das als Normalität ab. Mit einem Double Bogey ist es schwer, den dritten Tag noch mitspielen zu dürfen.

Der Durchschnittsgolfer findet ein Double Bogey nicht toll. Damit ist ja noch nichts verloren. Aber ein ganz anderes Hochgefühl stellt sich ein, wenn er einen seiner seltenen Eagle spielt.

Double Bogey ist also nicht gleich Double Bogey. Wie immer in diesem Sport entscheidet der Kopf über das Wohlbefinden des Golfers. Diese Tatsache ist viel wichtiger als der Fakt, dass es »das Bogey« heißt.

106. GRUND

Weil beim Ryder Cup mitgefiebert werden kann

Beim Ryder Cup handelt es sich wahrscheinlich um das legendärste aller Golfturniere. Alle zwei Jahre messen sich die besten Golfspieler Europas mit den besten der USA. Namensgeber dieses sagenumwobenen Turniers ist Samuel Ryder, ein pfiffiger britischer Händler von Pflanzensamen, der, wie viele andere auch, erst spät seine Leidenschaft für das Golfspielen entwickelte.

Als der Wettkampf im Jahr 1927 zum ersten Mal ausgerichtet wurde, standen sich jedoch zunächst nur britische und amerikanische Golfer gegenüber. Erst nachdem die Briten Jahr für Jahr gegen die Amerikaner verloren, zwischen 1935 und 1973 konnten sie nur einmal den Sieg für sich beanspruchen, wurde der Ryder Cup ab dem Jahr 1979 zu einem echten europäisch-amerikanischen Kräftemessen. Die neue Ausgeglichenheit zwischen den beiden Mannschaften führte dabei aber auch zu einer zunehmenden Rivalität zwischen den beiden Teams. Für Golfverhältnisse entwickelte sich der Ryder Cup mit Beginn der 1990er-Jahre zu einer fast kriegerischen Auseinandersetzung zwischen den beiden Teams.

Gespielt wird über drei Tage, von Freitag bis Sonntag, wobei an den ersten beiden Tagen die Spieler jeweils in Zweier-Teams gemeinsam antreten. Im Vierer- und Vierball-Modus werden die ersten 16 Punkte ausgespielt. Am Schlusstag treffen die Spieler dann in zwölf Einzelpartien aufeinander, um den Sieg auszuspielen. Seit 1979, dem Jahr, in dem das erste Mal auch Kontinentaleuropäer am Ryder Cup teilnehmen durften, konnten die Amerikaner siebenmal den Sieg erringen, die Europäer neunmal.

Anekdoten und Geschichten rund um den Ryder Cup gibt es viele. So sorgte der für das amerikanische Team spielende Scott Hoch 1997 mit seiner Aussage: »Nick Faldo is as much fun as Saddam Hussein«, was sinngemäß soviel heißt wie »Mit Nick Faldo zu spielen, macht etwa so viel Spaß, wie mit Saddam Hussein über den Platz zu gehen«, für Aufsehen. Dies sagte er kurz nachdem er gemeinsam mit Jeff Maggert, Lee Westwood und Nick Faldo auf dem spanischen Golfkurs Valderrama besiegt hatte. Trotz dieser Niederlage im Vierer konnten die Europäer den Sieg für sich erringen.

Im Jahr 1999, zurück auf dem amerikanischen Kontinent, setzte sich der Trend einer aufgeladenen Stimmung beim Ryder Cup fort. So soll David Duval am Vorabend der ersten Runden am Freitag nach einer mitreißenden Rede aus dem Clubhaus gelaufen sein, während einer lauthals »Let's go out and kill them!« (»Lasst uns auf den Platz gehen und sie töten!«) schrie. Diese Stimmung setzte sich auf dem Golfplatz fort, wo amerikanische Fans während des Turniers immer wieder »Kill, kill!« und »Bring out the body bags!« (»Bringt die Leichensäcke nach draußen!«) skandierten. Diesmal konnten die Amerikaner die Europäer mit einem Punkt Vorsprung schlagen.

Seit dem Jahr 2012 muss ein amerikanischer Polizist sich den Vorwurf machen lassen, dass er entscheidenden Einfluss auf den späteren Ausgang des Ryder Cups hatte. Der damalige nordirische Weltranglistenerste Rory McIlroy verschlief seine Startzeit und war kurz davor, disqualifiziert zu werden. Der Punkt wäre somit an das amerikanische Team gegangen. Glücklicherweise konnte der hilfsbereite amerikanische Polizist dafür sorgen, dass es McIlroy doch noch pünktlich zum Abschlag schaffte, indem er per Funk einige Straßenkreuzungen freiräumen ließ. Der Ire gewann dann auch noch sein Match und Europa am Ende mit einem Punkt.

Der Solheim Cup sollte hier natürlich nicht unerwähnt bleiben. Dieses Pendant zum Ryder Cup wird alle zwei Jahre zwischen den amerikanischen und europäischen Golferinnen ausgetragen. 2013 gab es einen sensationellen 18-zu-10-Sieg der europäischen Damen über die hoch favorisierten US-Girls. Auch eine Deutsche war entscheidend daran beteiligt, dass die Amerikanerinnen in Grund und Boden gespielt wurden: Caroline Masson. Nicht zuletzt diese hervorragende Leistung hat dazu geführt, dass der Solheim Cup 2015 in Deutschland stattfinden wird. Gastgeber wird der GC St. Leon-Rot bei Heidelberg sein.

107. GRUND

Weil der ganze Golfplatz ein einziges Biotop ist

Der Begriff wird häufig benutzt, aber viele haben nur eine vage Vorstellung von seiner Bedeutung. Wenn man es schlicht ausdrücken möchte, sind Biotope einheitliche, gut abgegrenzte Lebensräume, in denen ganz bestimmte Tiere und Pflanzenarten leben.

Diese Lebensräume sind wegen ihrer Einzigartigkeit geschützt.

Auf den Golfsport bezogen gilt die Überschrift im strengen Sinne natürlich nicht, denn nach den Golfregeln sind dies geschützte Gebiete, die nicht betreten werden dürfen. Damit alle Spieler über die Grenzen dieser Biotope informiert sind, werden sie durch Pfosten mit einem grünen Topp gekennzeichnet.

Auch wenn jeder Golfplatz mit vielen Eingriffen in die Natur entstanden ist, betrachtet der Spieler ihn auf Grund der Vielfalt an Flora und Fauna als ein einziges großes Biotop. Sein Golfplatz, in einer wunderschönen Hügellandschaft in Schleswig-Holstein gelegen, ist das Zuhause von so vielen verschiedenen Tieren, dass man auf jeder Runde nur staunen kann.

Schwäne nisten neben einem großen Teich. Dort muss man nur ein bisschen vorsichtiger sein, wenn der Nachwuchs da ist. Die ganz Ängstlichen nehmen ihr Eisen 7 in die Hand, wenn sie die Bahn der großen weißen Vögel kreuzen. Ihr Angriffsgebaren mit aufgestellten Flügeln und dem typischen Schnauben ist durchaus Furcht einflößend.

Greifvögel kreisen jeden Tag über dem Platz. Bei der Vielfalt muss man schon mal Jens fragen, denn der ist nicht nur Golfer, sondern auch Jäger. Der weiß genau, ob es sich um einen Bussard, Habicht oder Adler handelt. Unser Golfplatz muss ein gutes Terrain für die Greifvögel sein, was den Bestand an Feldmäusen anbelangt.

Kraniche ziehen im Frühjahr und im späten Herbst zu Tausenden über den Platz. Voller Begeisterung über deren keilförmige Formationen vergisst der Golfer schon mal das Spiel.

Die Entenfamilien mit ihrem hinterherwatschelnden Nachwuchs lassen besonders Golferinnen Entzückungsschreie ausstoßen. Der männliche Flightpartner regt sich eher über das auf, was man vornehm als Exkremente bezeichnet.

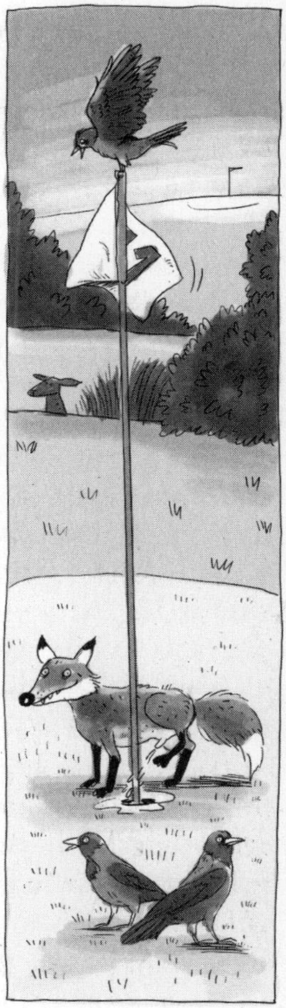

Eichhörnchen sind immer possierlich. Die Knicks sind voll von ihnen.

Dass die Teiche, ohne dass der Mensch eingegriffen hat, voller Karpfen und ähnlich Essbarem bevölkert sind, verwundert immer wieder.

All diese Tiere in der Natur erleben zu dürfen, darüber freut sich der Golfer. Sie stören ihn nicht bei seinem Spiel, sondern er ist dankbar, dass er so intensiv an der Natur teilhaben darf.

Die Begeisterung des Golfers für die Fauna hat allerdings ihre Grenzen: Maulwürfe, Krähen und Wildschweine.

Er könnte ja voller Bewunderung über die Schaffenskraft von Maulwürfen sein, aber wenn die Anzahl der von ihnen aufgeworfenen Hügel ein Ausmaß annimmt, dass es sein Spiel behindert, wird er schon mal sauer. Da muss der Greenkeeper doch was unternehmen. Der arme Kerl verspricht, sein Bestes zu geben. Sein dahingemurmeltes »Was soll ich denn machen bei den Gesetzen?« hört der Golfer nicht mehr. Tage später kann man ihn dann weinen sehen, wenn einer von den »Erdmonstern« ein Grün hingerichtet hat.

Das Wildschein kommt über Nacht. Die Schäden sind verheerend. Mit ihren Hauern sind sie bei der Nahrungssuche in der Lage, große Flächen eines Platzes so zu zerstören, dass die Grasnarbe bis zu 40 Zentimetern umgepflügt wird. Der verzweifelte Greenkeeper braucht gar nicht erst den Jäger anzurufen, denn Golfplätze sind nie Bestandteil eines Jagdreviers. Das fehlte dem bis in die Dämmerung spielenden Golfer noch. Wurde doch schon mancher mit einem Wildschwein verwechselt.

Krähen, die mit ihrer Großfamilie Bäume eines Wohngebiets als ihr Zuhause auserwählen, sind für die Anwohner eine Plage. Das ewige Gekrächze zerrt an den Nerven. Eine noch größere Plage sind sie auf dem Golfplatz. Wenn sich Larven des Junikäfers im Boden befinden, wissen die Krähen das aus unerforschten Gründen. Sie fallen über das so gepflegte Fairway her und zerstören mit ihren riesigen Schnäbeln Hunderte von Quadratmetern. Dagegen wirkt der Überfall von Wildschweinen harmlos. Dem Greenkeeper sind die Hände gebunden, denn die Krähen stehen unter Naturschutz. Da kann er nur hoffen, dass die Population der Greifvögel kräftig steigt. Und wenn das noch nicht Grund genug ist, dass diese Vögel nicht zu den Lieblingstieren eines Golfers gehören, muss ihre Hinterhältigkeit erwähnt werden. Sie klauen Golfbälle. Glaubt man nicht, aber zweimal habe ich beobachten dürfen, wie eine Krähe an einem Golfball pickerte, um dann den Riesenschnabel zu öffnen, den Ball aufzunehmen und mit demselben davonzuschweben. Trotz intensiver Recherche ist es mir nicht gelungen, das Raben-Golfball-lager-Depot zu entdecken.

Aber diese Nachteile nimmt der Golfer gerne in Kauf. Er freut sich nur, dass der ganze Golfplatz ein einziges Biotop ist.

108. GRUND

Weil man seine Platzreife machen kann

Um gleich einem Missverständnis vorzubeugen: Hier ist nicht der Golfer gemeint, der mittels ungezügelter Ess- und Trinklust versucht, die 150-Kilo-Marke, also die Platzreife, zu erreichen. Solche Spieler zeichnen sich dadurch aus, dass sie monatlich die Löcher ihres Gürtels nachstanzen müssen. Die Platzreife erreicht bei diesem Typus höchstens der Stoff des Hemdes, das sich über seiner Leibesfülle bedenklich spannt.

Nein, hier geht es um eine Prüfung.

Die steht am Anfang jeder Golferkarriere.

Angeregt wird der Noch-nicht-Golfer durch die Schwärmerei von Freunden. Er solle doch endlich den Einstieg in diesen wundervollen Sport wagen. 30 Jahre hat er Tennis gespielt. Nun machen die Knochen, Sehnen und Bänder immer größere Probleme.

Ein Inserat im örtlichen *Anzeiger* sorgt für den letzten Anstoß. Der benachbarte Golfplatz bietet einen Schnupperkurs an. Kann ja nicht schaden.

Schon am nächsten Wochenende startet das Abenteuer. Mit einer Gruppe von Gleichgesinnten macht der Neuling die ersten Erfahrungen. Die Freunde haben ihn zwar animiert, aber gleichzeitig gewarnt: Der Sport kann süchtig machen. Trotz all seiner Skepsis muss er jetzt feststellen, welch unbeschreibliches Gefühl es ist, ab und zu tatsächlich den Ball zu treffen. Und wenn er dann richtig fliegt, du meine Güte!

Die Entscheidung fällt schon in der folgenden gemütlichen Runde im Clubhaus. Ja, verdammt noch mal! Er will Golf spielen.

Einen Dämpfer erfährt seine Begeisterung, als er die Absicht äußert, so schnell wie möglich erste Runden auf dem Platz drehen zu wollen. Denn so hat er sich das in seiner grenzenlosen Naivität vorgestellt: Morgen werden die Schläger besorgt, und übermorgen sollen die anderen einmal sehen, was ein echtes Talent auf dem Golfplatz zu bieten hat!

Nein, teilt man ihm mit, ganz so einfach ginge das nicht. Um auf einem deutschen Golfplatz spielen zu dürfen, benötige man die sogenannte Platzreife. Eine Prüfung, bei der man eine angemessene Spielstärke nachweisen muss. Von einem Spieler mit Platzreife erwartet man, dass er mit seinen Schlägern nicht den ganzen Platz umpflügt. Sonst könnte er ja gleich mit Hacke und Spaten zu Werke gehen. Hinreichende Regel- und Etikette-Kenntnisse gehören natürlich auch dazu.

Der Golf-Eleve will sich gleich für diese Prüfung anmelden.

Nein, so teilt man ihm weiter mit, auch das ginge nicht ganz so einfach.

Stück für Stück erfährt der Anfänger, was auf ihn zukommt. Nachdem er die Golfausrüstung angeschafft hat, soll er sich zügig bei einem der Golflehrer der Anlage anmelden. Wenn der nach einer nicht absehbaren Zahl von Trainingsstunden seine Zustimmung gibt, darf er sich zu einem Platzreifekurs anmelden. Dass er während dieser Wochen auch alleine auf der Driving Range üben muss, versteht sich von selbst. Dazu gibt es natürlich noch die Regelabende. Hier erhält er das nötige Rüstzeug. Schließlich ist der Umfang der zu beherrschenden Golfregeln kein Pappenstiel. Zur Verdeutlichung drückt man ihm schon einmal das 300 Seiten dicke Regelwerk in die Hand.

Drei Monate später ist das Etappenziel erreicht. Er darf am Platzreifekurs teilnehmen. In dieser einen Woche bekommt er den letzten Schliff. Wenn alles gut geht, besteht er am Ende des Kurses die praktische und theoretische Prüfung.

Er besteht. Die Euphorie, die ihn überkommt, ist durchaus mit der nach bestandenem Abitur vergleichbar. Er darf auf den Platz. Er hat ein Handicap: -54. Es wird sicher nicht lange dauern, bis er diesen Wert unter -10 senken kann (siehe Grund 89: *Weil man denkt, dass man nach einem Jahr einstellig ist*)!

109. GRUND

Weil Wintergrüns Glückssache sind

Wenn der Winter kommt und das Thermometer ständig Minusgrade anzeigt, lagern viele Golfer ihre Ausrüstung im häuslichen Keller ein. Bei solchen Temperaturen haben sie keine Lust zu spielen, zumal sie den Trolley nicht mehr benutzen dürfen und das Bag tragen müssten. Für die vier Wintermonate können sie auch gerne darauf verzichten, über den Platz zu gehen.

Die »echten« Golfer spielen aber bei jedem Wetter. Diese Fanatiker kann man nur am Spielen hindern, wenn der Platz witterungsbedingt gesperrt ist, oder der Schnee so hoch liegt, dass sie keinen Ball wiederfinden.

Um diesen Golfverrückten das Spielen zu ermöglichen, muss der Greenkeeper tätig werden. Es gilt, die über das ganze Jahr sorgfältig gehegten Sommergrüns zu schützen. Bei Frost leiden die speziellen Gräser, wenn sie betreten werden. Langfristige Schäden können die Folge sein. Hinzu kommt, dass Pitchmarken nicht mehr ausgebessert werden können. Deswegen werden die Fahnen umgesteckt: Sie wandern von den normalen zu den vorbereiteten Wintergrüns. Kleine, kurz gemähte Flächen vor oder neben dem Sommergrün sind ab dann das neue Ziel des auch im Winter spielenden Golfers.

Wintergrüns sind von unterschiedlicher Qualität, erreichen aber natürlich nie das Niveau von »richtigen« Grüns. Darauf muss sich der Winter-Golfer einstellen. Es gibt kein Vorgrün und das umgebende Fairway ist nicht kurz gemäht. Das macht das Spiel nicht leichter. Aber viel schwieriger ist das Spiel auf dem Grün. Wenn man im Sommer einen Rasen gewohnt ist, der spurtreu ist und auf dem die Breaks berechenbar sind, hat das kurze Spiel auf den Wintergrüns viel mit Glücksspiel gemein. Da kann der Golfer den Putter gleich zu Hause lassen.

Die Bälle scheinen ein Eigenleben zu führen. Gott sei Dank sind die provisorischen Grüns so klein, dass er aus drei Metern Entfernung nicht so viele Schläge braucht wie auf der gesamten Bahn zuvor.

Man kann sich über Wintergrüns ärgern, besonders dann, wenn sie ohne große Vorbereitung irgendwo auf dem Fairway platziert werden. Aber der winterfeste Golfer ist heilfroh, dass es die Wintergrüns gibt. Was wäre sein geliebtes Spiel ohne ein Ziel?

Was spielt es da schon für eine Rolle, dass Wintergrüns Glückssache sind?

110. GRUND

Weil man ein Wasserhindernis gut zum Baden nutzen kann

Als wenn es nicht genug wäre, dass Golfplätze für den Spieler ganz natürliche Hindernisse vorhalten, wie etwa Bäume, Teiche und hohes Gras. Die Golfplatz-Architekten haben darüber hinaus den Ehrgeiz, den Golfer möglichst viele Schläge machen zu lassen, bevor er das Grün erreicht.

Ein beliebtes Mittel hierbei sind Bunker, die man mit Sand ganz unterschiedlicher Konsistenz füllen kann, und sogenannte Wasserhindernisse, die schon vorhanden waren oder – hinterhältig, wie diese Planer nun einmal sind – künstlich angelegt wurden.

Eines dieser Wasserhindernisse, genauer gesagt ein quer laufender Bach an unserem Loch 15, wurde dem Bürgermeister einer norddeutschen Kleinstadt zum Verhängnis.

Werner, der Nachname sei aus Datenschutzgründen verschwiegen, befand sich auf genannter Bahn vor diesem Bach. Als seine Gattin mit einer Spielerfahrung von einem halben Jahr ihren Ball aus einer Entfernung von circa zehn Metern über den Bach zu transportieren gedachte, überkam sie der – alle Golf spielenden Damen mögen mir verzeihen – für Spielerinnen typische Gedanke: Da kommst du nie rüber!

Und so war es.

Aber da das Salär eines kleinstädtischen Bürgermeisters nicht unermesslich ist, musste dieser Ball von Werner natürlich gerettet werden. Eine Ballangel war nicht zur Hand.

Mit dem Mute der Verzweiflung nutzte er das den Bach umsäumende Gehölz, um des Balles habhaft zu werden. Seine in vielen Ausschusssitzungen erlangte Erfahrung schützte ihn allerdings nicht davor, die Stärke des ergriffenen Astes zu unterschätzen. Der Sturz in das von Schlamm und etwas Wasser gefüllte Hindernis war unvermeidlich.

Besudelt, aber lebendig konnte er mit Hilfe des von seiner Gattin gereichten Drivers dem Gewässer entsteigen.

Werner sah keine andere Möglichkeit, als sich seiner Kleidung bis auf die Golf-Boxershorts zu entledigen. Die am nächsten Abschlag sprudelnde Bewässerungsanlage nahm er gerne in Anspruch, auch wenn der folgende Damenflight verwunderte Blicke nicht verhehlen konnte.

Dank Sitzheizung war die Nachhausefahrt auch unbekleidet kein Problem. Was die Bürgermeistergattin daraus lernte, ist eine andere Geschichte.

111. GRUND

Weil er das Missverständnis um den beliebtesten Golfer-Witz aufklären kann

Der am häufigsten erzählte und wohl älteste Golfer-Witz erfreut sich verständlicherweise in den Kreisen der Nicht-Golfer der größten Beliebtheit. Lässt ein Golfer im Small Talk durchblicken, welcher Sportart er nachgeht, muss er nicht lange warten. Dann kommt er, der wahrscheinlich einzige Golfer-Witz, den der Nicht-Golfer gespeichert hat. »Kennst du eigentlich den: Spielst du schon Golf oder hast du noch Sex?«

Der Angesprochene könnte sich ja glatt an die IKEA-Werbung erinnern: »Wohnst du noch oder lebst du schon?« Oder an den Konter von Mitbewerbern: »Wohnst du schon oder schraubst du noch?« Aber der Witz hat etwas Infames. Damit ist nicht die Frechheit der ausgesprochenen Unterstellung gemeint. Infam ist er deswegen, weil der Golfer ja nett bleiben will. Ein Gähnen, weil er den Witz schon tausendmal gehört hat, wäre nicht angemessen, genauso wenig wie ein Schweigen mit herauf- oder heruntergezogenen Mundwinkeln. Auch eine Schilderung seines aktiven Sexlebens wäre völlig unangebracht. Was stört es den Mond, wenn ein Köter ihn ankläfft.

Golfern, die mal wieder in solch eine Situation geraten, kann geholfen werden. Sie können das Missverständnis klären, das diesem Witz zugrunde liegt.

Nur wenige wissen, wie diese hinterhältige Frage entstanden ist. Das Erstaunliche ist, dass sie bei ihrer Erstformulierung genau das Gegenteil von dem beinhaltete, was man heute mit ihr zum Ausdruck bringen will.

Tiger Woods, größter Golfer aller Zeiten, war bekanntermaßen nicht nur auf dem Golfplatz extrem fleißig. Seine bildhübsche schwedische Frau wusste nichts von seinen sexuellen Eskapaden. Seine drei Bodyguards und sein Trainer Hank Haney kamen nicht umhin, sich Sorgen zu machen. Schließlich standen die Paparazzi Schlange und Hank machte sich Gedanken um die sportlichen Leistungen seines Schützlings.

Dann der Vorfall: Die US Open werden gespielt. Tiger Woods ist bei diesem Major-Turnier am Start. Sein Trainer Hank kann aus gesundheitlichen Gründen nicht vor Ort sein. Er ist aber telefonisch ständig mit Woods in Kontakt. In Sorge um den reichsten Profi-Sportler der Welt und um die Vorliebe seines Schützlings wissend, greift er am Morgen des ersten Tages zum Handy. Schließlich sind die US Open eines der ganz großen Turniere. Tiger meldet sich tatsächlich und dann spricht Hank die entscheidende Frage aus: »Spielst du schon Golf oder hast du noch Sex?«

Gut, dass wir das einmal geklärt haben.

KAPITEL ZWÖLF

Es gibt noch viel mehr Gründe

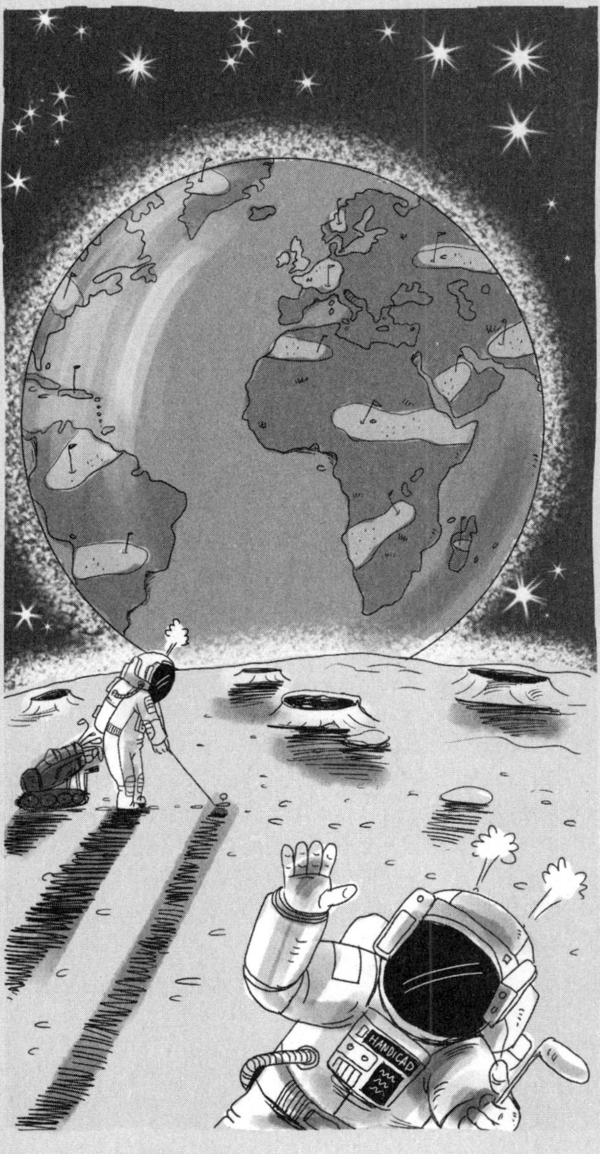

Weil das, was von alleine kommt, auch von alleine wieder geht

Jeder Golfer weiß, dass es niemanden gibt, der das Spiel perfekt beherrscht. Natürlich sieht der Amateur fasziniert zu, mit welch traumwandlerischer Sicherheit die Profis die Bälle treffen. Aber auch die unterliegen enormen Formschwankungen. An einem Tag spielen sie eine Runde mit zehn Schlägen unter Par, um am nächsten Tag zwanzig Schläge mehr zu benötigen. Dessen sollte sich so mancher Golfer mit einem nicht so guten Handicap immer wieder bewusst sein. Das schützt ihn davor, nur noch unwillig über den Platz zu traben, wenn er mal wieder nicht eine Traumrunde spielt.

Aber selbst ein demütiger Spieler kann schwer damit umgehen, wenn ihn wie aus dem Nichts eine »Golfkrankheit« erwischt. Nein, hier ist nicht die Rede von einem Hexenschuss oder dem »Golferarm«. Gemeint sind Schwungfehler, die ihm unterlaufen, auch wenn einen Tag zuvor noch alles geklappt hat. Das kann zur Verzweiflung führen, vor allem wenn man schon jahrelang spielt. Da machen sich schnell Gedanken breit, das Bag in den Keller zu stellen und sich lieber einen Hund anzuschaffen.

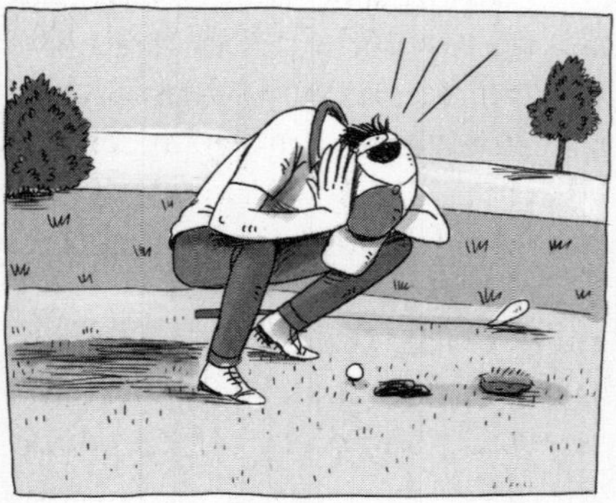

Auch Heinz erwischt es. Mitten in der Saison. Er wollte doch so gerne noch einmal bei den Seniorenmeisterschaften angreifen.

Schon am zweiten Loch, nachdem er einen passablen Abschlag hatte, versucht er aus 95 Metern, den Ball auf das

Grün zu legen. Aber die Kugel verlässt fast senkrecht nach rechts das Schlägerblatt. Das einzig Gute ist nur, dass kein Mitspieler getroffen wird. Heinz guckt dem Ball genauso ungläubig hinterher wie Benno und Rainer. Die Mimik seiner Mitstreiter drückt leichtes Entsetzen aus. Nicht etwa, weil sie um ihr Leben fürchten, sondern weil sie mitleiden. Benno spricht trocken das aus, was man eigentlich nicht sagen sollte, weil es einem Fluch gleicht: »Das war ein Socket.«

Der Nichtgolfer oder Anfänger sollte wissen, dass es sich dabei um die gefürchtetste Golfkrankheit handelt.

Unter einem Socket, der in manchen anglophilen Ländern auch als Shank bezeichnet wird, ist ein Schlag zu verstehen, bei dem der Ball nicht die Mitte der Schlagfläche trifft, sondern die Ecke zwischen Schlägerblatt und Schaftende. Die Folge ist eine nicht mehr zu kontrollierende Flugkurve des Balles.

Heinz spielt tapfer weiter. Der Putter funktioniert und die Hölzer lassen die Kugel fliegen. Nur die Eisen fabrizieren mit grausamer Regelmäßigkeit ein Socket. Rainer und Benno leiden mit. Sie versuchen es mit Tipps. »Steh mal weiter weg vom Ball.« »Spiel den Ball mal weiter vom linken Fuß.« »Lass das Gewicht mal länger auf dem rechten Bein.« Hilft alles nichts. Der Geist ist willig, doch das Fleisch ist schwach. Heinz wird immer verzweifelter und damit immer verkrampfter. Die Runde kann er abhaken. Beim Weizenbier nach den schwer zu ertragenden 18 Löchern fasst Heinz wieder Mut. Der heutige Tag wird abgehakt. Das wird schon wieder.

Es wird nicht wieder. Die nächsten Wochen verfolgt ihn sein Socket. Aus purer Verzweiflung bucht er eine Trainerstunde. Er, der fast nie auf der Driving-Range übt, weiß sich nicht anders zu helfen, als sich mit dieser Investition zu heilen.

Der Pro ist sehr einfühlsam. Weiß er doch, was die Socket-Krankheit für einen Golfer bedeutet. Heinz hört zu, bemüht sich, und siehe da: Er trifft die Eisen sauber und gerade. Voller Glückseligkeit bezahlt er den Trainer.

Die nächste Runde startet Heinz voller Zuversicht, wenn auch mit leichten Zweifeln im Hinterkopf. Die ersten Bahnen geht alles gut. Und dann, wieder wie aus dem Nichts heraus: Socket. Diesmal ist Toto mit dabei, einer der besten Spieler des Clubs. Er versucht gar nicht erst, Technik-Tipps zu geben. Er sagt ihm nur: »Weißt du, was meine Erfahrung ist?«

»Keine Ahnung.«

»Was von alleine kommt, geht auch von alleine weg.«

Der geneigte Leser mag es nicht glauben, aber plötzlich – als wenn sich in Heinz' Gehirn ein Schalter umgelegt hat – ist sein Socket weg. Er ist so was von glücklich, dass er nach dem Spiel eine Runde spendiert.

Natürlich hat er Angst, dass ihn das Schicksal wieder ereilt. Aber erst mal will er sein socketfreies Golferleben genießen.

2. BONUSGRUND

Weil die Golfclubs immer offener werden

Ja, es stimmt. Die Golfclubs werden immer offener. Es gab weltweit nicht wenige, bei denen Frauen nicht Mitglied werden konnten.

Der Wandel zeigt sich besonders deutlich bei einem 250 Jahre

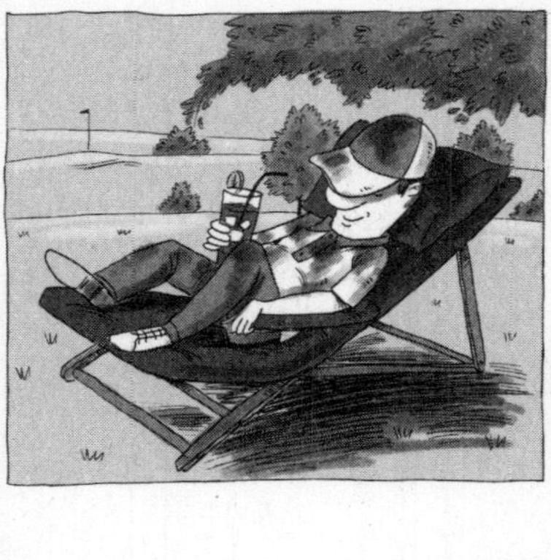

alten Relikt, dem legendären Club St. Andrews: 2014 entschied man sich, Damen zuzulassen. Ein weiterer der ältesten Clubs, Muirfield, wehrte sich noch 2016 tapfer, oder wenn man will, stur verblendet, gegen eine Veränderung der Vereinsstatuten. Traumhaft an der Nordseeküste in der Nähe von Edinburgh gelegen, vielfacher Austragungsort der British Open, sprachen sich die männlichen Holzköpfe dort für eine Beibehaltung der Restriktion aus.

Schließlich wurde es den Verbandsoberen aber zu bunt. Sie ließen das mit dem Zuckerbrot, holten die Peitsche heraus und drohten Muirfield mit der Wegnahme eines der größten Turniere der Welt. Die Chauvinisten knickten ein. Die notwendige Zweidrittel-Mehrheit für eine Regeländerung wurde 2017 erreicht. Bleibt nur abzuwarten, ob die Damen nach dem Spiel auch an der Bar sitzen dürfen.

Dieses Problem gibt es glücklicherweise hierzulande nicht. Trotzdem tun sich viele in Deutschland nach Jahrzehnten des Umbruchs auch in der heutigen Zeit immer noch schwer, überflüssige Barrieren abzubauen.

Aber langsam sehen sich auch sehr traditionsreiche Golfclubs gezwungen, sich nicht länger der Entwicklung hin zum Breitensport zu verschließen. Freiwillig hätten sie das vermutlich nicht gemacht, aber wenn die Nachwuchssorgen zu groß werden, weil das Gros der Mitglieder über 60 Jahre alt ist, werden auch Ewiggestrige williger.

Noch vor 20 Jahren war es einem Normalverdiener unmöglich, in einen Golfclub einzutreten. Da konnte es sich der Wollende nicht leisten, ein halbes Jahresgehalt nur für den Beitritt hinzublättern, die Golfausrüstung anzuschaffen und noch die Jahresgebühr zu bezahlen. Diese Lage hat sich, abgesehen von einigen Nobelclubs, drastisch geändert. Der Konkurrenzkampf ist groß. Zu viele Anlagen bieten sich zu wenigen Spielern an. Erst kürzlich wurde eine Anlage in Schleswig-Holstein in eine Kiesgrube umgebaut, weil sich die Besitzer davon mehr Profit versprechen. Mittlerweile gibt es nicht wenige Clubs, die gänzlich auf einen Beitragseintritt verzichten. Die Möglichkeit einer Fernmitgliedschaft, die im Monat unter 30 Euro kostet, sowie der Beitritt in den »Verein clubfreier Golfer« erleichtert es immer mehr Leuten, den Schritt zu diesem Sport zu wagen. Um die Kinder und Jugendlichen wird natürlich besonders gebuhlt. Deswegen können die sich für sehr wenig Geld, manchmal sogar umsonst, ausprobieren.

Aber das Pekuniäre ist nur eine der Zugangsbarrieren. Immer noch halten zu viele altehrwürdige Clubs an einem längst überholten Dresscode fest. Die scheinen zu denken, dass auch Tennis weiterhin nur in Weiß gespielt werden darf. Sie scheinen noch nicht mitbekommen zu haben, dass die Zeit der Nagelschuhe und Knickerbocker lange vorbei ist. Golf ist eine Sportart. Da sollte es darauf ankommen, dass die Bekleidung funktionell ist und nicht von Ewiggestrigen bestimmt wird. Warum müssen sportliche Jeans und Hemden ohne Kragen verboten sein? Die dafür Verantwortlichen sollten sich einmal Golfkataloge ansehen oder die Ausstattung der männlichen und weiblichen Profis wahrnehmen.

Gott sei Dank gibt es aber immer mehr Clubs, die den Zeitgeist erkannt haben. Denen geht es nicht darum, dass die Shorts die Knie bedecken, sondern dass die Spieler Freude an ihrem Sport haben und die Mitglieder die Gemeinschaft leben. Damit agieren diese offenen Anlagen nicht nur der heutigen Zeit angemessen, sondern sind offener und haben viel größere Chancen, Aspiranten zu gewinnen, die zuvor Schwellenängste hatten, einen Golfclub zu betreten.

3. BONUSGRUND

Weil es ganz einfach ist zu verreisen

Manchmal führt das, was eigentlich die schönste Zeit des Jahres werden soll, bei Paaren zu heftigem Streit: Der Urlaub muss geplant werden. Die Situation wird etwas erleichtert, wenn Mann und Frau golfaffin sind. Damit ist wenigstens schon ein Kernpunkt geklärt. Aber noch lange nicht der Zielort. Wenn man dann noch weiß, dass man fast überall auf der Welt spielen kann, wird die Wahl zur Qual. Irgendwann muss man sich entscheiden, weil die Zeit drängt. Die günstigsten Angebote könnten ja weg sein. Für den Golfer bieten sich keine Last-Minute-Angebote an, denn schließlich sollen ja die Abschlagzeiten gesichert sein. Hä?

Moni und Benno entscheiden sich für Málaga. Dort ist es im Oktober warm genug, aber nicht zu heiß. Und es wimmelt nur so von wunderschönen Golfplätzen. Das sagen jedenfalls die Prospekte und Freunde, die schon dort waren.

Die beiden waren noch nie mit dem Flieger zu einem Golfurlaub unterwegs. Schließlich gibt es auch tolle Plätze in Süddeutschland, die man gut mit dem Auto erreichen kann. Da packt man einfach die normalen Koffer, die zusammen mit den Golfbags in den Kombi verfrachtet werden. Die Golftrolleys passen auch noch rein.

Flugunerfahrene Golfer stellt die Gepäckfrage vor Probleme. Da hilft den beiden auch nicht die Tatsache, dass sie zum Glück keine Windsurfer oder Stabhochspringer sind. Wie machen die das eigentlich mit ihren Masten, Segeln oder Stäben?

Eine Strategie muss her.

Die Trolleys fallen für Moni und Benno schon mal weg. Die sind wirklich zu sperrig. Außerdem können sie die vor Ort leihen, oder sie investieren ein wenig, um sich auf den hügeligen Plätzen ein Cart zu leihen.

Dann stellt sich die Frage, welches Material mitgenommen werden soll. Schließlich ist das »Sperrgut« trotz der 120 Euro Transportkosten auf 30 Kilogramm begrenzt. Dass das große Golfbag nicht in Frage kommt, ist schnell geklärt. Also müssen die kleineren Tragebags gepackt werden. Da kann man aber nicht alle Schläger mitnehmen. Moni und Benno beschränken sich auf jeweils drei Eisen, ein Hybrid, den Driver und den geliebten Putter. So bleibt noch Platz für die Golfschuhe, ein paar Bälle und den Regenanzug, den sie hoffentlich nie auspacken müssen.

Von Rainer haben sie sich eine große Reisetasche geliehen, die praktische Rollen für die Transporterleichterung hat. Mit gemeinsamer Anstrengung schaffen sie es tatsächlich, beide Tragebags in der großen Tasche zu verstauen. Die Personenwaage zeigt 32,5 Kilogramm an. Na, da werden die am Flughafen doch wohl beide Augen zudrücken. Oder auch nicht. Sie entscheiden sich für das Risiko.

Kaum sind sie mit dem Packen fertig, erreicht sie der Reiseveranstalter, bei dem sie gebucht haben. Herr Üxkül verkündet, dass es eine Service-Neuigkeit gebe. Man könne sich jetzt vor Ort ein Schlägerset ausleihen. Das würde für die ganze Woche nur 70 Euro kosten. Da könnte man sich doch lieber die Transportkosten und die ganze Schlepperei sparen. Nach kurzer Beratung mit seiner Gattin stimmt Benno dem Angebot zu.

Auf dem Flughafen am Check-in-Schalter können sie sich ein zufriedenes Grinsen nicht verkneifen, als sie die anderen Golftouristen sehen, wie die sich abschleppen.

Ist doch so schön einfach, als Golfer zu verreisen.

4. BONUSGRUND

Weil es Links-Courses gibt

Links-Course. Bei dem Begriff kommt so mancher Golfanfänger ins Schwimmen. Zwar hat er von den legendären Plätzen in Schottland und Irland gehört, kann sich aber das »links« nicht erklären. Rainer und Heinz geht es nicht anders. Auf der Runde rätseln sie, was solche Plätze ausmacht. Die Wahrscheinlichkeit liegt nahe, dass alle Bahnen so gestaltet sind, dass man immer linksherum spielt. So wie die Leichtathleten auf der Bahn ja auch immer gegen den Uhrzeigersinn laufen. Vagen Gedanken zufolge soll das darin wurzeln, dass sich das Herz auf der linken Seite befindet. Auf die Idee könnten ja auch Golfarchitekten gekommen sein. »Aber«, wirft Rainer ein, »wie soll das denn klappen? Dann müssten die 18 Bahnen ja alle spiralförmig angelegt werden. Dann müsste das Clubhaus auch immer in der Mitte aller Löcher gebaut werden. Da bin ich doch sehr skeptisch.« Heinz findet kein Argument gegen diese Logik, aber was Besseres fällt beiden nicht ein.

Am 19. Loch treffen sie beim Weizenbier auf Benno. Vielleicht ist der ja ein Wissender. Der stellt erst gar keine Vermutungen an, sondern zückt sein Smartphone. Schade, früher hätte man im gemeinsamen Austausch noch so schön lange rätseln können. Aber der König des Googelns ist zu ungeduldig. Schnell wird er bei Wikipedia fündig.

»Mit eurer Vermutung, dass ›Links‹ was mit dem deutschen Wort ›links‹ zu tun hat, liegt ihr so was von daneben. Wollt ihr noch mal raten?«

Zweifaches Kopfschütteln gibt ihm die Chance, sein neu erworbenes Wissen unverzüglich kundzutun: »›Link‹ kommt aus dem Englischen. ›To link‹ heißt nichts anderes als ›verbinden‹«. Damit ist in diesem Fall das Stück Landschaft gemeint, das die Küste mit dem Hinterland verbindet. Die dort angelegten Plätze nennt man »Links-Course«.

Man ist sich einig. So einen Platz müsste man auch einmal spielen. Aber den dreien ist der Aufwand zu groß, nur deswegen nach Schottland zu fahren. Doch das Schicksal ist gnädig. Auf der alljährlichen Golfmesse wird Rainer beim Herumschlendern fündig. Der Golfclub »Winstongolf« hat einen eigenen Stand und macht große Reklame für seinen neuen Links-Course. Rainer ergattert einen Gutschein. Einer bezahlt und vier dürfen spielen.

Im Mai geht es auf die Reise nach Mecklenburg-Vorpommern. Alle sind voller Vorstartaufregung. Die Anlage liegt zwar nicht an der Küste, aber sie ist innerhalb kürzester Zeit als einer der besten Plätze Deutschlands ausgezeichnet worden.

Bei der Ankunft kommen sie aus dem Staunen nicht heraus. Riesige Sandhügel türmen sich auf.

»Ich denk', der soll fertig sein? Da stehen doch bestimmt noch überall die Bagger rum.«

Aber als sie sich auf die Runde begeben, ist von Baufahrzeugen nichts zu sehen. Der Inland-Linksplatz ist den schottischen Dünenlandschaften nachempfunden. Die künstlich geschaffenen Dünen türmen sich bis zu 10 Meter auf und sind nur karg mit Ginster und Heidekraut bewachsen. Dazwischen prägen tiefe Sandkuhlen, keine Bunker, das Bild. Das lässt die »Berge« noch höher erscheinen. Eine Orientierung scheint unmöglich, da die Fahnen von den Abschlägen aus nicht zu sehen sind. Erstaunlich, wie gut man die Bälle wiederfindet. Der gewaltige Aufwand bei der Gestaltung des Platzes belohnt die Platzbetreiber mit weniger Aufwand bei der Platzpflege. Rasen muss nur auf und vor den Grüns gemäht werden. Riesige Vorgrüns verführen Benno und Rainer schon mal dazu, aus 50 Metern zu putten. Nach der Runde: Endlich haben sie mal einen echten Links-Course gespielt, aber keiner hat auch nur annähernd sein Handicap erreicht. Bei der Beurteilung der Spielstätte gehen die Meinungen weit auseinander. Sie reichen von »Tolles Erlebnis, aber das muss ich nicht noch mal haben« bis »So ein geiler Platz – im Herbst fliege ich nach Schottland«. Einig sind sich die vier aber darin, dass man einen Links-Course nicht mit einem üblichen Golfplatz vergleichen kann.

5. BONUSGRUND

Weil Golf endlich wieder olympisch ist

Bei der ersten Auflage von *111 Gründe, Golf zu lieben* stand das Großereignis Golf bei den Olympischen Spielen noch bevor. Die Normalgolfer fieberten der Veranstaltung entgegen, denn schließlich war ihr Lieblingssport 1904 das letzte Mal Teil des olympischen Programms. Nur vier Jahre nach der Premiere, ebenfalls vier Jahre nach den ersten Spielen der Neuzeit, war für über 100 Jahre Schluss mit dem damals noch elitären Rasensport.

Selbst während der Runde war Olympia Gesprächsthema. »Ich bin ja gespannt, wie Kaymer bei seiner ersten Olympiade abschneidet«, stellt Toto in den Raum. Bevor einer aus dem Flight Mutmaßungen tätigen kann, äußert sich der Klugscheißer Heinz: »Olympiade nennt man den vierjährigen Zeitraum zwischen den Spielen. Der gute Martin hat also schon öfter eine *Olympiade* erlebt, aber noch nie an den *Olympischen Spielen* teilgenommen.«

Rainer grummelt ein »Von mir aus« in seinen Bart. »Aber zielführend ist das nicht!«

Nicht nur Martin Kaymers Chancen werden diskutiert, sondern auch die Frage, wer überhaupt antreten wird. Vielleicht haben ja auch einige der Weltklassegolfer keine Lust, im Olympischen Dorf zu übernachten, weil sie bei ihren Verdiensten anderes gewohnt sind. Oder das Großereignis passt einfach nicht in ihre Terminplanung, weil man beim »Race to Dubai« auf einen Schlag mehr als 10 Millionen Dollar verdienen kann.

Einer der Superstars der Szene, McIlroy, sorgt für eine große Enttäuschung. Er sagt ab. Aus seiner Sicht ist der Zika-Virus zu gefährlich. Nicht nur die Öffentlichkeit, sondern auch viele prominente Golfer halten das für eine fadenscheinige Begründung. Ist sich dieser Jungspund, ein ansonsten als hervorragender Sportsmann bekannter Spieler, eigentlich nicht bewusst, was er damit seinem Sport antut? Hat er gar kein Gespür dafür, was dieser Sport für ihn getan hat? Kann man damit leben,

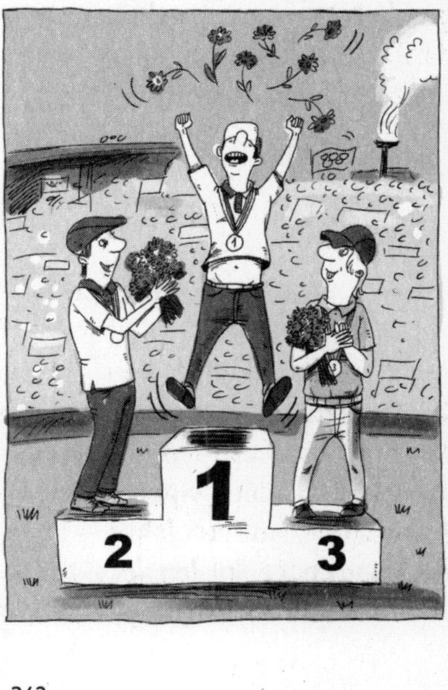

die Chance zu versäumen, die Popularität der eigenen Lieblingssportart zu fördern?

Andere Spitzengolfer halten sich nicht zurück. Im Gegenteil. Sie sind begeistert von der Möglichkeit, die sich ihnen bietet, für ihr Land anzutreten und andere Weltklasseathleten kennenzulernen.

Martin Kaymer spielt leider auf den vier ausgetragenen Runden keine herausragende Rolle. Trotzdem zeigt er sich als hervorragender Botschafter für Golf als olympische Disziplin.

Andere drücken dem Turnier ihren Stempel auf. Henrik Stenson, Matt Kuchar und Justin Rose liefern sich einen begeisternden Kampf. Am Ende muss sich Stenson mit der Silber- und Kuchar mit der Bronzemedaille zufriedengeben. Justin Rose triumphiert. Mit Tränen in den Augen genießt er seinen Sieg im Finale. Als er die Goldmedaille um den Hals hängen hat, zeigt er McIlroy noch einmal, wie man sich als guter Botschafter äußern sollte: »Unglaublich. Das war mein Traum seit sieben Jahren, seitdem feststeht, dass Golf wieder olympisch ist.«

Bleibt nur zu hoffen, dass es so bleibt.

6. BONUSGRUND

Weil man auf allen Kontinenten spielen kann

Dass man auf allen Kontinenten Golf spielen kann, ist eine gewagte Aussage, wenn man an die Antarktis denkt. Aber »spielen können« heißt ja noch lange nicht, dass es Golfplätze geben muss. Spielen kann man überall. Immer wieder gibt es Verrückte, die zu ihren langen Aufenthalten in den antarktischen Forschungsstationen ein paar Schläger, Tees und Bälle mitnehmen. Natürlich keine weißen, denn Wissenschaftler sind schließlich nicht blöd. Löcher im Schnee oder im Eis sind schnell gemacht. Und man muss das Handicap hinnehmen, dass die Kugeln bei minus 40 Grad nicht 200 Meter weit fliegen. Außerdem bedarf es eines großen Vorrates an Bällen. Bei den Temperaturen zerbersten die schnell.

Da bietet sich doch ein Kontrastprogramm an: Südafrika.

Dort hat man zu unserer Winterzeit keine Probleme mit der Kälte. Traumhaftes Wetter, traumhaftes Essen zu günstigen Preisen und traumhafte Spielstätten locken viele Golfer nach Südafrika. Da nimmt man auch den langen Flug in Kauf. Zumal es wegen der Zeitzone keinen Jetlag gibt.

Einer der berühmtesten Golfplätze ist das »Legend Golf & Safari Resort« einige Kilometer nördlich von Pretoria. Der Platz ist nicht nur wegen seiner vielen Architekten bekannt, die allesamt prominente Golfer waren oder sind: Trevor Immelman, Pádraig Harrington, Bernhard Langer, Colin Montgomerie, Justin Rose, Vijay Singh, Sergio García, Retief Goosen. Weltberühmt ist die Anlage wegen ihres 19. Loches – bei jedem normalen Golfplatz ist dies die gängige Bezeichnung für die Gastronomie. Hier aber muss man für ein einziges Extraloch Greenfee bezahlen. Dafür dürfen aber auch Damen und Herren in schwindelerregender Höhe vom gleichen Abschlag spielen. Das Par 3-Loch ist 400 Meter lang.

Nordamerika ist der Golfkontinent schlechthin. Allein die USA haben 17.000 Golfplätze. Das ist die Hälfte aller Anlagen weltweit. Man kann sich begeistern lassen von den Resorts in Florida, in Nebraska oder Kalifornien oder anderen Staaten. Manchmal muss man aber auch horrende Beträge zahlen, um 18 Löcher spielen zu dürfen. Da sind schnell mehrere hundert Dollar fällig. Im schlimmsten Fall kommt man gar nicht zum Spiel. Die besonders noblen Plätze sind nur für die Mitglieder geöffnet. Die zahlen schließlich für die Exklusivität manchmal ein Entree von 1 Million Dollar. Dann eben nicht.

In Südamerika gibt es nicht so viele weltbekannte Golfer. Die Engagierten setzen auf einen Popularitätseffekt durch die Olympischen Spiele, die 2016 in Rio de Janeiro stattgefunden haben. Daher ist es auch nicht erstaunlich, dass sich einer der beliebtesten Plätze in der Nähe der brasilianischen Hafenstadt befindet. Unterhalb des berühmten Corcovado liegt der »Itanhangá Golf Club«. Immerhin die einzige Anlage im Lande mit 27 Löchern.

Wer sich was ganz Besonderes leisten will, der sollte den höchst gelegenen Golfplatz der Welt besuchen. Der »La Paz Golf Club«in Bolivien wurde mit einer Abschlaghöhe von über 3000 Metern gebaut.

Zugegeben, auch Australien liegt nicht gerade um die Ecke. Ein paar Stunden fliegt man schon. Aber nimmt man das auf sich, wird man als Golfer belohnt. Zwar ist die Auswahl nicht riesig, es gibt auf dem gesamten Erdteil nur 446 Golfclubs – aber die haben es in sich. Nach einer Befragung liegt der beliebteste Platz im Nordosten Tasmaniens: Der »Barnbougle Tasmania«. Die Greenfee-Preise halten sich mit 110 Australian Dollar in Grenzen. Etwas tiefer muss man in die Tasche greifen, wenn man auf dem angeblich besten Platz des Kontinents, dem »Kingston Heath Golf Club« spielen will. Schlappe 350 Dollar werden verlangt, wenn man die Kugel über 18 Löcher treiben will. Aber immerhin muss der Spieler von Melbourne aus nicht weit reisen, um diese Anlage zu erreichen.

In Asien boomt der Lochsport auf grünem Rasen. Für einen deutschen Golfer ist der Besuch einer Driving-Ranch in Tokio sicher nicht sehr reizvoll. Dort stehen mehr als hundert Golfverrückte gleichzeitig am Abschlag, um die weiße Kugel möglichst präzise zu treffen. Aber sie verteilen sich nicht etwa nebeneinander, sondern stehen – wegen der horrenden Grundstückspreise – in bis zu fünf Stockwerken übereinander.

Die Erfolge vor allem koreanischer, japanischer und chinesischer Spielerinnen und Spieler und die zunehmende Zahl internationaler Turniere kommt nicht von allein. In vielen Teilen Asiens boomt der Sport. In China, dem volkreichsten Land der Erde, wird der Tourist jedoch nicht so leicht fündig werden. Dort gibt es nur einen Bruchteil der Plätze, die allein im Raum Florida beheimatet sind. Eigentlich kein Wunder. Schließlich war Golf 40 Jahre staatlicherseits verboten.

Aber auf der Suche nach traumhaften Golfplätzen ist man ja nicht auf China angewiesen. Thailand und Vietnam haben viele begehrte Destinationen. Aber die hochgelobteste Anlage befindet sich auf Bali. Der »Bali National Golf Club« wird als der beste der insgesamt 439 Golfclubs in Asien angesehen.

Auch Europa macht dem Golfreisenden die Entscheidung wahrlich nicht einfach. Nicht nur, dass man nicht immer den Flieger besteigen muss, es gibt auch noch die Auswahl von über 30 Ländern, in denen es Golfplätze gibt. Das summiert sich auf über 6000 Anlagen. Fast ein Drittel davon fallen alleine auf England. Man könnte zumindest ein neues Buch füllen, wenn alle Plätze erwähnt würden, die man gespielt haben sollte. In faszinierende Landschaften eingebettet kann der Golfer beispielsweise in Spanien, an der Algarve oder in der Toskana seiner Leidenschaft nachgehen.

Aber ein Platz thront als Wiege dieses Sports ganz oben: St. Andrews. Wenn man bereit ist, eine nicht unbeträchtliche Summe hinzulegen, um dort zu spielen, ist man noch lange nicht am Abschlag. Es gilt noch eine Abschlagzeit zu ergattern. Gelingt das telefonisch oder per E-Mail nicht, muss der Golfer Geduld zeigen. Die Spielwütigen stehen morgens im benachbarten Hotel um vier Uhr morgens auf, um sich um fünf in die Reihe zu stellen, die sich vor dem Sekretariat von St. Andrews gebildet hat. Klappt das nicht, gibt es ja einen nächsten Tag.

7. BONUSGRUND

Weil man Golfurlaub in der Türkei machen kann

Man achte auf die Überschrift. Es heißt »machen kann« und nicht »machen sollte«. Noch vor vier Jahren wäre das »sollte« kein Problem gewesen. Die Zeiten haben sich geändert. Wer sich outet, dass er trotz der politischen Verhältnisse zum Golfen in die Türkei reisen will, erntet nicht selten scheele Blicke.

Die potenzielle Reisegruppe mit Benno, Moni, Rainer, Gaby, Helmuth, Toto, Sabine, Stefan, Silke und Heinz plant ihren jährlichen Golftrip im November 2016. Die späte Zeit im Jahr bietet sich an, um die triste Winterzeit zu überbrücken. Es gilt vieles abzuwägen. Die Qualität der Golfplätze und der Unterkunft, das Klima und natürlich der Preis sind ausschlaggebend für die Auswahl. Für Toto, den einzigen Single-Handicapper der Gruppe, ist die Entscheidung einfach.

»Diesmal bin ich nicht dabei. Ich möchte das meiner Frau nicht noch einmal antun. Ihr wisst ja, dass sie kein Golf spielt. Immer nur nebenherlaufen oder im Hotel auf mich warten, will ich ihr nicht zumuten.«

Verständnis macht sich breit.

Alle anderen haben sich vorher schlaugemacht. Reiseprospekte wurden gewälzt, Stunden über Stunden hat man die verschiedenen Angebote im Internet studiert. Man ist sich wieder einig wie im vergangenen Jahr: Belek in der Türkei bietet die meisten Vorteile.

Doch dann kommt entschiedener Einwand von Stefan.

»Ihr könnt machen was ihr wollt, aber Silke und ich haben uns festgelegt. Das, was der Erdogan da macht, ist unerträglich. In die Türkei fliegen wir beide nicht. Da nehmen wir lieber ein bisschen mehr Geld in die Hand.«

Bei dieser eindeutigen Stellungnahme ist es eigentlich überflüssig, ihre Entscheidung zu diskutieren. Der Rest der Gruppe scheint sich vom Wunschziel Türkei nicht verabschieden zu können. Sie wollen nicht überzeugen, sehen sich jedoch gezwungen, ihre Entscheidung zu verteidigen.

»Habt ihr beide Angst, dass euch etwas passieren könnte?«

»Nein, das hat mit unserer Absage gar nichts zu tun. Das haben die letzten Monate ja gezeigt. Passieren kann überall was. Wir können einfach nicht in ein Land reisen, das von so einem Despoten regiert wird.«

Trotz der Ausweglosigkeit versucht Heinz dennoch zu überzeugen: »Ist euch eigentlich bewusst, wie viele Reiseziele wegfallen, wenn ihr überall die gleichen Maßstäbe anlegt? Ich bin auch nicht gewillt, dafür zu sorgen, dass es der Bevölkerung finanziell noch schlechter geht. Das hilft doch nicht dabei, Erdogan umdenken zu lassen.«

Stefan lässt sich wie erwartet nicht umstimmen. »Tut mir leid. Da kann ich nicht hin.«

Benno, Moni, Gaby, Rainer, Helmuth und Heinz buchen die Reise. Sie fühlen sich durch das Angebot nicht korrumpiert und freuen sich über die zehn Tage, die sie mit Flug, Shuttle, siebenmal Greenfee, Hotel und einer All-inclusive-Verpflegung nur gut 1000 Euro kostet.

Der Flug nach und die Abfertigung in Antalya sind problemlos. Die Fahrt mit dem Shuttle in das 5-Sterne-Hotel in Belek dauert nicht mal eine halbe Stunde. Die Zimmer sind wie gewünscht, der Blick über den riesigen Pool bis zum Mittelmeerstrand ist traumhaft. Das Essen ist genauso exzellent wie die Golfplätze, die in einer Vielzahl nicht weit weg vom Hotel verteilt liegen. Die Tage ohne Regen mit viel Sonne vergehen wie im Flug.

Das Personal ist genauso freundlich, hilfsbereit und herzlich wie im Vorjahr. Ihnen ist die politische Lage nicht anzumerken. Die Gruppe verzichtet aber auch darauf, das Gespräch über die derzeitige Situation zu suchen. Von der Stimmung im Land bekommen sie nichts mit.

Stefan und Silke schicken herzliche Grüße aus Málaga.

Die Reisegruppe aus Deutschland fühlt sich nicht als ignorant, verfolgt sie doch auch in diesem Jahr mit wachen Augen und Ohren die politische Entwicklung in der Türkei. Bei der Planung der nächsten Reise wird wieder abgewogen.

8. BONUSGRUND

Weil man immer noch glaubt, dass das richtige Material das Handicap verbessert

Kaum einer versteht, was die Regelpäpste dazu verleitet hat, bei der Formulierung der heute geltenden Vorschriften das Putten zu reglementieren. Vor allem die langen Putter hatten sie im Visier. Die führende Hand darf nicht mehr am Brustkorb fixiert und der Unterarm nicht angelegt werden. Das führte bei den Spielern mit einem langen Putter zu Kurzschlusshandlungen. Sie stellten das Material in den Keller und schafften sich klassische kurze Einlochhilfen an.

Benno, Rainer, Werner und Heinz ließen sich davon nicht beirren. Sie blieben bei ihren langen Stöcken. Und das mit Erfolg. Schließlich hatten sie mit den Jahren ihre eigene Technik entwickelt. Sie stehen auf dem Grün frontal zum Loch und führen den Putter seitwärts am Körper vorbei. Besonders Werner profitiert von dieser Technik, weil er nur noch auf einem Auge sehen kann.

Auch von den ganz Großen des Sports blieben nur wenige standhaft. Bernhard Langer gehört dazu. Selbst Superkameras konnten bei ihm keinen Regelverstoß feststellen. Im Übrigen konnte keine Statistik nachweisen, dass die verschiedenen Modelle unterschiedliche Ergebnisse erbringen. Da würde man gerne mal bei den Regelpäpsten nachfragen, was sie damit bezwecken wollten. Bleibt zu befürchten, dass sie einzig das Bestreben getrieben hat, die Golfregeln noch komplizierter zu formulieren.

Werner hat was im Internet entdeckt. Er ist fasziniert. Er ruft Heinz an und berichtet: »Hast du die Werbung schon gesehen?«

»Welche Werbung?«

»Na, die für den neuen Trainingsschläger. Wenn du mit dem übst, wird dein Abschlag 30 Meter länger, und du verbesserst dein Handicap in wenigen Wochen um mindestens fünf Schläge.«

Heinz kann nicht mehr an sich halten. »Sag mal, bist du 67 geworden, um dich von solchen Werbesprüchen veräppeln zu lassen? Was haben die uns nicht schon alles versprochen?!«

Werner zeigt Einsicht.

Es vergeht kein Tag, und Heinz wird beim Googeln mit einem Werbebanner konfrontiert. Der »Heavy-Club« wird angepriesen. Der verspricht alles, was Heinz sich immer gewünscht hat. Mehr Länge und ein besseres Handicap. In einer Anwandlung des vollständigen Aussetzens des Verstandes bestellt er das Trainingsgerät.

Gleich bei nächster Gelegenheit nimmt er den 1 Kilo schweren Schläger, der einen vorgeformten Griff hat, mit auf die Runde. Werner und Rainer sind mit von der Partie. Bevor es losgeht, muss Heinz erst mal Werner kleinlaut gestehen, dass er sich entgegen seines eigenen Rates hat verführen lassen. Ihm wird verziehen.

Die drei machen zwei Minuten lang Schwünge mit dem ungewöhnlichen Gerät. Dann nehmen sie den Driver in die Hand. Alle sind sich einig. Das Holz 1 fühlt sich an wie eine Feder. Und tatsächlich, Werner und Rainer sind mit dem Heavy-Club einige Meter länger als sonst. Nur Heinz stümpert vor sich hin.

Auf den nächsten Runden bestätigen die beiden ihre Fortschritte. Nur Heinz nicht. Er scheint nicht Heavy-Club-affin zu sein. Aber weil er gönnen kann, ärgert er sich nicht, sondern freut sich mit den Golfpartnern über ihre Erfolge. Besonders kann sich der Hersteller freuen. Die beiden ordern auch.

Das richtige Material scheint wirklich helfen zu können. Bleibt, die ersten vorgabenwirksamen Turniere abzuwarten.

9. BONUSGRUND

Weil sich Fußball und Golf nicht gegenseitig ausschließen

Fußball und Golf sind nicht nur von der Ausübung her sehr verschieden. Betrachtet man nur die Zahlen, zeigt sich eine Übermächtigkeit des großen Balles. In über 25.000 Vereinen spielen fast sieben Millionen Balltreter. Dem gegenüber gibt es gerade mal 750.000 registrierte Golfer. Der »Sport für alle« steht in keiner Konkurrenz zu dem Rasensport, der sich darum bemüht, sich zum Breitensport zu entwickeln.

Die einzige Schnittmenge zeigte sich bisher bei den aktiven und ehemaligen Fußballspielern, die Golf spielen. Eines der bekanntesten Beispiele ist der »Kaiser«. Der erlangte seine Platzreife, als er beim HSV als Profi tätig war. Talentiert wie er sich mit der großen Kugel zeigte, bewies er schnell sein Geschick mit der kleinen. In wenigen Jahren war er einstellig.

Die Verbindung zwischen den beiden Sportarten zeigt sich am effektivsten bei den GOFUS. Das ist der gemeinnützige Verein der »Golfspielenden Fußballer«, bei dem deutschlandweit viele prominente Fußballer Mitglied sind.

Jedenfalls ist vor einigen Jahren jemand auf die Idee gekommen, Fußball und Golf miteinander zu verbinden. 2006 wurde die erste Fußballgolf-Anlage Deutschlands in Dirmstein eröffnet.

Ein Platz für Fußballgolf ist dem eines richtigen Golfplatzes vergleichbar angelegt. Auch dort gibt es Abschläge, Bahnen, Hindernisse und Greens. Der entscheidende Unterschied ist die Größe des Balls und der angepasste Durchmesser des Loches, in das der Fußball getrieben werden soll. Ansonsten spielt man auch auf 18 oder 9 Bahnen, die allerdings wesentlich kürzer sind. Es gibt sogar richtige Turniere. Die 20 Soccer-Golf-Anlagen in Deutschland, die sich in ihrer Qualität sehr unterscheiden, haben alle eins gemeinsam: Es gibt keine Voraussetzungen und Bedingungen, eine Runde zu buchen. Somit dürfen auch Golfer auf den Platz, die sich beim Fußball als Grobmotoriker erwiesen haben. Somit bietet sich mit Fußballgolf ein toller Freizeitsport mit der ganzen Familie an. Außerdem hat der fanatische Golfer die Möglichkeit, Freunde zum richtigen Golf zu verführen.

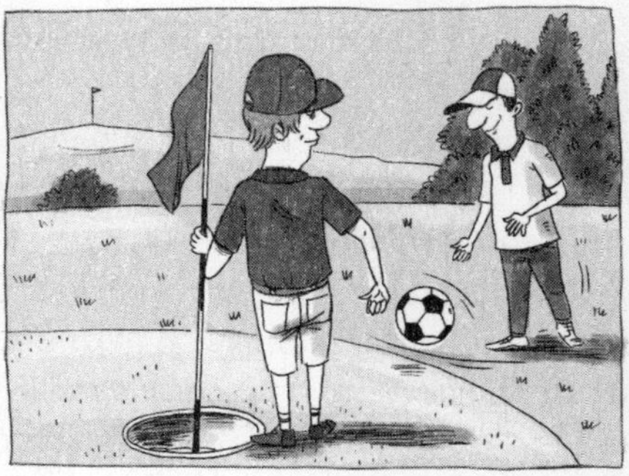

Selbst im Urlaub muss nicht auf Soccer-Golf verzichtet werden. Mittlerweile gibt es europaweit zahlreiche Anlagen.

10. BONUSGRUND

Weil sich manchmal auch Nichtgolfer Gedanken um Golfer machen

Ab einem gewissen Alter weiß man nicht mehr, was man dem Golf spielenden Freund zum Geburtstag schenken soll. Er hat ja alles.

»Was wünscht du dir zum Geburtstag?«

»Geld für den nächsten Golfurlaub.«

Das ist dann doch sehr banal und gedankenlos. Es ist ja meistens Fakt, dass ein Golfer nicht am Hungertuch nagt, sodass ein Geldgeschenk die reinste Verzweiflung ist.

Wenn man sich näher mit der Problematik »Was schenke ich einem Golfer?« auseinandersetzt, kommt man am Ende auf drei Kategorien:

Da sind erstens die nützlichen Utensilien im Bereich Sportausrüstung. Es kann davon ausgegangen werden, dass alles vorhanden ist. Gut, ein paar neue Golfbälle gehen immer, sind aber wenig einfallsreich.

Der zweite Bereich ist die Sportkleidung. Da kann der Golfer immer wieder nach neuestem Trend ausgestattet werden. Trifft man aber auch den Geschmack des zu Beschenkenden? Kennt man den Bauchumfang für eine trendige Hose? Das kann im wahrsten Sinne des Wortes in die Hose gehen. Auch das Karomuster könnte eher etwas zu kleinkariert daherkommen. Schuhe müssen unbedingt passen, Käppis sind durchaus nützlich, aber Geschmackssache. Schnell sieht man aus wie ein Rapper oder ein »Möchtegernjugendlicher«. Auch knallfarbene Motivsocken mit Golfschlägern sind nicht jedermanns Sache.

Bleiben drittens noch die unnötigen Dinge im Bereich Accessoires. Damit ist jetzt nicht der obligatorische Blumenstrauß, der Japanische Whisky oder die Theaterkarte gemeint.

Im Internet und auf Flohmärkten kann man fündig werden: Frühstücksbrettchen mit eingebrannten Golfmotiven oder Golf-Skulpturen aus Holz, Blech, Draht oder Bronze wären doch mal was. Sehr nützlich erweisen sich auch Korkenzieher oder Flaschenöffner, die mit Golfbildern verziert sind.

Golfmotive gibt es auch in Stoffen vom Meter. Vielleicht näht die Gattin daraus eine Tasche für das Dosenbrot und den »Energy Drink«. Auch ein Beutel für Golfbälle, den man sich an den Gürtel hängen kann, wäre denkbar.

Ein Ölgemälde, mit eigener Hand gestaltet, macht viel Arbeit, bedarf einer gewissen künstlerischen Begabung, muss aber nicht immer dem Geschmack des Beschenkten entsprechen.

Fotos vom clubeigenen Platz und seinen Mitspielern kann man umgestalten zu einem 1000-teiligen Puzzle oder einem Memory-Spiel, damit der Golfer auch bei Regen, Schnee, Eis und Wind seine Beschäftigung findet. Besondere Freude dürfte ein Golf-Set im Miniformat auslösen, welches man beim Toilettengang vor sich aufbauen und Schläge üben kann.

Wer unter dieser Vielzahl von Vorschlägen noch immer nicht das Richtige gefunden hat, dem bleibt schließlich noch, ein Buch zu schenken mit dem Titel *111 Gründe, Golf zu lieben*. Da kann man nichts falsch machen.

11. BONUSGRUND

Weil Tiger Woods auch nur ein Mensch ist

Tiger Woods ist auch nur ein Mensch. Blöder, selbstverständlicher Spruch. Aber wenn man bedenkt, dass dieser Übersportler es wie kein anderer verstand, in seinem Metier über Hunderte von Wochen zu dominieren, dann kann man verstehen, dass der Amateurgolfer ihn als Übermenschen betrachtete. Selbst seine Mitstreiter, die anderen Profis, konnten sich der Aura der Unbesiegbarkeit nicht entziehen. Wenn sie wussten, dass Tiger auf der Meldeliste stand, rechneten sie sich keine Chancen mehr auf den Sieg aus. Mental die denkbar schlechteste Voraussetzung für einen Wettkämpfer. Das wäre ja so, als wenn ein Bundesligatrainer vor einem Spiel gegen Bayern München sagen würde: Okay, wir wissen ja alle, dass wir verlieren. Die Frage ist nur, wie hoch.

Dann heiratete er auch noch die bildhübsche Elin Nordegren. Das Glück schien perfekt zu sein.

Doch dann nahm das Leben von Tiger menschliche Züge an. Die Ehe hielt nur sechs Jahre. Da war es sicherlich für ihn kein Trost, dass er mit Preisgeldern und Sponsorenverträgen über 1 Milliarde Dollar verdient hatte. Es tröstete ihn wohl auch nicht, dass seine Elin mit »nur« 91 Millionen Dollar abgefunden wurde. Viel schlimmer war für ihn, dass die Gesundheit nicht mehr mitspielte, vor allem der Rücken. Viele Operationen folgten genauso wie viele Comeback-Versuche. Er stürzte in der Weltrangliste ab und konnte froh sein, nach Phasen der Rekonvaleszenz zu bedeutenden Turnieren eingeladen zu werden. Er verpasste die Olympischen Spiele und viele Masters, aber er hat nicht aufgegeben.

Er ist über 40. Das ist für einen Golfer normalerweise nicht mehr die Hochzeit. Aber Tiger kämpft weiter, auch wenn er finanziell abgesichert ist. Er lebt den Sport. Das macht ihn als Menschen nicht sympathischer oder bemitleidenswert, aber es zeigt den Kämpfer Woods.

Von dem kann sich auch jeder Normalo-Golfer eine Scheibe abschneiden.

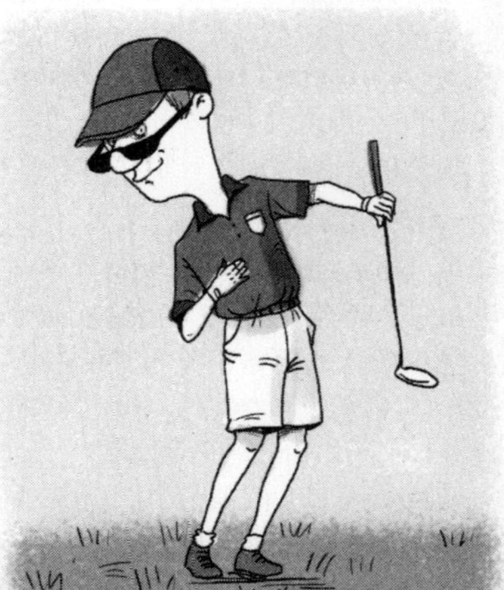

Quellen

1 *Hamburger Abendblatt, S. 28 (21.3.2013)*

2 *beide Zitate: www.gcso.de/das-spiel/gags-golfweisheiten-zitate/ (29.3.2014)*

3 *www.gcso.de/das-spiel/gags-golfweisheiten/golfweisheiten-zitate/ (3.7.2013)*

4 *www.gcso.de/das-spiel/gags-golfweisheiten/golfweisheiten-zitate/ (3.7.2013)*

5 *www.gcso.de/das-spiel/gags-golfweisheiten/golfweisheiten-zitate/ (26.03.2014)*

6 *www.gcso.de/das-spiel/gags-golfweisheiten/golfweisheiten-zitate/*

7 *alle vier Zitate: www.gcso.de/das-spiel/gags-golfweisheiten/golfweisheiten-zitate (3.7.2013)*

8 *www.aphorismen.de/zitate/51301 (29.3.2014)*

9 *www.gcso.de/das-spiel/gags-golfweisheiten/golfweisheiten-zitate/ (3.7.2013)*

10 *alle drei Zitate: www.gcso.de/das-spiel/gags-golfweisheiten/golfweisheiten-zitate/ (3.7.2013)*

11 *www.golfaktiv-shop.de/interessantes*

12 *www.epd.de/landesdienst/landesdienst-niedersachsenbremen/schwerpunkt-artikel/hirnforscher (6.5.2013)*

13 *www.stupidedia.org/stupi/Raucher (3.7.2013)*

14 *www.spiegel.de/spiegel/print/d-91346592.html*

15 *www.zeitblueten.com/newsthemen/lebensgenuss-vereinfachung/page/2/ (5.7.2013)*

16 *www.zeitblueten.com/newsthemen/lebensgenuss-vereinfachung/page/2/ (5.7.2013)*

17 *beide Zitate: www.gcso.de/das-spiel/gags-golfweisheiten/golfweisheiten-zitate/ (3.7.2013)*

18 *derstandard.at/1358304645033/Sven-Eric-Bechtolf-Ich-habe-keine-nennenswerten-Ueberzeugungen-mehr (2.4.2014)*

19 *Berliner Zeitung, S. 32, 23.6.2007, Autor: Bernd Müllender*

20 *www.focus.de/sport/golf/Golf-Einsteiger/topfit_aid_19.html (1.1.2014)*

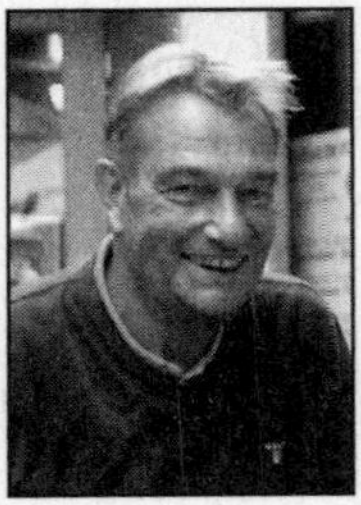

HEIN-DIRK STÜNITZ, geboren 1948 in Schleswig, lebt in Bargteheide in der Nähe von Hamburg. Der pensionierte Schulleiter ist verheiratet und hat zwei erwachsene Kinder. Vor 16 Jahren packte ihn eine Leidenschaft, die ihn so schnell nicht mehr loslassen sollte – Golf. Schon bald merkte er, wie süchtig dieser »Altherrensport« machen kann. Seitdem wird die Freizeit sehr einseitig genutzt. Natürlich wird auch im Winter gegolft, denn eine Hoffnung bleibt: irgendwann einmal ein einstelliges Handicap vorweisen zu können.

Hein-Dirk Stünitz
111 GRÜNDE, GOLF ZU LIEBEN
Eine Liebeserklärung an den schönsten Sport der Welt
Neuausgabe mit elf Bonusgründen und einem Farbteil
Mit Illustrationen von Jana Moskito

ISBN 978-3-86265-676-9
Vermittlung: Literaturagentur Brinkmann, München |

VERLAG
Schwarzkopf & Schwarzkopf Verlag GmbH
Kastanienallee 32, 10435 Berlin
Telefon: 030 – 44 33 63 00
Fax: 030 – 44 33 63 044

INTERNET | E-MAIL
www.schwarzkopf-schwarzkopf.de
www.facebook.com/schwarzkopfverlag
info@schwarzkopf-schwarzkopf.de